U0111120

# 香港童軍故事
# HONG KONG SCOUT STORIES

柯保羅　著

PAUL KUA

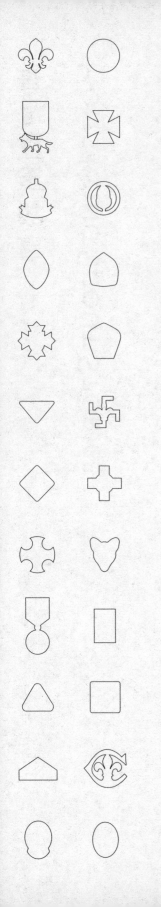

# 目 錄 　　　　　　　　　　　　　　　　　　　　　　　　CONTENTS

Attachments
1 / 2 / 3 / 4

# 前言

童軍運動創辦一百多年來發展迅速，至今有超過一百六十個會員國，是一個近乎全球性的青少年運動。近幾十年來世界各國對運動歷史興趣濃厚，刊行了相當多的有關書籍，其中不乏研究認真，內容詳盡，分析精闢和圖文並茂的版本。由於機緣巧合，本人近十多年來一直在香港童軍總會裡擔當不同的義務工作，同時鑽研童軍運動歷史，亦經常趁外遊時走訪各地有關的檔案館和圖書館，有機會接觸大量相關資料，這些大多成為本書的「原材料」。

《香港童軍故事》的結構很簡單，全書一共有十五篇「故事」，前五篇回顧一次大戰前運動剛開始的事情，中間五篇大致討論兩次大戰期間的歷史，而最後五篇探討二次大戰後的發展。每一章都是一個獨立而可以分開閱讀的童軍故事，儘量按發生時間的先後次序安排，但有需要時不同故事的時間框架亦會有不同程度的重疊。雖說是香港的故事，但運動源於英國，通行全球，敘述時偶然也需要「離題」。舉例：第一篇談的是運動在英國的誕生，第三篇講的是貝登堡的世界之旅，而第九篇在論述時則涉及當時中國和不少其他國家的童軍誓詞。

就故事取材而言，本書是選擇性而非全面性的。本港童軍運動有超過一百年的歷史，發展至今，即使不包括已經離開運動的舊成員及不再活躍的旅團，也有十萬成員和一千多個旅團，他們都有自己的故事，運動歷史十分複雜多元。本書篇幅有限，作者只能在各個時期裡挑選出一些相對重要和有趣的題材來探討，期望讀者看完後能夠對運動的主要趨勢有一些比較有深度的理解。

就史料運用而言，本書採用大量原始資料、書本刊物、其他文獻和圖片文物等，主要來自香港及英國童軍總會檔案室、兩地的政府檔案館、各大中外圖書館、多份當年報章、海內外新舊童軍成員和他們家人的捐贈或分享，及作者多年蒐集的徽章、文獻、照片、明信片以至舊香煙牌（採用香煙牌絕無鼓勵吸煙之意，但它們曾風行一時，往往能以簡單有趣之彩圖闡釋以前運動的情況）等，其中不乏罕為人知甚至獨一無二的資料，十分可貴。

就研究態度而言，本書希望能夠做到「忠於史實，善惡必書」，而非「為政治、為意識形態、為個人或團體的需要而服務」。[1] 十九世紀德國歷史學家蘭克 (Leopold von Ranke) 要求治史者在客觀地研究資料後，不多不少地寫出史實 (wie es eigentlich gewesen ist)。[2] 但近代學者則認為這是不足夠也不可能的，因為研究歷史必須挑選史蹟和闡釋往事，「歷史敘述者……不是無所不知或大公無私」。[3] 我們只能夠提醒自己在評論時不要以今天的標準量度昨日的人事，更要設身處地，避免「律己以寬、待人以嚴」的陋習。但筆者畢竟是運動中人，小學及中學時當童軍得益良多，年長後自發地當義工時親身感受到「施比受更為有福」的道理，多年來總的來說一直樂在其中，有時難免「當局者迷」，如果敘述有時過於詳盡、評論偶然有失偏頗，請運動內外讀者見諒包涵。

本書撰寫期間得到很多機構和人士協助，書後的鳴謝聊表寸心。特別要感謝香港童軍總會近年來歷任香港總監鮑紹雄、陳傑柱、張智新和吳亞明的支持，及很多新舊成員接受訪問和提供文獻等，使研究工作和資料收集能夠順利進行。三聯書店對本書出版態度積極，編輯寧礎鋒效率高兼而很專業，這裡一併謝過。太太桂芬一如既往地耐心聆聽，提出不少比較客觀的意見，本人十分感激。但作者所知有限，雖然盡量努力求證，書中難免疏漏。希望讀者不吝賜教，隨時指正批評。

柯保羅

1. 蘇精 (2006)，xiii。
2. 參 Rae (2005), 85. 英文可譯為：" how it actually was."
3. Carr (1961), 4-6; Burke (1991), 239. 原文："historical narrators … are not omniscient or impartial."

# 〔 略 語 〕

ARP　　防空救護隊 (Air Raid Precaution Corps)

APR　　未來動態調查委員會報告書 (*The Advance Party Report*)

B-P　　貝登堡 (Robert Stephenson Symth Baden-Powell)

CM　　中國郵報 / 德臣西報 (*China Mail*)

GA　　英國童軍總會基維爾檔案館 (Gilwell Archives)

HG　　英國童軍總部憲報 (*The Headquarters Gazette*)

HKAR　香港政府行政報告 (*Hong Kong Administrative Report*)

HKDP　每日雜報 / 孖剌西報 (*Hong Kong Daily Press*)

HKGG　香港政府憲報 (*The Hong Kong Government Gazette*)

HKSA　香港童軍檔案室 (Hong Kong Scout Archives)

HKSH　香港周日快報 (*Hong Kong Sunday Herald*)

HKT　　香港電訊報 / 士蔑西報 (*Hongkong Telegraph*)

NA　　英國國家檔案館 (National Archives, London)

NSO　　國家童軍組織 (National Scout Organisation)

POR　　童軍總會的政策、組織及規條 (*Policies, Organisation and Rules, of the (Boy)*
　　　　*Scout(s) Association*)

PRO　　香港歷史檔案館 (Public Records Office, Hong Kong)

SAHK　香港童軍總會 (Scout Association of Hong Kong)

SAHS　英國童軍總會文物服務 (Scout Association Heritage Service)

SCMP　南華早報 (*South China Morning Post*)

SW　　銀狼雜誌 / 香港童子軍報 (*Silver Wolf*)

WOSM　世界童軍運動組織 (World Organisation of the Scout Movement)

WSF　　世界童軍基金會 (World Scout Foundation)

# 〔 凡 例 〕

引文附註　列出參考或引用資料的附註排列於每個故事的尾部。為求簡潔，本書經常把同
　　　　　類資料集結於一個附註，並以英文略語代替常見的英文報章、雜誌和檔案館等
　　　　　名詞；而書目（附件四）內列出的書籍或文章則會在附註裡只標明作者和出版年
　　　　　份。

中外姓名　不少參考材料原文是英文，有些華人的名字只是英文譯名，中文原名不能確
　　　　　定，只能按粵語或其他方言常例音譯。外國人名字之中譯會優先採用官方（即
　　　　　政府、童軍總會或其他機構）譯法或當事人自譯，其次選用普遍被接納的譯
　　　　　名，如需要作者翻譯時會儘量用廣東話和普通話皆通的譯音。上述情況通常會
　　　　　在姓名首次出現時附上英文原文。

數字時間　按出版慣例，一至一百的數字和其他整數（至頭兩個數位）通常用中文書寫，
　　　　　其他數字則用阿拉伯數字；但年月日、時間、百分比及金額多數用阿拉伯數
　　　　　字。按童軍慣例，旅團編號也一律用阿拉伯數字。當然，名稱或引文內的數字
　　　　　則依循原文表示方法。

標點符號　中文引號按中文慣例先用單引號（「」），後用雙引號（『』）；書名號按慣例先
　　　　　用雙號（《》），後用單號（〈〉）。引號也會用於童軍活動的名稱及一些外來語
　　　　　和較少見的詞彙等。

童軍詞彙　童軍源自外國，有不少專用名詞及外來語，中、港、台的中譯名稱經常不同，
　　　　　部分更隨時間不斷演變。本書儘量採用當時及本港通用者，偶有例外時會略加
　　　　　說明。

插圖照片　已知版權擁有者和獲授權使用的插圖照片通常會以括號附於該圖片說明下方。

第 一 章

# 1907

英國肇始

BIRTH IN THE UK

童軍運動在英國肇始的經過錯綜複雜，歷時多年，

但亦可以化繁為簡，接受普遍「官方」說法，

即它是由「一個人」於 1907 年在「一個島」上實踐他

「一本書」裡的構思而誕生的。

不過即使大家大致上同意這套說法，

如果我們不是人云亦云或以訛傳訛，

而是謹慎地檢視這人、島及書時，就需要面對三者背後

的一些複雜性，不能避免或多或少地調整對這個運動

形成過程的一些看法。

本書的第一個故事嘗試透過當年的一手資料及

可靠的二手資料探討這個課題。

這「一個人」當然是梅富根（Mafeking）圍城戰役的英雄貝登堡（Robert Stephenson Smyth Baden-Powell），他後來獲封為勳爵（Lord Baden-Powell of Gilwell），下文亦會簡稱他為 B-P，即世界各地童軍運動人士對他的暱稱。（注意「童（子）軍」是後來才流行的中文譯名，"Boy Scout" 這個名詞早期較常用的譯名是「少年警探」，本故事為方便讀者理解，兩者通用。）

貝登堡於 1857 年 2 月 22 日出生於英國倫敦，父親是牛津大學教授兼聖公會牧師。他在切特豪斯公學畢業後於 1876 年就參軍並在印度和非洲服役，於 1910 年童子軍運動成立幾年後才退役。

貝氏三十多年的軍人生涯之高峰是 1899 年 10 月開始的南非梅富根戰役。其時由當地早期荷蘭移民之後裔組成的布爾人敵軍以優越兵力圍攻該城，但他卻透過各種戰略與對方周旋，樂觀面對攻擊和困境，成功守城長達 217 天，直到援軍在 1900 年 5 月終於到達解圍為止。

圍城期間，英國報章經常轉載貝上校開朗兼且幽默的戰況報導，其一如下：

> 這裡一切安好……敵人在 [1900 年 4 月 ]11 日轟炸了我們五個小時……一支小型的攻擊隊伍嘗試進攻……被駐軍擊退了，敵人留下了五個陣亡士兵。我們一人受傷，五匹馬受傷。[1]

解圍後，貝登堡聲名大噪，被英國的普羅大眾視為民族英雄，更得到軍隊高層和維多利亞女王的稱許，很快地就晉升為當時最年輕的英軍少將。

---

1. *The Manchester Guardian*, 4 May 1900.

貝氏的童子軍構思是從這個時期開始逐漸萌芽成長的。在梅富根時他曾把當地的孩子們組織成一個少年團，負責通訊、救急、運輸等後勤支援工作。這些都是後來的典型童子軍戰時活動，而很多人更視這些少年團員為童子軍的先驅，甚至把他們認定為歷史上的首批童子軍。

梅城被圍多時，物資缺乏，連郵票也用光了，貝氏自己印刷了一套兩枚的臨時郵票，以供城內通訊之用。這套郵票其一面值三便士，印上了 B-P 的圖像（有大小兩款），其二面值一便士，印上了當時僅十二歲的少年團長郭義兒（Warner Goodyear）騎單車遞送信息的圖像。後來這套郵票被追認為歷史上的第一套童子軍郵票，頗受集郵家歡迎，在拍賣時屢創高價。

經此戰役後，B-P 的聲譽如日方中，許多青少年組織均紛紛邀請他當贊助人。B-P 於 1900 年開始支持英國切斯特郡一個由教會男孩組成的貝登堡禁煙聯盟，在信中讚揚他們反對吸煙的決心，並要求他們「立志每日為某人作一善事」。[2] 這個以貝氏冠名的聯盟採納了此要求，更邀請他的母親協助開展聯盟工作。所以「日行一善」這個後來童子軍不可或缺的主要承諾早在運動誕生前好幾年已由貝氏提出，並曾在小型的少年組織裡實施。

貝登堡於 1903 年 3 月被英國軍部調回倫敦，負責監督英國本土的騎兵。當時英國最大的少年制服團體是史密夫爵士於 1883 年創立的基督少年軍（Boys' Brigade）。B-P 回英不久後即被史密夫邀請為少年軍周年演示的主禮人。事後，他更被委任為名譽副主席。

1904 年貝登堡再次檢閱少年軍時，史氏頗為自豪地指出少年軍已有五萬四千名成員，但 B-P 卻回應說如果運動真正夠吸引，參加的孩子們可以有十倍之數，並建議少年軍引進他的童子軍訓練方法。史密夫亦從善如流，《少年軍憲報》（*Boys' Brigade Gazette*）於 1906 年刊

2. B-P to "My dear boys," Jul. 23, 1900, *Jamboree*, Mar. 1949; Jeal (1989), 363; Reynolds (1942), 115. 原文是："Make up your mind to do [at least] one 'good turn' to somebody every day, and you will soon get into the habit of doing 'good turns' always. It does not matter how small the 'good turn' may be."

1

2

3

1. 貝登堡 (H. V. Herkomer)
2. 梅富根圍城郵票
3. 梅富根圍城時的少年團

登了 B-P 的童子軍訓練計劃詳情，並開始推廣計劃及一套相關的兩級制童子軍徽章。

換句話說，在童子軍運動仍然沒有正式開始前，英國已經有很多少年軍成員參加了「童子軍」訓練和考取了金屬的「童子軍」徽章。

況且，在 B-P 提出他的童子軍訓練計劃之前，美國亦已有類似的少年組織，讓孩子們參與典型的童子軍活動，包括西敦 (E. T. Seton) 於 1902 年創辦的叢林印地安人 (Woodcraft Indians) 和畢亞 (D. C. Beard) 於 1905 年組織的彭因的後人 (Sons of Daniel Boone) 等。當美國童子軍總會在 1910 年年初成立後，西敦和畢亞均以大局為重，把他們的組織與童子軍合併。西敦繼而被選為美國的首任（也是唯一的）童子軍「總領袖」(Chief Scout)，更負責撰寫該會 1910 年初版之美國童子軍官方手冊。畢亞則成為全國童子軍總監之一。

貝氏於 1910 年 8 月陪同一些英國童子軍去加拿大推廣運動時，曾乘機於 9 月前往紐約參觀剛剛成立的美國童子軍總會。當時三人同聚一堂，西敦謙虛地介紹 B-P 為「童子軍之父」，B-P 也謙虛地回應說「我可以說你是它的父親，或者畢亞是父親……我只是其中一位叔叔罷了」。[3] 畢亞後來在運動服務多年，備受美國童子軍尊重；可惜西敦卻在 1915 年由於種種原因而離開，因此也漸漸被大家遺忘了。

至於這「一個島」，則是在 1907 年舉辦童軍運動第一次實驗露營、位於英國南海岸普爾港內的白浪島 (Brownsea Island)，後來被追認為童軍運動之發源地。

正如英國童子軍總會 1910 年的年報所說，初期的童子軍訓練「原本主要是為基督少年軍、基督教青年會少年團 (YMCA Boys) 及教會少年團 (Church Lads' Brigade) 等而設並被他們採用的」。[4] 其時這類訓練相當受歡迎，貝登堡也正在撰寫一本有關的書籍，亟需把一些構思付諸行動，透過實踐來測試改良及去蕪存菁。佔地五百六十英畝及有兩

3. *Work with Boys: a magazine of methods*, v. 10, 1910, 52.
4. *Report of the Boy Scouts (Baden Powell's), 1910* (London, 1910), 4.

左：1910 年貝登堡、西敦和畢亞攝於美國
右：1907 年貝登堡攝於白浪島

個湖泊的白浪島是進行實驗的理想地點，因為它環境優美寧靜，與大陸隔離，不會受太多記者騷擾，但與普爾鎮只是一水之隔，物資運送也頗方便。

在選定露營地點後，B-P 在 6 月發函邀請少年軍成員參與活動，答應「教導他們我的新式少年警探術」，並要求他們提供後勤支援。[5] 白浪島露營的營期是 7 月 31 日至 8 月 9 日，少年軍領袖負責安排所需物資，而二十位獲邀參加的男孩一半是來自兩家貴族公學的富貴子弟，另一半則是來自兩個少年軍隊伍的普通孩子。後來證實 B-P 九歲的姪兒及來自貴族家庭之營友的一位兄長也在場，但他們顯然並沒有被認定為正式營友，所以有些書會說共有二十二位青少年參加。營友被分成鶚、鴉、狼及牛四個小隊，各有五人，其一任小隊

5. B-P to the BB, Jun. 19, 1907, Wade (1929), 47.

長，而 B-P 的姪兒則被安排為勤務兵。他們參與各種活動及訓練，在通過測試後更會獲頒授由貝氏設計的銅質童子軍徽章。

不過，白浪島露營其實只是一次實驗，當時還沒有童子軍總會、登記的童子軍團、童子軍制服，甚至童子軍規律和誓詞。有些參加者之前根本從未接觸過童軍活動，就算是少年軍的孩子們最多也只是接受過少年軍裡的童子軍訓練而已。嚴格來說，把它看成第一次的童子軍露營和把梅富根的少年團員當成第一批的童子軍，同樣有點率強。

第一次由 B-P 主持的正式童子軍露營在 1908 年 8 月 22 日至 9 月 4 日於英國東北部諾森伯蘭郡的鴻斯歐夫 (Humshaugh) 附近舉行。當時一共有三十六位孩子參加是次露營，期間下了好幾場大雨。與年前的露營不同，此次的參加者大多是已登記的童子軍團裡宣了誓的童子軍。三十位是參加當年剛開始刊行的《童子軍》(The Scout) 雜誌競賽而勝出的孩子們，被分成五個小隊；六位則是後加的 B-P 親友，組成第六小隊。在露營前 B-P 強調童子軍運動不分階級的原則，表明：

> 不管 [ 孩子 ] 是來自伊頓公學 (Eton College)，埃瑟工廠 (Elswick Works)，還是東區貧民窟 (East-end slums)，我都會一視同仁地對待他們。[6]

可惜這個理想在此次活動裡並沒有實現。雖然是次露營費用全免，但能夠參加的都是透過眾多親友出錢出力而獲得最多「選票」（訂閱一年的《童子軍》等於一百張選票，每份雜誌印有一張選票，如此類推）的富裕孩子們。到 8 月 1 日為止，排頭位的孩子有超過二萬九千張選票，第三十名的也有超過四千六百張。最後入圍的孩子需

---

6. *The Scout*, Apr. 18, 1908, 2.

1908 年的鴻斯歐夫露營

要有相等於四十六份年度雜誌訂閱單，相信普通人家也很難負擔，更遑論貧窮家庭。

《童子軍》雜誌出版者在商言商，用推銷手法來挑選參加者無可厚非，而他們也把利潤撥給剛剛起步及亟需支援的運動。但 B-P 其實不太喜歡此做法，後來更安排把一些「童子軍」照相機和他親筆簽名的《少年警探術》送給部份落選的孩子們，希望他們不會太失望。

根據參加者的家庭住址，他們之中並沒有任何孩子來自埃瑟工廠的藍領家庭或倫敦東區的貧窮人家。我們知道頭五個小隊裡沒有人來自紐卡素，即埃瑟軍工廠的所在地。倫敦只有一個參加者，他住在富裕的「白金漢門」(Buckingham Gate) 區。第六隊的親友裡最少有兩位伊頓學生，三位一年前曾參加過白浪島露營，其中一位是軍工廠老闆的兒子，其他五隊也很可能有不少貴族學校的學生。[7]

7. *The Scout*, Aug. 1, 1908, 368.

和在白浪島一樣，鴻斯歐夫露營早上升旗禮用的是梅富根圍城時用過的旗幟，但這一次很多訓練及遊戲都是來自當時已出版了的《少年警探術》。由於營期較長，孩子們亦去參觀附近著名的古羅馬哈德良長城之遺蹟、埃瑟軍工廠等景點。這是當年《童子軍》雜誌的一段報導：

　　　　孩子們每天……都很開心。當灰色的黎明迎來
　　　　新的一天時，他們很興奮，當營火的餘燼表
　　　　明休息時間即將來臨時，他們也很高興。所
　　　　有人都會告訴你，與 B-P 一同露營兩週是幸
　　　　福的極限。[8]

　　在最後一天的營火會上，貝登堡語重心長地提醒大家「一個童子軍應是無私的。他要總是樂意助人、先顧別人、後顧自己」。

　　是次露營的營地後來通常被稱為 "Look Wide Campsite"，可譯為「綠偉營」，對比台灣童軍常用的英國領袖訓練營兼童軍總會現址之中文譯名「極偉園」(Gilwell Park，香港童軍音譯此地為「基維爾營地」，更以此命名本港最大的童軍營地)。營地的正確地點在英國北部紐卡素以東約三十哩，現場有一塊該次歷史性露營的紀念碑。

　　最後，這「一本書」當然是貝登堡自己撰寫及於 1908 年出版而即時十分暢銷的《少年警探術》(Scouting for Boys)。

　　《少年警探術》的初版於 1908 年 1 月至 3 月間每兩個禮拜出版一期，共分六期刊行，每期大約七十頁。這六份期刊都十分受歡迎，迅速售罄。同年五月就再結集，以單行本面世，共 288 頁，同樣風行一時，頗有洛陽紙貴之效。第二版於 1909 年 6 月刊行，共 310 頁，隨

8. *The Scout*, Oct. 3, 1908, 593.

後多次修訂和再版，更翻譯成多國語言的版本，是二十世紀世界上最暢銷的書籍之一。

很多童軍都知道此書內容有不少來自貝氏一本叫做《警探術》(Aids to Scouting) 的軍用手冊。在梅富根被圍前不久，B-P 剛把《警探術》的手稿寄往倫敦刊行。但沒有想到，隨著圍城戰役的發展，他的聲譽日隆，這本軍用書居然非常搶手，連孩子們也會購買、閱讀和模仿書內的一些活動。貝氏回英投入少年工作後就決定重新撰寫此書，從孩子和戶外探險者而不是軍人的角度探討警探術。他把 1899 年出版的《警探術》裡大量關於地圖閱讀、指南針使用、旗號及追蹤等章節放進《少年警探術》這本為孩子們「度身訂造」的書中。

不過細心比較這兩本書時，我們會很快地就發現它們實在不太相同。《少年警探術》的內容相當豐富，有很多《警探術》裡不注重甚至沒有提過的東西。最明顯的例子就是前者多次介紹吉卜林 (R. Kipling)《金氏》(Kim) 一書裡的主角之經歷及金氏遊戲等，而後者則從沒有提及金氏。這一點相信很多熟悉童軍運動的人都會知道，因為後來童軍很多人都看過《金氏》一書。

但原來有另一本書──西敦的《白樺樹皮卷》(The Birch-bark Roll)──對《少年警探術》以至童子軍運動的影響更加深遠，但今天卻比較少人談及。西敦的書在 1902 年出版，十分暢銷，到 1906 年年底已經刊行了第六版。他在 1906 年往英國推廣叢林印地安人組織時曾與 B-P 會面，並把他的這本著作亦即該組織的手冊贈送給貝氏，而該書顯然給了後者相當多可供借鏡的資料。1908 年初版的《少年警探術》裡提過西敦十多次（比吉卜林更多），也有不少內容與《白樺樹皮卷》裡的大同小異，但沒有直接提及此書。

關於活動方面，《白樺樹皮卷》裡有相當多與野外技能、營火會、遊戲及印地安人有關的資訊，《少年警探術》也是，但這些後來童軍耳熟能詳的東西均不見於《警探術》（或吉卜林的《金氏》）。以營火會這個沒有在《警探術》裡出現過的名詞為例，《白樺樹皮卷》說「在每個晚上的營火會上唱歌和跳舞都是十分受歡迎的」，而《少

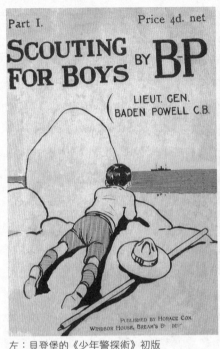
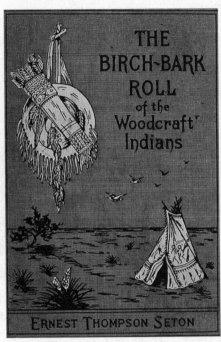

左：貝登堡的《少年警探術》初版
右：西敦的《白樺樹皮卷》

年警探術》也說「營火會裡可以表演歌曲，朗誦，戲劇等」，更在同一頁裡介紹西敦書中一個叫「打灰熊」的遊戲。[9]

關於組織方面，《白樺樹皮卷》裡還有誓詞、十條規律和各種級別及技能徽章等。該書強調後者都是個人達標的獎勵，沒有互相競爭的成份。叢林印地安人的成員會組成一些小部落 (tribes)，它們會以動物、鳥類、樹木與花草命名。初版《少年警探術》把上述的活動元素幾乎全都原封不動地採納了。少年警探同樣有誓詞和九條規律。不同階級的成員有各自的徽章，可以考取初、中和高級進度章及

9. Seton (1907), 29; B-P, *Scouting for Boys*, 1908, 151.

技能章，亦是按非競爭性的標準而考取的。少年警探也會組成小隊（patrols），它們亦會以動物或鳥類命名。這些都是貝氏原來的《警探術》一書裡沒有的東西，在在顯示出西敦和《白樺樹皮卷》對《少年警探術》的重要影響。

最後講一下今天運動中人都耳熟能詳的英國童子軍「銀狼獎章」（Silver Wolf）之來源。1908 年初版的《少年警探術》是這樣說的：

> 美國印地安人少年警探 / 童子軍 (Boy Scouts) 的領袖西敦被尊稱為「灰狼」；所以在少年警探 / 童子軍裡，一個特殊的徽章和「狼」的銜頭將會用作表揚在童子軍運動中非常特殊的貢獻，每年不能頒授超過一個。[10]

由上可見，就算 1910 年已成為英國童子軍最高榮譽的銀狼獎章的概念也是來自《白樺樹皮卷》一書。雖然美國童軍後來發展了自己一套獨特的成人獎章，1910 年由西敦撰寫的初版美國童子軍手冊亦有此榮銜。早期銀狼獎章是青少年和成年人都可以得到的，後來才演變為成年人專用的褒獎。[11] 現今這個創意來自西敦的銀狼獎章仍然是英國童軍總會裡成年人可以獲頒發的最高獎勵，英聯邦諸國和回歸前的香港也有不少人曾獲得此殊榮。[12]

注意雖然《警探術》和吉卜林的《金氏》都不曾提及狼，吉卜林的另一本書《叢林傳奇》（The Jungle Book）卻有很多關於狼和狼群的故事。但後者在此時仍然未被運動採用，它是在小狼新支部 1914 年開始試驗及 1916 年正式推出後才漸漸成為童軍必讀書籍之一。

10. B-P, *Scouting for Boys*, 1908, 36.
11. B-P, *Scouting for Boys*, 1916, 45; Seton (1910), 20. 注意在西敦的書裡他自稱是黑狼，不是 B-P 說的灰狼。
12. Seton (1907), 4, 11-15, 18-20. 原文是：" personal decoration for personal achievements … no competitive honors;" B-P, *Scouting for Boys*, 1st ed., 33-37, 41, 44-46, 197.

所以，在深入一點探討童子軍運動誕生的經歷後，我們可能會對早期童軍運動的關鍵人物、第一次的童軍露營和第一本介紹童軍活動的書籍都有一些較為深度的體會和略為不同的看法。

不過，無論如何，正如有些人所說，「歷史是由勝利者撰寫的」，在貝登堡領導下，白浪島露營及《少年警探術》出版後，童軍運動開始高速成長，這是毋庸置疑的事實。雖然貝登堡的原意可能只是想透過當時各種青少年團體去實現童子軍訓練，根據 1910 年的年報報導，「童子軍活動也吸引了大量這些組織外的其他男孩」，它們只想當童子軍，不想參加別的組織。「因此一個嶄新而獨立的組織自然而然地開展了，這就是童子軍運動」。[13]

到了 1908 年，獨立的貝登堡童子軍隊伍已經滿佈整個英國。為了避免情況混亂，B-P 只好設立地區委員會註冊隊伍、委任領袖、進行測試，並頒發獎勵徽章等。貝氏早期曾委任基督教青年會、天主教少年軍 (Catholic Boys' Brigade) 和猶太教少年團 (Jewish Lads' Brigade) 等的領導為顧問委員，亦曾向史密夫提議把童子軍及基督少年軍合併為一。但儘管史密夫承認童子軍訓練有吸引力，他卻不認同合併。[14] 從此以後，童子軍及少年軍就分道揚鑣，而獨立的童軍運動亦開始迅速增長，成員總數很快地就後來居上，遠遠超越歷史更悠久的基督少年軍。

英國總會後來追認 1907 年也就是舉行白浪島實驗露營的那一年為英國童軍運動的肇始，這也被各地公認為世界童軍運動的始創年份。多年來，很多國家的童子軍都會在重要的紀念年度裡舉行盛大的聚會。最近的一次大慶典是 2007 年在英國舉辦的一百周年世界大露營，四萬名來自一百六十個國家和地區的童子軍參加了是次盛會。

由於童子軍總會在 1908 年初才開始運作，但 1907 年已經出現了一些獨立於現有青少年組織以外的童子軍小隊或旅團，總會也無法確

13. *Report of the Boy Scouts (Baden Powell's), 1910*, 4.
14. Springhall (1983), 102-3.

早期教會少年團的童子軍徽章

認那一個童子軍團是英國歷史最悠久的旅團。正如 1920 年代的總會官方歷史作者慧德（E. K. Wade）所說，「白浪島的旅團除外……我不想肯定地說這個榮譽屬於任何旅團，儘管許多旅團都自稱是屬於它們的」。[15]

現在知道的起碼有好幾個旅團有可能是英國最早的童子軍團。它們包括在格拉斯哥由楊格創辦的第 1 團（有 1908 年 1 月 26 日亦即目前所知最早的旅團登記證），桑德蘭市藍頓街由傅斯上校成立的童子軍團（在 1908 年 2 月 28 日接受 B-P 檢閱），諾丁漢基督教青年會的旅團（B-P 的日記說在 1908 年 2 月 4 日由他安排成立）和幾個聲稱於 1907 年底或 1908 年初已開始活動但在 1908 年中左右才正式在英國總部登記的早期旅團。

與此同時，童子軍運動亦很快地就國際化了。它於數年間迅速地流傳到加拿大、澳洲、新西蘭、南非、印度、新加坡、大英帝國以外的歐美國家以至中國的青島、天津、威海衛、上海及香港等地。根據英國總會的早期紀錄，當時中國境內好幾個沿海開放城市以至同樣是英國殖民地的新加坡和馬來亞，都比香港更早有童子軍。

在中國的沿海城市裡天津先拔頭籌，由史丹利（H. E. O. Stanley）等三人於 1910 年 5 月至 7 月間獲英國總會頒發中國境內的第一批團長及副團長領袖委任狀。威海衛也不甘後人，羅可（J. Roche）於 1911 年 3 月領取一張委任狀。上海的外國人最多，狄信（J. B. Dixon）等三人和何施禮（H. R. Hertslet）等五人分別在 1911 年 5 月及 11 月登記兩批委任狀。[16]

英屬海峽殖民地即星馬一帶亦不遑多讓，甚至可以說比國內諸市更加先進。新加坡在 1910 年就有第一個童子軍團，當地童子軍總會則在同年 7 月 2 日成立，更同時向英國總會申請登記團員「有很大部分是華裔男孩」的第 2 團。[17] 該地的范偉（P. C. Fenwick）於 1910 年

15. Wade (1929), 64. 慧德曾任 B-P 秘書多年，在撰寫此書時參考大量 B-P 夫婦和其他早期總會的原始資料，她的丈夫是一個資深領袖和文物收藏者，也為此書提供了不少寶貴的資訊。
16. Index card, "China - Early Warrant Issues," *GA/SAHS*.
17. Hon. sec. to the BSA, Aug. 10, 1910, *GA/SAHS*.

英國肇始 BIRTH IN THE UK

5 月取得第 1 團團長的委任狀，何雅 (T. C. Hay) 在 8 月和 12 月先後登記為副團長及團長，而谷戴恩 (B. Gordian) 則於 1911 年 9 月成為第 3 團的團長。馬來亞中部怡保的馬力奮 (R. H. Mauleffinch) 等亦於 1910 年 9 月至 11 月間領取了幾張童軍領袖委任狀。[18]

香港雖然也早於 1910 年就引進童軍訓練活動，她卻要在 1914 年才在英國總會登記第一個童子軍團及領取第一批領袖委任狀，而當地的童子軍總會更是遲至 1915 年才成立。接下來的幾個故事會介紹本港童子軍運動在一次大戰前的發展。

馬來亞童子軍與達雅土著

18. Index card, "Singapore - Early Warrant Issues," *GA/SAHS*.

# 第二章

# 1910

香港引進

## CHAPTER TWO

INTRODUCTION IN HONG KONG

童軍訓練這種英國本土之新生事物很快地
就吸引了香港英國僑民的注意。
在短短幾年之間，
透過本地英文報章的鼓吹，
英國童軍運動開始在本港萌芽。
不過，香港運動的誕生過程亦與英國類似，
不是「一步到位」，而是在 1910 年先成立
基督少年軍團，引進童軍訓練；
然後於 1913 年再開辦香港第 1 童子軍團，
而該團要到 1914 年才正式在英國總部註冊。
本故事和接下來的幾個故事會介紹本港運動
在這個較早時期的概況。

二十世紀初的香港雖然只有幾千個英國僑民，[1] 但卻有好幾份英文報章，為研究早期童軍歷史提供不少寶貴資料。下面是幾個例子：《南華早報》(South China Morning Post) 於 1909 年 5 月曾提及將會有五千名童子軍參加在格拉斯哥的帝國日遊行。《中國郵報》(China Mail，又名《德臣西報》) 於 9 月時以「英國童子軍：英皇的希望」做標題報導 B-P 和多達三萬個童子軍出席的水晶宮檢閱儀式。《香港電訊報》(Hongkong Telegraph，又名《士蔑西報》) 在同月刊行一篇詳細報告，說這個「培養大丈夫 / 真男人」的運動氣勢如虹，在短短幾年間已經吸納了二十五萬名成員，並介紹童軍規律及樂於助人的精神等。《每日雜報》(Hong Kong Daily Press，又名《孖剌西報》) 於 1910 年 1 月轉載貝氏脫離軍旅生涯投入童軍運動的決定。[2]

不過當時本港仍然沒有任何童子軍，這些報導說的都只是英國的情況。《南華早報》於 1910 年 3 月 9 日首次刊登一篇以「香港需要童子軍團」為題的評論文章。該文聲稱記者有幸在天津參觀過當地的童軍活動，呼籲學校引進英國的 B-P 童子軍團，更說它們「應該容納殖民地裡每一個合資格的男孩，而政府也應該鼓勵學校引進此計劃」。翌日一位匿名的退伍軍人致函該報，表示「若有人想在香港組織一支童子軍隊伍，我會很樂意提供服務」，可惜此事不了了之，後來沒了下文。

3 月 21 日《南華早報》再次呼籲成立童子軍團，更引用 B-P 早前的講詞，說訓練有素的童子軍們會是大英帝國裡更為有用的殖民者。[3] 早報的呼籲在 3 月底終於獲得聖安德烈堂 (St. Andrew's Church) 的史賓克 (H. O. Spink) 牧師比較具體的正面回應。

聖安德烈堂是聖公會在九龍最古老的教堂，由遮打 (C. P. Chater) 爵士捐款籌建。教堂於 1904 年 12 月奠基，在 1906 年 10 月啟用。它位於尖沙嘴彌敦道東邊 138 號，毗鄰英童小學，對面就是彌敦道西邊

1. *Hong Kong: Report on the Census of the Colony for 1911*(Hong Kong: Census Office, 1911), table III, 12.
2. *SCMP*, May 26, 1909; *CM*, Sep. 7, 1909; *HKT*, Sep. 8, 1909; *HKDP*, Jan. 25, 1910.
3. *SCMP*, Mar. 9, 10, 21, 1910.

的威菲路軍營 (Whitfield Barracks，俗稱摩囉兵房)。[4] 位於彌敦道 136
號的英童小學於 1902 年啟用，當時有大約六十名英童。該校雖然已
經停辦多年，舊校舍現在仍然存在。1892 年啟用的威菲路軍營現在
則是九龍公園，今天園內還有當年軍營的一些原有建築物。注意彌敦
道原名羅便臣道，但由於港島已有同名街道，為免混淆才在 1909 年
更名為彌敦道。

　　史賓克愛好體操，畢業於杜倫大學和聖公會的神學院，1904 年
被按立為牧師，1909 年 9 月由英抵港，是聖安德烈堂的第二任牧
師。史牧師的來函表示他知道早報鼓吹成立童子軍隊，接著反問：

> 難道我們不能做得更好，籌建一隊有效率的基
> 督少年軍？也許並非人所皆知，但基督少年
> 軍的訓練計劃裡包含了童子軍所有內容，並
> 且……還有另外一個優勢……就是能夠培養
> 孩子們的道德和靈性生命。[5]

　　上一個故事已經介紹過基督少年軍和其他有宗教背景的少年團體
和早期童軍運動之間的密切關係，此處不再複述。鑒於史賓克的教會
背景，他在回應英僑社區對童子軍的訴求時提出這個「反建議」一點
也不奇怪。畢竟由基督教派包括聖公會贊助的基督少年軍，歷史比童
子軍更加悠久，它們很多都已經引進一些由貝登堡設計的童軍訓練、
活動、小隊和徽章等。更重要的是，基督少年軍可以兼顧孩子們的
「道德和靈性生命」。對一位牧師來說，這絕對是一個「更好」的雙
贏方案。

4. *SCMP*, Dec. 14, 1904; Oct. 8, 1906.
5. *SCMP*, Mar. 24, 1910.

史賓克擔心九龍沒有足夠數量的孩子和領袖，所以打算秋天開學後才開展活動。由此可見，他顯然只在考慮訓練教會裡的英童，沒打算招募社區裡的華人。不過當時小孩和大人的反應都出乎意料之外地熱烈，有很多孩子就來自隔壁的英童小學，而領袖則包括來自與教堂一街之隔的軍營裡的軍人。

一個月後，英文報章宣佈聖安德烈堂已密鑼緊鼓地在籌辦「一個基督少年軍團，附一個童子軍部」。根據報導，訓練內容將會包括牧師擅長的體操，歡迎十一歲以上的男孩去教堂報名加入。[6]

《香港電訊報》在 5 月初刊登一篇較長的評論，再次鼓勵本港引進 B-P 的童子軍。該報轉載馬來半島報章刊登過的童軍資料，說明貝氏的目的非為娛樂孩子或把他們全變成士兵，而是讓「每個孩子都成為良好公民」。評論重申童軍運動的宗教政策，說 B-P 認同：

> 沒有信仰則不能建立人格，但它的份量和實施的形式應留給個別旅團。因此，你可以有附屬於一個特定教會的旅團……沒有個別宗派的旅團，猶太教的旅團等等。

幾天後《電訊報》發表一封讀者來信，表示「在香港籌組一個童子軍團頗合時宜」。但該讀者接著追問：「為何不成立一個華人部門，也提供 [ 訓練 ] 機會給本地的小伙子們」？原來該報立場一向比較不親當權者和接近天主教，所以它發表關於運動應該不局限於某個宗派或英裔兒童的言論雖然顯得「不識時務」，但其實並不奇怪。[7]

少年團於 1910 年 5 月 11 日在聖安德烈堂舉行成立典禮，署理港

6. *SCMP*, Apr. 27, 1910.
7. *HKT*, May 3, 7, 1910.

上：戰前的九龍聖安德烈堂

下：港島佑寧堂

督梅含理 (Henry May) 爵士及英軍指揮官聖約翰 (St. John，注意這是他的姓) 上校共同檢閱二十八名男孩，而副主教巴靈 (Barnett) 則主持宗教儀式。梅含理在致詞時承認他幾天前才知基督少年軍的存在，但很高興本地英童有機會在年幼時接受這種訓練。他期望孩子把握機會，努力學習成為「有用的公民」，因為大英帝國正在擴張，有很多用得著他們的地方。翌日《南華早報》詳細描述本港的第一次童子軍典禮，讚揚史氏在香江「開展了貝登堡的童子軍運動」，稱呼該團為「一個愛國的小組織」。[8]

在當天晚上，港島佑寧堂 (Union Church) 的克寧 (C. H. Hickling) 牧師與大約十二位孩子開會，興高采烈地討論在港島籌辦另一個童子軍團。佑寧堂並不隸屬於聖公會，乃基督教內所謂非主流教派的教會。克寧認為維港兩岸的兩團童子軍將來應該穿類似制服，有健康競爭、相互學習和「偶爾的聯合行動」。

英文報紙普遍支持童軍活動在本港萌芽，只有較反建制的《電訊報》在表示支持之餘，亦批評它的種族和宗教排他性，質疑為何沒有華人或無宗派聯繫的隊伍。

一向大力鼓吹運動的《南華早報》則說兩個教堂加起來才有四十名孩子實在太少，認為「此殖民地裡應該有超過四十個童子軍」。[9]《南華早報》這個說法值得商榷。根據 1911 年的人口統計，其時五到十五歲的英裔男孩總數只有二百三十多人，而其中年幼的佔了多數，因為年紀稍大的英童很多會被送回英國念寄宿學校。十歲至十五歲的英裔男孩只有八十四人，四十人成為童子軍已經是相當高的比率。不過，如果服務對象擴充至華裔孩子，那當然就另當別論。根據統計，單單十到十五歲的男孩就有近一萬八千人。[10]

很可惜地，組織港島團的計劃很快就胎死腹中。第二次籌組會在5 月 18 日晚上召開，當時很意外地沒有更多人出席，只來了兩個孩

8. *SCMP*, May 12, 1910.
9. *SCMP*, May 12, 13, 1910; *CM*, May 12, 1910; *HT*, May 13, 1910.
10. *Hong Kong: Report on the Census of the Colony for 1911*, tables XX, XXI, 40-41.

子。克寧心灰意冷，只好臨時取消是次會議。這個現象很是奇怪：因為第一次會議時已經有十多個孩子表示有興趣，他們都登記了名字。英文報章有很多支持運動的報導，《南華早報》在 5 月 16、17 和 18 日亦多次刊登第二次籌組會的時間和地點之預告。小小的英僑社區鬧得熱熱騰騰地，為何大部分的孩子會選擇在第二次開會時缺席呢？

童子軍與「鐘形帳篷」

這個令人費解的謎團終於由克寧自己解開。會議開不成後他致函《中國郵報》，表明已停止籌辦港島童子軍團，並鼓勵原來打算參加該團的孩子加入九龍的少年團。他解釋原本考慮到維多利亞港分隔九龍和港島，為方便後者想參加活動的孩子，決定在佑寧堂成立第二個童子軍團。但可惜有人卻誤會他另有目的，認為他其實是想擴大非主流教派的影響。因此，他的計劃很快地就引起聖公會及當權派裡一些人的微言，「造成宗派間的嫉妒，而非殖民地裡的合作」，導致有些父母不想孩子參加，叫他們「杯葛」第二次聚會。[11]

英國國教聖公會與非主流基督教諸教派之爭由來已久，曾導致後者的教徒被排斥於主流社會之外，甚至就業和升學也受影響。英國國會曾在十七世紀後期通過法案，禁止非主流教派的基督徒成為政府公僕、牧師及教師等。遲至十九世紀中葉，牛津和劍橋大學仍然有入學或畢業前學生必須加入聖公會的要求。到了二十世紀初，社會逐漸開放，非主流教派人數日眾，在很多大城市裡甚至比聖公會的會眾更多，歧視已漸漸淡化。但從這件事上看來，它在當時香港這個殖民社

11. *CM*, May 18, 1910.

會裡仍然有一定的影響力，絕對不容忽視。[12]

相反地，聖安德烈堂的九龍團卻發展得十分順利。1910 年 5 月 18 日，少年團成立後一個星期（亦即佑寧堂原來打算開第二次會議的同一天），總共有三十二位團員出席了首次集會，比成立典禮時多了四位。集會時，牧師與他的助手白朗、韋基、魏超和韋斯 (R. J. Brown, P. Wilkie, Witchell, Wilks) 帶領孩子在教堂旁的草地上練習鞍馬和平衡木等各種體操。

一周後，他們同樣在黃昏時舉行集會。可能是因為港島團的計劃已成泡影，這一次大約有十個新人加入，使成員總數超過四十人。到此時，教堂旁已蓋好一間由杉木支架、木板圍牆及茅草和葵葉上蓋搭成的棚屋，作為臨時旅團總部。在這次集會裡，團員聽說有「一位本地紳士」同意贊助小型樂隊，已從英國訂購號角、笛子和鼓等。他們熱烈回應，有超過十人即時表示願意加入。[13]

隨後，少年軍保持活躍，逢星期三晚上在教堂旁的棚屋裡集會，經常穿著少年軍特定的童子軍制服受訓。至於牧師注重的「道德和靈性生命」的培養，相信少年軍亦沒有遺忘（雖然這種活動報章通常是沒有興趣詳細報導的），因為禮拜天通常在「童子軍總部」也就是棚屋裡都會有主日學。[14]

維港這個天然地理隔膜亦有令人滿意的解決方案，因為天星渡輪為表示支持，同意給住在港島的童子軍於集會當天免費乘搭渡輪往來九龍參加訓練。

在 1910 年 10 月中旬，童子軍舉行首次周年露營，是為香港第一次童軍露營，比英國白浪島實驗露營遲了三年左右。露營由韋斯及當律師的教友高富·史密夫 (Crowther Smith) 負責，二十名童子軍們共用三個鐘形帳篷，在另外一個大帳篷裡受訓和做禮拜。開放日那天，史牧師、白朗和魏超帶同親友來訪及欣賞號角樂隊、步操和體操表演。

12. Bebbington (1982).
13. *SCMP*, May 19, 27, 1910.
14. *SCMP*, Jan. 6, 27, Feb. 3, 1912.

本港第一次童子軍露營的一天日程如下：6:30 起床，整理帳篷，早操和祈禱；8 點吃早餐，9 點清潔營地，10 點沐浴，11 點遊戲，11:15 有課程，隨後進餐；下午 2 點到 3 點午睡，5 點往山邊練習信號，繼而下午茶和散步；晚上 7 點開始守營，8:30 享用可可和餅乾，9 點吹第一次軍號，15 分鐘後祈禱，9:20 吹最後一次軍號，9:30 熄燈休息，10 點終止守營（兩次吹號是英軍裡開始和終止檢查哨兵的信號）。[15]

這次露營的營地由謝纘泰借出，包括他的房子及附近的地方。本港運動的第一個華人支持者謝先生一生頗為傳奇，涉獵革命、辦報、改革、著書、經商及發明等。謝纘泰在澳洲出生，十五歲來港，就讀於中央（後改名皇仁）書院。他曾任公務員，與楊衢雲等創辦輔仁文社，和孫中山等一起搞過革命，也是《南華早報》的創辦人之一。他亦寫過幾本性質很不同的書，包括《中華民國革命秘史》及一本提出伊甸園的位置應是在新疆的書。[16]

露營結束後不久童子軍在教堂旁的棚屋裡舉行音樂會，有很多孩子和親朋戚友出席。全體團員和號角樂隊後來在此棚屋前拍攝一張集體照（見後頁），是為現存本港聖安德烈堂童子軍的最早合照，相當有歷史價值！12 月 10 日童子軍出席教堂賣物會的服務，梅含理夫人是活動的主禮嘉賓，亦有一部分籌得的款項會撥作旅團經費之用。

由於九廣鐵路英段於 1910 年底正式通車，鐵路公司趁機推出假期乘車優惠，當年的聖誕吸引了很多人去九龍郊區和新界旅行。童子軍也不例外，在 12 月 26 日乘坐火車往新界粉嶺參與義勇軍的培訓活動，順便郊遊。根據報導，「由於農作物已然收割，這一帶的郊區十分適合進行此活動」。在鐵路建好之前來往新界交通不便，在此舉行這種訓練而能夠即日來回幾乎是不可能的。[17]

1911 年基督少年軍暨童子軍仍然相當活躍。3 月聖約翰上校出席

基督少年軍高級童子軍徽章

基督少年軍於 1906 年採納童子軍訓練，並推廣相關的金色高級童子軍徽章及銀色中級童子軍徽章。莊士敦是本港最早考獲該徽章的成員之一。

15. *SCMP*, Oct. 21, 29, 1910.
16. Tse Tsan Tai, *The Chinese Republic: Secret History of the Revolution* (Hong Kong: SCMP, 1924); *The Creation. The Real Situation of Eden and the Origin of the Chinese* (Hong Kong: Kelly & Walsh, 1914).
17. *HKGG*, n. 317, Oct. 7, 1910; *SCMP*, Dec. 12, 24, 27, 1910.

他們的體操表演，順便檢閱該團的團員。5 月他們參加聖約翰座堂的帝國日慶祝，據報「他們人數不多，但卻以穿著制服的醒目外觀彌補」，而號角樂隊的表演更特別有吸引力。10 月他們再次替教堂賣物會服務，在場者聲稱「令其增色不少」。同月裡少年軍在史牧師帶領下在大埔舉行第二次露營，開放日當天由廣州至香港的火車更特意在大埔停站，把參觀露營的訪客載回九龍市區。[18]

其時港督盧吉 (F. Lugard) 爵士即將離開香港，前往非洲尼日利亞任總督。在 1912 年 3 月 9 日，盧吉在百忙中抽空檢閱少年軍暨童子軍，頒授體操獎牌給兩位成員，包括「童子軍莊士敦」(Scout Johnston)。莊士敦顯然是本港最早考獲少年軍的兩級制童子軍徽章並獲得此稱號的成員之一。可惜報章並沒有較詳細的報導，我們不知道他考到的是金色的高級章或是銀色的中級章。[19]

根據當時大多數英文報章的呼籲，早期本港英僑社區的普遍需求是貝登堡的童子軍，不是基督少年軍。公平地說，史牧師並沒有刻意誤導大眾。他在第一封信裡就開宗明義地說，他打算開辦一個採用童子軍訓練的基督教少年軍團。當年的一手資料證實聖安德烈堂的少年團是在英國基督少年軍總部登記的「香港基督少年軍第一團」。[20]

然而，其時英文報章卻有意無意地忽略此事實。多數報導傾向於將他們視為同一個組織，只會提及童子軍或者基督少年軍暨童子軍，很少會單獨強調少年軍。少年軍在 1910 年 5 月成立時，《香港電訊報》的報導標題是簡單的「童子軍」。《南華早報》當時的主標題也是「童子軍」，副標題是「九龍旅團成立」。當英皇佐治答應成為英國童子軍總會會長時，《南華早報》在有關報導裡同時聲稱本港由史賓克帶領的「童子軍團」也十分蓬勃。該報關於第一、第二次集會的報導標題都是「九龍童子軍」，而整篇報導裡根本沒有提過基督少年軍這個組織。

18. *SCMP*, May 25, Oct. 9, 1911.
19. *CM*, Mar. 12, 1912.
20. *The Boys' Brigade Gazette*, Jun. 1, 1912, 145.

1

1. 少年軍暨童子軍在聖安德烈堂旁的棚屋前合照

2. 謝纘泰

3. 1910 年九廣鐵路英段通車

2

The Opening of the Kowloon Canton Railway.

3

盧吉檢閱聖安德烈堂童子軍 (St. Andrew's Church)

　　那麼，到底聖安德烈堂的少年軍算不算是童子軍呢？這個問題當然重要——因為如果算的話，他們就是香港的第一批童子軍。我們可以從活動、運動和組織三個角度來探討這個歷史課題。

　　從廣義的童子軍活動／少年警探活動 (Boy Scouting) 角度來看，聖安德烈堂的孩子當然是不折不扣的童子軍，因為他們參與的是典型的童軍活動和訓練。

　　相反地，從狹義的童子軍組織 (Boy Scout Organisation) 角度來看，他們不可以算是童子軍。他們的團隊在英國基督少年軍總部登記，並不隸屬英國童子軍總會。

　　但童軍總會雖然經常推動童軍運動，它們其實是兩碼事。在最壞的情況下，前者有時甚至會妨礙後者的健康成長。B-P 一向擔心童軍運動會演變成一個僵化的童子軍組織，喪失它應有的活力和本質，曾說：

童子軍是個運動，不是個組織，它是個運動，因為它不斷進步。只要它停止發展，它就會變成個組織，不再是童子軍。[21]

盧吉爵士

如果從中間落墨的童子軍運動 (Boy Scout Movement) 角度來看，聖安德烈堂的孩子也應該算是童子軍。畢竟，他們除了有典型的童軍活動和訓練之外，亦穿著特定的童軍制服，而接受的訓練和考取的徽章都是來自 B-P 設計和推薦給基督少年軍的童子軍訓練計劃。貝登堡於 1912 年在澳洲分享各地的運動近況時，曾提到「香港也有英國童子軍」，顯示他當年亦同意這個觀點。[22]

況且，如果他們不能算是童子軍，那麼上一個故事裡介紹過的白浪島露營的營友也不應該算是童子軍。因為雖然白浪島營友亦有考取 B-P 頒發的童子軍徽章，他們和聖安德烈堂的孩子一樣，不屬於任何在童子軍總會登記的旅團（英國童子軍總會根本還未成立），也不曾宣誓（當時仍然沒有這回事）。後者起碼穿著少年軍的童子軍制服，前者甚至連制服都沒有！

21. World Scout Committee, *Forward Together: Towards Impact and Growth* (Kuala Lumpur: World Scout Bureau, 2017), 4. 原文是：
"It is a movement, because it moves forward. As soon as it stops moving, it becomes an organisation and is no longer Scouting."
22. *The Northern Miner*, May 13, 1912.

第三章

# 1912

貝氏之旅

B-P's WORLD TOUR

貝登堡於 1910 至 1912 年間去了很多地方，
考察童軍運動的發展。
1910 年他帶領一些英國童子軍去加拿大旅遊，
接著親自去紐約探訪美國童子軍總會的領軍人物。
1911 年他往挪威度假後，
順便去歐洲北部訪問幾個國家的童子軍。[1]
1912 年初他應邀往美國巡迴演講，趁此機會環遊世界，
「不僅在我們的海外領土，而且在美國，日本和中國」
等地考察童子軍。[2]
對本港童軍歷史特別重要的是，
他此次世界之旅的行程裡亦包括小小的香港。
本故事會簡單地回顧貝氏 1912 年的世界之旅，
及詳細地討論他在本港與首批童子軍見面的經過。

環遊世界後貝氏撰寫了《海外童子軍：我的世界之旅》(*Boy Scouts Beyond the Seas: "My World Tour"*) 一書，介紹巡視期間的見聞與感想，附有他繪製的插圖，是二十世紀初各地童子軍運動情況及風土人情的珍貴一手資料。（注意該書第三章是講 1910 年加拿大之遊，第九章是講 1911 年北歐之遊，與 1912 年的世界之旅無關，本故事將不會提及。）

B-P 在 1912 年 1 月 3 日抵達英國南部的港口南安普敦乘坐英國遊輪田園號 (Arcadian)，開始他長達八個月的世界之旅。當時有大約一百五十名英國童子軍在碼頭歡送他啟程，更有幾個年輕人自願陪他同行，擔任他在旅程時的義務秘書。這是田園號不久之前改名以來作為專用遊輪的處女航，當時她可容納三百二十名乘客。

貝登堡是次周遊列國的行程，前段大致上是由大西洋向西南而行，經亞速爾群島至中美洲，再而到達西印度群島。前面幾站只是旅遊景點，沒有提及童子軍。在中美洲巴拿馬北岸科隆的碼頭，B-P 才首次受到美國童子軍的熱烈歡迎。為甚麼巴拿馬會有美國童子軍呢？原來該國於 1903 年底才在美國的支持下脫離哥倫比亞獨立，而當貝氏到訪時美方正在建造後來貫通大西洋和太平洋的運河，有不少美國人在當地居住。B-P 報導其時該國的兩大城市「科隆和巴拿馬之間有不下九個 [ 美國童子軍 ] 團」。[3]

繼而遊輪朝北航行，不久抵達英屬西印度群島的牙買加。當時該島已有兩個英國童子軍團，在南岸金斯敦的碼頭上他檢閱了是次旅程的首批英國海外童子軍。

從英國經中美洲到西印度群島這段旅程中，他在船上與陪伴父親旅遊和擅長各種運動的奧麗芙·索姆絲 (Olave Soames) 邂逅。兩人年紀相差一大截，但卻十分投緣，甚至可以說是一見鍾情。下面奧麗芙的一段短短的日記把他們兩人當時感情的發展表露無遺：

1. Hillcourt (1964), 305-307; 314-316.
2. B-P (1913), preface.
3. *Ibid.*, 29.

1 月 23 日星期二。參觀巴拿馬運河。2 點航行……哦，我一整天都很開心。他畫圖，我說話，我們一起歡笑……我們對所有事情的感覺和意見都一致。完美的幸福。[4]

　　幾天後，B-P 從天氣炎熱的金斯敦出發去紐約，但奧麗芙卻要按原定計劃與她的父親留在當地遊覽一段時間才再啟程。兩人依依不捨，卻明白貝氏乃公眾人物兼童軍運動創辦人，身份敏感。他們決定把感情保密，直到他完成世界之旅，並考慮周詳如何處理下一步為止。

　　同年秋天回英後貝登堡果然結束多年的獨身生活，和奧麗芙締結連理。貝氏在 9 月底取得雙方家長同意後，與奧麗芙訂婚。1912 年 10 月 30 日，兩人於教堂舉行簡單的私人婚禮，謝絕報界和外人參與。雖然他們儘量低調處理此事，當時的婚禮仍是轟動一時的大新聞。

　　運動中人大多替他高興，但也有一些人覺得有點失望。一個年幼的童子軍致信 B-P，悲觀地預言說：「你將無法像以前一樣繼續與童子軍們同行，因為你的妻子會想要你，一切都會落空」。[5]

　　幸好事實並非如此：這段忘年之戀相當成功，夫妻一生相敬相愛，育有一子兩女。更難得的是，兩人夫唱婦隨，共同領導男女童子軍多年。運動沒有「落空」，反而因為奧麗芙的加入而更加強大，這些都是後話。

　　回到世界之旅當時，1912 年 1 月 31 日田園號抵達紐約，當天是「一個凜冽寒冷的日子，結了冰的雪花籠罩著一切」。一團穿著整齊制服的美國童子軍持英美兩國國旗迎接他，其中一人更代表美國童子軍把一封由總統簽名的歡迎信交給他。

　　2 月到 3 月間 B-P 去了很多城市，獲美國總統塔夫脫 (W. H. Taft)

4. O. Soames, diary, Jan. 23, 1912, in O. B-P (1973), 68-69.
5. Hillcourt (1964), 334-335.

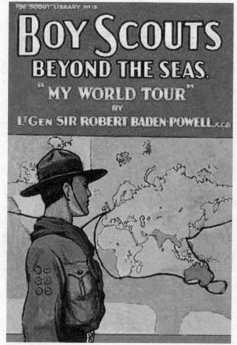

左：貝登堡的《海外童子軍：我的世界之旅》
右上：貝登堡
右下：奧麗芙・索姆絲

接見，在波士頓、華盛頓、芝加哥和紐約等地檢閱童子軍，有時多達五千人出席，顯示年輕的運動已相當受孩子們的歡迎。貝氏特別提到在紐約的「遊行隊伍中，有一個全由華裔男孩組成的旅團，而且他們操練得很好和很醒目」。[6]

　　最後 B-P 到達美國西岸，訪問三藩市、波特蘭和北美洲尾站西雅圖，然後登上美國的明尼蘇達州號 (Minnesota) 由太平洋向西航行前往日本。

6. B-P (1913), 39.

貝登堡和塔夫脱等在華盛頓檢閱美國童子軍

　　明尼蘇達州號在 4 月 2 日黃昏抵達橫濱港，其時當地一團「差不多全是英裔」的童子軍不是在碼頭上等待貝氏，而是擠滿一艘掛著很多旗幟的蒸汽船駛出海港來歡迎他，大家都興奮地高聲叫他的名字。B-P 說「日本人亦在討論組織一些［童子軍］團」，他的書裡有一張題為「日本童子軍」的插圖，裡面的童子軍顯然都是日裔男孩。[7]

　　離開日本後，貝登堡轉乘德國輪船呂佐號 (Lützow) 前往中港兩地訪問。由於辛亥革命才發生不久，中國的時局不太穩定，貝登堡並沒有嘗試進入內陸城市，只隨船隻在青島和上海短暫停留。

　　《海外童子軍》一書沒有講述 B-P 在這兩個港口的經歷，但亞洲的英文報章卻曾詳細報告了上海的情況。貝氏在 4 月 13 日下午在上海英國領事館裡檢閱分別名為「上海」和「貝登堡」的兩個英國童

7.  B-P (1913), 87, facing 96; *Japan Gazette*, Apr. 3, 1912

子軍團，注意到「許多人都佩戴上［技能］徽章」。當晚他與英僑貝登堡童子軍會的委員在上海會所晚宴，次日在領事館裡參觀童子軍的露營展示後才重新登船啟程往香港。[8]

程璧光將軍

雖然貝氏此行無法深入中國，他應該有興趣了解當地運動的發展前景。在 1912 年 1 月 1 日，亦即 B-P 開始這次旅程的前兩天，清政府屬下的巡洋艦隊統領程璧光率領海圻艦前往英國參加英皇加冕，在海軍同僚的支持下，決定在當地易幟，參與辛亥革命。程將軍顯然對童軍運動興趣濃厚。1912 年 1 月英國童子軍總會的《總部憲報》(Headquarters Gazette) 曾刊登他的一段言論，說他期望此有用的運動「能夠很快地在我國開展和普及」。[9]

當時中國仍然沒有自己的童子軍總會，但武昌由聖公會主辦的文華書院曾於 1911 年派遣修讀神學畢業的嚴家麟 (Benjamin C. L. Yen) 前往上海考察童子軍活動。嚴君回校後即開始組織訓練「童子軍義勇隊」。於 1912 年 2 月 25 日，即 B-P 到訪上海一個多月前，團員已經宣誓，正式加入中國的第一團華人童子軍。數年後嚴氏曾「向北京政府提交了一套經他完善之中文旗號通訊系統」，以便國內童子軍可以用中文進行旗號通訊。[10]

接著下來的幾年間，上海、北京、廣州和漢口不甘後人，相繼開辦華人童子軍團。除了武昌文華書院，其他早期華人旅團亦多是由基督教機構主辦，包括上海聖約翰大學、廣州嶺南書院和漢口博學書院。[11]

漢口博學書院第 1 團領袖博沙 (S. V. Boxer) 曾於 1915 年轉達該團致貝登堡之中文信函，聲稱「敝隊甫經訓練基礎未堅如木初栽」，應該是英國總會檔案館裡現存最早的中文童軍往來書信。[12]

8. *CM*, Apr. 16, 1912; *HKT*, Apr. 16, 1912.
9. *HG*, Jan. 1912.
10. *Educational Review*, v. 10, 1918 (China: China Christian Educational Association, 1918), 28; *Triannual Report of the Board of Missions, 1916* (NY: Episcopal Church, USA, 1916), 143.
11. Kua (2011), 79.
12. Founders' Papers, China, *SAHS*.

嚴牧師多年致力於童軍資訊翻譯和教育推廣，1942 年中國童子軍總會正式確認他為中國運動的創始人，同時訂定 2 月 25 日為「中國童子軍創始紀念日」，亦謂「思源日」。今天台灣的童子軍仍然每年都舉辦思源日聚會，其中經常會有追思貝登堡和嚴家麟的環節。

施勳

在 B-P 到達香港之前，《南華早報》早已知悉他的行程將會包括本港。該報在 2 月的一篇評論裡聲稱貝氏肯定會受到熱烈歡迎，但惋惜他「不會在此看到一個強大的童子軍組織」。這確是實情——雖然九龍有聖安德烈堂的團隊，「維港對岸仍然沒有一團甚至一小隊」童子軍。

《南華早報》秉承它一向大力鼓吹童子軍運動的傳統，說：

> 香港童子軍有很大的發展空間……能夠讓正在巡視的將軍目睹他偉大運動已成功地在此地建立起來會是我們歡迎他的最佳方法。

同日較遲出版的《香港電訊報》簡略地轉載此評論，顯示認同。可惜報界的再次鼓吹，並沒有令港島團的計劃復甦。[13]

港督盧吉於 1912 年 3 月底離港重回非洲履新，與曾同時在非洲當過軍人的貝登堡擦身而過。聖安德烈堂的少年軍暨童子軍在歡送盧吉後已準備好歡迎 B-P。他們甚至舉行了一次預習，更打算在前一個晚上於總部寄宿，以便當天一早在碼頭邊迎接他。但此項計劃最終臨時取消，

13. *SCMP*, Jan. 31, Feb. 8, 1912; *HT*, Feb. 8, 1912.

因為 B-P 從上海發來電報，說他並非以官方的身份訪港，「不希望接受正式的接待」。[14]

鐵達尼號

在 4 月 16 日星期二早上，B-P 乘坐的呂佐號從滬抵港，只很低調地由署理港督施勳 (Claud Severn) 的副官迎接。副官陪同貝氏往他下榻的香港酒店入住及遊覽主要街道，然後送他去港督府和施勳進餐。

由本故事的前段大家都知道 B-P 到各地考察時通常會即時與當地的童子軍見面，也不介意他們在碼頭上甚至駛出港口歡迎他。但在香港他的取態明顯不同，即使到步後大家仍然不知道他有何打算。當《中國郵報》的記者向港府查詢「童子軍們會否為嘉賓操演」時，發言人也只能說還沒有安排。被報章稱呼為「童子軍隊長」的史密夫甚至告訴記者說，他認為將不會有正式的檢閱。[15] 由此可以想像他和童子軍們有多麼失望，甚至可能會把 B-P 的猶豫不決理解為故意怠慢他們。

當天傍晚，貝氏決定乘坐金山號輪船離港往當時仍然沒有童子軍的廣州考察數天。剛好在前一天，即 4 月 15 日，在世界的另一角落進行處女航的鐵達尼號 (Titanic) 遊輪不幸地在撞到冰山後很快下沉。與貝登堡幾個月前乘坐的田園號一樣，它亦是從南安普敦出發，目的地也是紐約。此驚天動地的大新聞幾天內迅速地佔據本港各報章的主要篇幅，大家似乎已暫時忘卻 B-P。貝登堡從廣州回來後，終於決定於 1912 年 4 月 19 日在施勳陪同下與童子軍們會面。

當天早上 6:55 住在九龍的童子軍在九龍天星碼頭集合，乘坐 7 點的渡輪過海與住在港島的兄弟會合。在 7:15 大約三十名穿著整齊童子軍制服的少年從港島天星碼頭由該團的軍樂隊帶頭步操至港督府。在大約 8 點他們於港督府接受 B-P 檢閱，史賓克牧師、史密夫及韋基等

14. *HKDP*, Apr. 17, 1912.
15. *CM*, Apr. 16, 1912.

指導他們表演體操。繼而貝氏與他們交談，「講解童軍運動的目的，並讚揚他們的體操表演」，然後大家在港督府裡共進豐富的早餐。[16]

其後 B-P 在《海外童子軍》一書中有特別提及這次「在港督府漂亮的花園裡」之檢閱儀式，形容孩子為「接受童子軍訓練和穿童子軍制服的少年軍」成員，更稱讚他們表演出色及制服整潔。1912 年 8 月的《總部憲報》也有介紹香港「穿童子軍制服和被培訓為童子軍」的少年軍男孩，並提及他們的領袖史賓克牧師。[17]

由於貝登堡終其一生不曾重回香港，這次是「阿爺」（本港童子軍們對運動創辦人的暱稱）的第一次和唯一的一次在香港檢閱童子軍。史賓克的妹妹凱特當時有幸在現場，並拍攝了幾張照片。後來施勳在 1925 年離港前曾把幾張這次會面的照片贈送給本港童子軍們，多年來就掛在港島花園道的舊總部裡。

這些照片連同總部的許多戰前文獻和文物等都在二次大戰日據時代毀壞和丟失。多年來童軍總會以為這些舊照片已然失傳，卻不知道凱特的女兒已於 1960 年代把她母親的拷貝捐贈給聖安德烈堂。我們在 2005 年訪問該堂時無意地重新尋獲這些珍貴的歷史相片，當時的主任牧師亦慷慨地提供它們的副本供童軍總會之用。[18]

正如本書第二個故事裡所述，雖然這些孩子們都穿著童子軍制服和接受童子軍訓練，他們的團隊卻隸屬英國的基督少年軍總部，而不是英國童子軍總會。由於 B-P 並沒有直接解釋，我們只能夠猜想為甚麼他好像有點不願意在到達後馬上與這些香港的追隨者會面。從首天港督府發言人的回應來看，似乎他當時仍在考慮如何處理此事。可能性較高的原因是聖安德烈堂的隊伍與基督少年軍總會的關係。因為雖然英國及很多其它地方（包括上海）都已經有在英國童子軍總會註冊的童子軍團，香港仍然只有接受童子軍訓練的少年軍。

換句話說，香港聖安德烈堂的孩子們只屬「最初版」（青少年組

16. *SCMP*, Apr. 20, 1912.
17. B-P (1913), 102; *HG*, Aug. 1912.
18. Kua to Kenchington/Kenchington to Kua, Jan. 4, 6, 11, 12, 2005,
    etc., *HKSA*; Vesey (2004), 16.

貝登堡在港督府與本港童軍會面並檢閱童軍 (St. Andrew's Church)

織包括少年軍內的訓練計劃）而非「改良版」（嶄新而獨立的青少年運動）的童子軍。貝氏當時並非代表基督少年軍，而是以童軍運動創辦人的身份訪港。他不想太高調地與聖安德烈堂的孩子接觸，免得引起一些人的非議，其實是情有可原的。

離開香港後，B-P 在菲律賓停留了一會。雖然時值盛夏，很多外國人都已去了碧瑤避暑，馬尼拉仍然有一隊由基督教青年會組織的童子軍們歡迎他。

5 月 11 日貝登堡開始了他在澳洲和紐西蘭長達七個星期的旅程。在這段時間裡，他去過布里斯本、雪梨、墨爾本、塔斯曼尼亞、奧克蘭及威靈頓等多個城市。他在各地檢閱童子軍、參觀露營、頒授獎勵，見過一些童子軍英雄、「一團近一百名騎馬的童子軍」和一些「農夫童子軍」等。在澳紐兩地當時運動正面對來自軍隊少年團（Cadet Corps）的挑戰，這個問題給他留下深刻的印象。

紐西蘭總督曾於 1911 年去信 B-P，告訴他「在十四歲之後，每個童子軍都必須成為軍隊少年團的資深團員，並接受規定的軍事訓練課程」。貝氏當然趁機會與當局討論軍事化的軍隊少年團和童子軍各自的優點，亦出席公開演講介紹「戰爭與和平時代的童軍運動」等。[19]

B-P 書中有很多有趣的風土人情和飛禽走獸之類的資訊，值得一讀。但因為是題外話，本故事通常不提。舉例：他說目睹號稱塔斯曼尼亞惡魔（Tasmanian Devil）的袋獾時有點失望，覺得聞名不如見面。他說它不外是隻「豬頭狗身」的小傢伙，相信見過袋獾的讀者多會因有同感而發出會心的微笑。[20]

世界之旅的下一站是貝登堡的「第二故鄉」南非，貝氏當然更受各界歡迎。當時天氣炎熱，但無論是在第一站東岸的德班、或是沿東北方向而行的彼德馬里茨堡、雷地史密斯、約翰尼斯堡及首都普利托里亞等，他都參觀露營、檢閱童軍和接受訪問等。南非的總督曾於

澳洲維多利亞省軍隊少年團徽章

19. Wade (1929), 145; B-P (1913), 144, 148; *The Sydney Morning Herald*, May 11, 1912; *The Northern Miner*, May 13, 1912; The Argus, May 31, 1912.
20. B-P (1913), 168.

1911 年說過「眼前的問題是童子軍與軍隊少年團的關係」，所以他亦與負責防務的將軍商討兩者如何共存。

在當地他有很多擁躉，這從他抵達約翰尼斯堡時的盛況可見一斑。《海外童子軍》講南非的一章說當時火車站、屋頂和樹上都擠滿人群，有：

> 市長，軍官，一百名警察，三百名童子軍，
> 五十四名前梅富根駐軍，兩百名前警察舊部，
> 樂隊，女士們，歡呼聲。在將近一小時裡，我
> 一直在周圍握手，非常感動。

此章有提及祖魯族及迪尼祖魯，因為這裡正是英勇的祖魯族之老家，亦是早期童軍運動裡很多非洲部族元素的來源。[21]

離開南非後 B-P 經非洲西岸、直布羅陀、西班牙、葡萄牙及法國海岸的港口。《海外童子軍》書中並沒有詳細介紹這些地方，只說「當地均可以找到童子軍們」。在 1912 年 8 月 24 日他終於結束他環遊世界的旅程，回到英國老家。[22]

由於此時歐洲已戰雲密佈，軍隊少年團在大英帝國裡越來越吃香，新興的童子軍運動在各地都遇上不同程度的困難。B-P 在 1912 年完成世界之旅後撰寫了一份報告，承認「有些人擔心童子軍會與軍隊少年團競爭」。他試圖把前

非洲童軍及土著

21. Wade (1929), 146; Hillcourt (1964), 332.
22. B-P (1913), 102.

者定位為一個與後者相輔相成的組織，甚至是一個比後者更加優越的團體。

1913 年的總會年報聲稱「人們漸漸明白童子軍和軍隊少年團其實可以共存」。1915 年貝氏再撰文說只懂得步操和開槍的士兵並不能滿足現代戰爭的需要，更重要的是士兵的品德訓練，而童子軍訓練正是提供後者的最有效的方法，嘗試淡化大家對運動的疑慮。[23]

不幸的是，在貝登堡訪港後不久，聖安德烈堂的基督少年軍暨童子軍團亦面臨同樣挑戰。當局在備戰的壓力下，決定不再支持童軍運動。

本港軍事化的義勇軍少年團早於 1890 年代成立，學習軍號、射擊及旗號等。1900 年代團員的表現曾獲軍人出身的盧吉讚賞。[24]

在 1910 年出現基督少年軍時，義勇軍少年團的信息亦巧合地從報章中消失。由此可見，鑒於當年香港英童人數很少，這兩個組織的成員很有可能是重疊的：不少基督少年軍的男孩以前應是義勇軍少年團的團員。

隨著戰爭陰影擴大，關於非軍事化青少年組織與軍事化青少年組織的軍事效能比較之辯論也轉趨熱烈。梅含理於 1912 年 7 月由斐濟群島再度回港，接任港督一職。不過，在軍隊少年團這問題上港督顯然與 B-P 持不同意見。他於 1913 年 3 月推出振興義勇軍少年團的新法規，包括新的國籍限制：少年團成員必須是英童學校裡的學生或者雙親均為英國本土人士。

這意味著團員必須是英格蘭人、蘇格蘭人、愛爾蘭人或威爾斯人。因為當時即使少數英籍的葡萄牙人或中國人也不能進入英童學校，而他們的父母更加不會被視為英國本土人士。

史賓克於 1912 年 12 月返英後，史密夫順理成章地繼任成為基督少年軍的團長。但義勇軍少年團重組後，梅含理即任命他為其負責人。由於兩個組織年齡重疊，而史密夫同時負責兩者，相信大部分基

23. B-P, *Report on Boy Scouts Overseas*, Aug. 28, 1912; *The Annual Report, 1913* (London: BSA, 1913), 9; *The Annual Report, 1916* (London: BSA, 1916), 18.
24. *CM*, Nov. 8, 1907; *HKT*, Jul. 30, 1908.

督少年軍的男孩很可能在此時被重新改編入義勇軍少年團。

果然，不久後本港英文報章亦不再看得到關於聖安德烈堂之少年軍暨童子軍的報導。1913 年 8 月香港報章詳細報導三萬名來自世界各地的童子軍出席在伯明罕的大會操，沒有提起香港的童子軍們。10 月關於聖安德烈堂賣物會的報導裡也沒有教堂少年軍暨童子軍們的蹤影。這是不正常的，因為該年的籌款目

梅含理爵士

的正是建造一棟新的會堂以代替童子軍以往的總部，亦即每周集會經常使用的棚屋。

為甚麼九龍聖安德烈堂會放棄才開展幾年的童子軍訓練呢？當然 B-P 訪港期間曾「冷待」少年軍而令到後者失望可能是其中一個原因，但更重要的應該是殖民政府的官方態度在梅含理上任後的改變。原來貝氏在回英後曾寫信給梅氏，希望他能鼓勵童子軍的發展。但港督梅含理與澳紐及南非的殖民地官員看來都有類似的顧慮，因為他在 1913 年回信時坦白地指出「擔心它（童子軍）可能會干擾義勇軍少年團」。[25] 換而言之，為了鞏固殖民地的防禦，梅氏認為培訓英童的首選是軍事化的義勇軍少年團而不是非軍事化的童子軍。

無論原因如何，香港的第一批童子軍暨基督少年軍在短短三年內即不復存在。基督少年軍要過幾十年，到二次大戰後才由一些本港華人教會重辦。但相反地，香港童軍運動卻於 1913 年年底就以更正規的形式在另一個教會機構裡復甦。下一個故事會介紹本港第一個童子軍團的成立經過。

25. Brownrigg to Keswick, Jun. 18, 1913, *GA/SAHS*.

首個旅團

1913

CHAPTER FOUR

FIRST SCOUT TROOP

香港童子軍第 1 團在 1913 年才成立及開始活動，

在 1914 年才於英國童子軍總會完成旅團和有關領袖的登記。

正如第一個故事裡所說，

與其他亞洲英僑較多的城市對比，

本港在這方面的發展的確是遲了好幾年：

上海、天津、威海衛、新加坡甚至怡保等都分別在

1910 年至 1911 年間完成首批旅團和領袖們的登記。

英國童子軍總會在貝登堡於 1912 年訪港後曾數次向不同人士呼籲，期望本港儘快成立直接隸屬總會的童子軍團。海外總監白郎利（H. S. Brownrigg）上校兩次致函怡和洋行大班和立法局非官守議員凱撒克（H. Keswick），告訴他「上海已經有一個蓬勃的 [ 童子軍 ] 機構，而天津和威海衛也有童子軍團」，並尋求他支持在香港推動運動。[1]

當時上海的青少年制服團體之發展明顯比香港先進。基督教少年軍上海第 1 團在 1910 年初去信總部，聲稱「軍團蓬勃，軍官能幹，孩子熱衷，財務健康」，更附上一張人數眾多的新年集體照。[2] 該團早於 1909 年已引進 B-P 的童子軍訓練，部分成員更於 1910 年底起成立一個獨立的上海童子軍團。

早期上海市的兩個童子軍團不少團員和領袖都來自少年軍，與後者有千絲萬縷的關係，這也是童子軍在上海能夠發展得比香港快的重要原因之一。如上一個故事所述，1912 年貝氏訪滬時曾檢閱過這兩個童子軍團。

在貝登堡的邀請下，上海派出一小隊童子軍參與 1913 年暑假在英國伯明翰舉行的大會操和展示，而其中八位歐裔孩子裡有三個英皇童子軍（King's Scouts），那是英國童子軍青少年成員的最高榮譽稱號。[3]

其時本港仍然沒有隸屬英國總會的童子軍，更遑論考獲最高榮譽的英皇童子軍。凱撒克曾於 1911 年回英參加英皇加冕典禮，應該對當時在本土十分流行的童軍運動有一定程度的了解。但可能是考慮到殖民當局對運動有些保留，公務太忙或者不感興趣，他顯然沒有積極跟進白郎利的要求。無論如何，凱氏並沒有透過他的影響力嘗試和上海看齊，把現有的基督少年軍變成童子軍或者另外開辦童子軍團。

上一個故事提過 B-P 曾親自致函港督，請他領導當地運動，後者答應考慮之餘亦坦誠地說不希望童子軍影響義勇軍少年團的推動。貝

1. Brownrigg to Keswick, Jun. 18, 1913, *GA/SAHS*.
2. *The Boys' Brigade Gazette*, Apr. 1, 1910.
3. *SCMP*, Apr. 28, 1913.

登堡在 1912 年中更寫信給皇仁書院的校長鼓吹童軍運動,強調香港有獨特魅力:

> 我對香港印象深刻,認為它是一個孩子們可以
> 盡情享受童軍活動的地方⋯⋯通過探險(包括
> 乘船)和露營,建造小屋,木筏和橋樑,捕捉
> 和烹飪各種食物,練習游泳,救生及急救⋯⋯
> 及所有其他《少年警探術》裡的活動。

他又說期望皇仁能跟很多大英帝國的其他精英學院一樣,早日加入童子軍的國際大家庭,體現「孔子『四海之內皆兄弟也』的理想」。[4]

為甚麼 B-P 要寫信給皇仁的校長呢?我們知道皇仁書院是那個年代近七十間官立及資助學校中的佼佼者,沒有任何宗教背景,學生們則絕大多數是華人。由於當年本港人口 98% 以上是華人,B-P 的目標顯然是可能給運動帶來最大增幅的人口族群,尤其是此族群裡的精英。

如果 B-P 當年能夠成功滲透皇仁等公立精英學校,一次大戰前本港的運動可能會有更好的發展。起碼它可以避免在 1910 年代被基督教內部及與天主教之間的宗派分歧困擾,甚至終於弄至停滯不前。

皇仁起初似乎有些興趣。學校的詹姆士(B. James)於 1912 年 6 月去信總會查詢,「索取一些童子軍資料」。總部在 8 月和翌年初兩次回信,寄出一些小冊子給他。可惜這次努力不幸地並沒有結果,該校終於要在一次大戰後才開始有童子軍。[5]

駐港英軍對運動亦曾有過轉瞬即逝的興趣。域多利兵房(Victoria Barracks)的皇家火炮隊上士史密夫在 1913 年 8 月曾去信英國總會,

第一代初級章

1909 年英國總會開始頒發的第一代童子軍氈料初級資格章(近代稱進度章)。

圖片由 Paul Kua 提供

4. *The Straits Times*, Jul. 4, 1912.
5. BSA to Queen's College, Apr. 23, 1913, *GA/SAHS*.

二十世紀初期的皇仁書院

表示想開辦由駐軍的孩子們組成的童子軍團。他顯然坐言起行，聲稱已經「剛剛帶過三十名［軍營裡的］男孩們去露營十天」，並說會在得到「所需授權和有關資料」前繼續這份工作。[6]

白郎利在 9 月 22 日回信給他，敦促他組織童子軍會，邀請當地英軍指揮官為會長及港督為總領袖，因為在「大型的殖民地裡只有香港仍然是沒有童子軍的」。[7]可是史上士可能得不到上司的支持，或者不久後被調離香港，他沒有成立本地的童子軍會，他的「隊伍」亦不曾在英國總會註冊。當時的幾份英文報章對童子軍活動興趣甚濃，事無大小都不厭其詳地報導，但是沒有關於軍營孩子任何童軍活動的消息。

白郎利給史上士的回信是一份重要的一手資料，證實到 1913 年 9 月 22 日為止，根據英國總會的紀錄，香港仍然沒有一團在英國登記的童子軍，亦沒有一個當地的童子軍總會。

出乎大家意料之外，直屬英國總會的香港童子軍團之「零的突

6. Sgt. Smith to BSA, Aug. 19, 1913, *GA/SAHS*.
7. BSA to Sgt. Smith, Sep. 22, 1913, *GA/SAHS*.

聖若瑟書院 ( 童子軍總部於右側天台箭頭所指之處 ) (HKSA)

破」終於來自隸屬天主教的聖若瑟書院。聖若瑟書院並非最早籌辦童
軍活動的機構，亦不是總會或 B-P 早期努力推銷的對象。可見歷史上
大事也好，小事也罷，它們的發展很多時候都是「人算不如天算」的。
聖若瑟是當時本港天主教系統裡最重要的中學，因為其他大家今天耳
熟能詳的天主教學校如喇沙書院和華仁書院均還未成立。當年聖若瑟
書院的學生們包括了葡萄牙人、華人及其他國籍和不同信仰的男孩。

　　愛德華茲 (Albert J. Edwards) 於 1913 年 9 月 23 日首次寫信給英國
總會，表明聖若瑟有意主辦一個「貝登堡童子軍團」，而他正在開
展籌備工作，要求總會寄出有關資料和價目表。愛德華茲信奉天主
教，曾在英軍服役，剛到香港不久，當時在域多利監獄供職。在 10

月 4 日，他再寄信給總會，說聖若瑟有「二三百名十三到十九歲的學生」，希望成立一團童子軍，請英國方面能早日送來物品目錄和各項規定。[8]

愛德華茲組團的工作明顯比較順利。本港天主教婦女報於 1913 年 10 月 10 日刊行報導，表示六十名男孩「已然於 [9 月 ]11 日正式加入」該團。總團長是寶雲 (Francis J. Bowen) 少校，團長是愛德華茲，副團長是雷瀾斯 (G. E. Roylance) 及史德達 (Statter)。婦女報接著說：

> 九龍已有另一個童子軍團 [ 她們顯然還不知道聖安德烈教堂的少年軍暨童子軍已經不再活躍 ]，但期望聖若瑟書院的孩子們能夠後來居上，比先到者更加有效率。

該篇報導指出孩子們將會被安排在不同小隊裡，要穿著「必須保持醒目和潔淨」的卡其色制服及接受各種「當然不會干擾學校正常功課」的戶外和室內訓練。[9]

四位首批童軍領袖都有英軍背景：寶雲是獨立於軍團而直屬軍部的糧餉部門之現役少校，愛德華茲剛從皇家海軍退役，雷瀾斯曾於西肯特軍團服役，而史德達則是現役皇家砲兵團團員。

當年書信來往費時，英國總會收到愛德華茲的第一、二封信的日期分別是 10 月 13 和 24 日。所以，雖然天主教報章聲稱該團已然在 9 月份成立，其時總會仍然未有機會回信或寄出所需物資，團員仍然沒有完整制服和任何英國童子軍的徽章。

白郎利在 10 月 14 日回覆愛德華茲的第一封信，表示很高興香港

8. Edwards to BSA, Sep. 23, Oct. 4, 1913, *GA/SAHS*.
9. *Bulletin of Catholic Ladies Union* (Hong Kong), Oct. 10, 1913, 48-
   50. 原文是："they were formally enrolled on the 11th inst."

將會有一團正式的童子軍。白氏建議書院儘快「成立一個具影響力的童子軍總會，而港督應該被邀擔任贊助人和總領袖」，附上了一份登記表。他亦提供上海英國童子軍總會的地址，建議愛德華茲與該會秘書董乃理 (I. A. Donelly) 聯絡和交流，因為後者應該可以替他出一些主意。白上校於 10 月 29 日再簡單地回覆第二封信，敦促愛德華茲「早日組成當地總會及寄來有關名字」。[10]

師多敏主教

11 月初愛德華茲致函 B-P，恭賀「年輕的童子軍兄弟」即他的長子彼得之誕生，順便向他匯報情況。當時本港的第一個童子軍團已經有九十個孩子，「正忙於 [ 學習 ] 救傷、旗號和地圖閱讀等」。

1913 年 11 月 20 日愛德華茲首次用印有聖若瑟書院童子軍名稱、英文縮寫 S. J. 及一片象徵愛爾蘭的三葉草之信紙致函總會，附上印刷精美的童子軍團員證。當時該團已取得天主教師多敏 (D. Pozzoni) 主教的支持，「正等待要在年底才回港的港督之回覆」。到此時，他已知悉該團會是第一個正式在總會註冊的香港隊伍，承諾香港第 1 團「將會不遺餘力地維護總會的聲譽」。[11]

貝登堡顯然很高興香港終於有了屬英國總會的童子軍，在 11 月 26 日於百忙中抽空回信。在信裡 B-P 提醒孩子有些人可能會揶揄他們加入童軍運動這種新生事物，勸他們「不要為此而費心，只需全心參與活動，務求成為他們的旅團之光」。貝氏寫給香港童軍的第一封信之原件已然失傳，只剩下留在英國基維爾檔案館裡沒有他簽署的副本。[12]

本港的第一張童子軍證雙面雙色印刷，對摺而成四頁，相當方便攜帶。童子軍證首頁上方和旅團信紙之設計類似，印有聖若瑟書院童

第一代童子軍資格章有些是金屬而非氈料製成的，這是銅製的高級資格章的式樣。

10. BSA to Edwards, Oct. 14, 1913; Oct. 29, 1913, *GA/SAHS*.
11. Edwards to BSA, Nov. 20, 1913, *GA/SAHS*.
12. Edwards to BSA, Nov. 4, 1913; B-P to Edwards, Nov. 26, 1913, *GA/ SAHS*. 原文是：“Pioneer work is sometimes difficult and the boys may have to put up with a certain amount of chaffing when they first begin, but I am sure that like all other Scouts, they will not be worried by it but go straight ahead with their work and become a credit to their troop.”

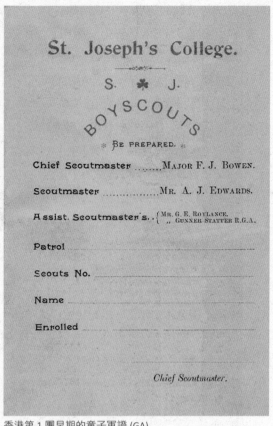

香港第 1 團早期的童子軍證 (GA)

子軍名稱、童軍座右銘「準備」、及由英文縮寫 S. J. 和一片三葉草組成的團徽。首頁下方有四位領袖的名字及用於填寫小隊名稱、童軍編號、姓名和入團日期的空格。

第二頁印有童軍誓言及當年的九條童子軍規律，第三頁可以填上考取各種資格之日期和有關簽署，尾頁列出九個小隊（狼、狐狸、獵鷹、杓鷸、鬥牛犬、獅子、鷹、虎和袋鼠）及其隊色。

從這張童軍證可以看到童軍運動當年的誓言和現在的版本大同小異，都有盡責任、幫助人和守規律三個要點，雖然頭兩點多年來

FOX

小隊隊徽及隊色

曾有一些微妙的調整。但規律的數目、內容和用詞卻有較大的變化。當年禮貌、愛護動物、服從長輩和節儉分別是四條規則,而第八條則是「童子軍面對所有境況都會帶笑容和吹口哨,永不出污言」。[13]

這個時期的第1團裡有很多葡萄牙裔的孩子,亦有一些華童及少數其他族群的人。第一批團員包括聖若瑟舊生祖西·布力架 (José Pedro Braga) 的三個最年長的兒子——十六歲的長子傑克 (José Maria [Jack]),和他的兩個弟弟即十三歲的查披 (Delfino [Chappie]) 和 9 月份才十一歲的克曼 (Clemente Alberto [Clement])。[14]布力架乃本港葡裔僑領,於二十世紀初曾任《香港電訊報》經理,後來於 1920 至 1930 年代曾任立法局議員和中電主席,九龍的布力架街即是以他命名。

在 12 月的校慶時,五十名童子軍組成儀仗隊歡迎主禮人施勳。施氏演講時嘉許該校童子軍團的成立,但對該團不能趕在貝氏訪港前出現表示有點可惜。然後他頒授拯溺獎章給「童子軍古施高雷拉」(Scout F. Coscolluela),表揚他在深水灣從溺水中救出也是童子軍的施強南(音譯,Si Kiong-lam)。頒獎時在禮堂裡的施同學更以「特別熱烈的掌聲」回應,以示感激。嘉賓在演講結束時特別提及注重水上訓練的海童子軍,認為適合香港這個由海島組成的地方,說祈望「所有學校都會有一些此類童子軍」。[15]

施勳上述的呼籲果然很快得到社會的回應。在 12 月 29 日,駐港皇家海軍上校及前英國普利茅斯的助理海童子軍總監史超菲 (P.

13. St. Joseph's Troop enrolment card, 1913, *GA/SAHS*.
14. Braga (2012), 233, 248-250, 317-318.
15. *SCMP*, Dec. 20, 1913, *HKT*, Dec. 20, 1913; *HG*, Mar. 1914, 94.

Streatfeild) 在書院裡舉行海童軍活動講座，約有五十名同學出席。他表明「已書面要求［總會］當局准他復職」，並當場招募了三十六個男孩，以便開始利用海軍船隻培訓本港的首批海童子軍。殖民地教育當局對海童子軍活動應該有一定興趣，因為一位英籍督學亦在場。[16]

由 1914 年 1 月，第 1 團開始出版一份簡單得「不外是一張鮮明的小紙片」之《童軍月報》(Our Scouts Gazette)。第一期的內容相當豐富，報導該團的成立典禮（1913 年 10 月舉行）、團員人數（仍然有九個小隊，但每隊已增至十二人，即總共 108 名童子軍）、訓練課程（跟醫生學急救和跟軍人學地圖閱讀）等，又刊登前面提過的 B-P 來信。最後，編者表示團員們均「非常渴望在所有的童軍技能裡都能夠脫穎而出」，不願辜負童子軍「堅持」(stick it) 的格言。[17]

1910 年成立的基督少年軍裡的孩子們穿著該組織的童子軍制服和配戴少年軍的二級制童子軍徽章，而 1913 年底成立的香港第 1 團的孩子們則穿著英國童子軍總會規定的制服，包括卡其色衣服、闊邊帽、旅巾、不同的「隊色」及小隊長和隊副的布條等。根據當年的報導，他們亦配戴一個由三葉草和英文縮寫 S.J. 組成的獨特團徽。

1909 年英國總會開始頒發第一代童子軍資格 (qualification) 章（近代稱進度 progressive）章、技能 (proficiency) 章和等級 (rank) 章等。資格章分初級 (Tenderfoot)、中級 (Second Class)、高級 (First Class) 及最高榮譽的英皇童子軍 (King's Scout)。

英皇童子軍章當年背後有一段鮮為人知的小插曲。貝登堡顯然在直接得到愛德華七世同意後就採用此象徵皇室背書的稱號。但其時英國施行君主立憲制度多年，大小事務均須透過執政政府呈交英皇審批，而「所有欲獲得皇家稱號許可的申請都應提交給內政部」。白金漢宮的人員知悉事件後，亦沒有辦法，只好致函貝氏，請求他透過內務大臣遞交補充文件申請事後批准，以免違反既有程序。[18]

16. *HKT*, Dec. 30, 1913.
17. *HKT*, Jan. 5, 1914; *SCMP*, Jan. 5, 1914.
18. Buckingham Palace to B-P, May 18, 1911, Founders Papers, King's Scouts, *SAHS*.

　　本港童軍要在一次大戰後才有人考獲英皇童子軍章，後來華人參加童軍運動漸多時又被稱為「京童軍」章，應為粵語音譯，近年來再改稱榮譽童軍章。

　　現存的第一代童子軍資格章大多是以嗶嘰料 (serge) 或氈（絨）料 (felt) 做底。初級章成橄尖形及繡有童子軍（即百合花）徽，中級章成楊桃形及繡上了附童軍銘言「準備」(Be Prepared) 的捲軸，而高級章則成較大的橄尖形及繡上童子軍徽和「準備」的捲軸。

　　早期《少年警探術》顯示總會也曾頒發過一些金屬資格章。初級章是一個銅製的童子軍扣眼徽章，中級章是銅製刻有童軍銘言「準備」的捲軸，考獲高級章後則加上銅製的童子軍徽兩者一齊佩戴。但英皇童子軍章當年則一直都是以嗶嘰料或氈（絨）料做底，再繡上皇冠圖案。

　　每一個資格章都有指定的考驗標準。舉例：高級章同時要求童軍幫助新成員考取初級章，而如欲考獲「英皇童子軍」章，則必須先考獲一系列的帶有社會服務性質的技能章。按當時的規定，資格章必須佩戴於制服左袖上方，以便識別。

　　和資格章一樣，這個時代的技能章也是以嗶嘰料或氈（絨）料做底，它們一律為圓形章及以顏色鮮明的線繡上代表不同技能的圖案。技能章種類發展得很快。1910 年第三版的《少年警探術》總共列出了三十七個技能章，1915 年第七版此總數更已增加至五十二個，它們涵蓋各種各樣的技能和興趣，內容可謂包羅萬有、文武雙全。

　　以較早的版本為例，雖然有一些技能如航空、乳牛農業和騎馬等在當時的社會裡普通孩子們不容易接觸到，不少香港的童軍應該可以考取急救、文書、烹飪、單車、消防、手工、翻譯、指引、先鋒工程、旗號、測量、游泳和救生章等多種技能章。

　　早期的《少年警探術》已列出了小隊長及隊副、副團長、團長、總監等的等級章。隊副的識別是一條直布條，小隊長是兩條直布條加上一個類似銅質高級章但以白色金屬製的帽徽。上述三級成人領袖的識別是一個外圍圓圈的童子軍徽和捲軸之金屬章配上紅、綠或紫色鬃毛。

1910 和 1915 年的《少年警探術》裡之等級章制度已經有些不同。舉例：前者隊副也可以用一條 V 形布條，隊長則只有白金屬帽徽而沒有直布條；後者多加了如教練和區領袖等很多其他領袖或支援者的識別徽章。

　　注意這個時期所有的資格章、技能章及等級章全部都仍然沒有一次大戰後 1920 年代後期才加上的 "BOY SCOUTS" 兩字。整套第一代童子軍徽章制度在英國本土和所有英國海外屬土均適用，當然包括香港和新加坡等直屬殖民地，也包括十九世紀末至二十世紀初基本上已是獨立的加拿大和澳洲等。[19]

　　香港第 1 團的團員在一次大戰前考取和佩戴的都是上述第一代徽章。該團 1914 年 10 月的年報曾列出開團一年來團員們所考獲的各種第一代童子軍章如下：初級章（七十個）、中級章（四十八個）、急救章（三十三個）、游泳和救生章（十七個）、文書章（十五個）、烹飪章（十五個）、音樂章（十二個）和號角章（九個）等，更補充說「許多童子軍們已經準備好通過更多技能章的測試」。[20]

　　直至最近，香港童軍檔案室裡只有碩果僅存的一張一次大戰前該團的集體照，攝於 1914 年左右（下頁上圖）。由於照片較小，亦並非十分清晰，根本不能夠看清楚團員此時期佩戴的任何徽章。在 2018 年作者有幸透過英國總會檔案館的福特（Peter Ford）尋獲一張非常珍貴的歷史照片之拷貝，乃第 1 團童子軍和英童小狼隊攝於 1915 年 6 月的大合照，此照片現已刊登於下一個故事裡。[21]

　　上段所說的照片相當大，也頗清晰，下頁下圖附有該照片的部分特寫。雖然人物眾多，放大後仍然可以認出第 1 團裡小隊長及隊副專用的白色直布條、領袖帽旁的鬃毛帽徽（本港童軍俗稱「掃把」）、不少楊桃形的中級章和少數圓形的技能章。注意合照最右方的領袖之右臂上掛著三個圓形的技能章，對童軍運動比較熟悉的讀者可能會覺

19. B-P, *Scouting for Boys*, 1910, 25-27; *Scouting for Boys*, 7rd Ed., 1915, 24-38; B-P, G. H. Brown (ed.), *The Boy Scouts Association Handbook for Canada*, 1919, 46-87.
20. *SCMP*, Oct. 31, 1914.
21. Kua to Ford/Ford to Kua, Jul. 27, Aug. 6, 7, 8, 10, 2018, etc., SAHS.

上：香港第 1 團 1914 年合照 (HKSA)
下：香港第 1 團 1915 年合照 ( 部分 ) (SAHS)

得奇怪，因為近代的領袖是不可以佩戴技能章的。但原來他並沒有犯規。1916 年的童子軍「天書」《少年警探術》規定考取各類技能章的成員必須是「中級或高級童子軍或童子軍領袖」。領袖們不能佩戴技能章的規則是一次大戰後的措施。[22]

年底書院成立一個專為十八至二十五歲的校友而設的「資深」童子軍團 (St. Joseph's Bodyguards)。這可以說是一項創舉，因為即使英國本土也要到 1917 年才開辦所謂的「深資童軍支部」。《香港電訊報》一如既往地表示支持，於 1914 年 1 月的頭條社評裡表示為年紀比較大的青年提供童軍訓練是一個「非常明智的舉措」。[23] 3 月童子軍團和資深團共同在愛爾蘭人位於花園道的聖派翠克會所舉行音樂會，駐港英軍總司令葛理 (Kelly) 少將、首席大法官戴華士 (W. Rees-Davies) 爵士及其他政商要人出席捧場，而寶雲夫人則有份高歌一曲。[24]

當年童子軍組織登記時需要填寫一份《B 表格》，聖若瑟書院在 1914 年 4 月 2 日填妥此表寄出，其時登記成員已增至 120 人之多。英國總會在 4 月 23 日收到表格，於 5 月 1 日發出註冊證書。所以，嚴格來說，1914 年 5 月 1 日才是香港第 1 團的正式成立日期。注意雖然此證書註明的地區是「香港，九龍，新界」，它的頒發對象是聖若瑟書院童子軍「會」而非香港童子軍總會。《B 表格》上會長一格原本填上書院負責神父的名字，但後來不知如何卻又把它劃掉，使該欄空白。顯然該會沒有得到港督的正面回覆，無法根據英國總會 1913 年來函裡的要求，「成立一個具影響力的童子軍總會」，把殖民地高層如港督等列為贊助人。[25]

其時英國總會已開始奉英格蘭的主保聖人聖佐治為運動的守護者，B-P 亦鼓勵各地童子軍在聖佐治日舉行童子軍大會操，順便宣揚聖佐治精神。1914 年 4 月 23 日星期四下午 6 時，聖若瑟童子軍團和資深團共同在書院的廣場上舉行了本港有史以來的第一次聖佐治日會操。

22. B-P, *Scouting for Boys*, 1916, 36; The *POR*, 1933, 74.
23. *HKT*, Jan. 15, 1914.
24. Hillcourt (1964), 373; *HKT*, Jan. 15, Mar. 20, 1914.
25. Form B, "St. Joseph's College," May 1, 1914, *GA/SAHS*.

是次歷史性的活動由寶雲及雷瀾斯負責，團長愛德華茲不巧抱恙缺席。在檢閱後，寶雲按照貝氏的要求簡要地介紹聖佐治屠殺惡龍為民除害的勇敢事蹟。他說雖然大家對「這位著名聖人所知不多，但他的故事或傳說實在十分美麗及鼓舞人心，永遠不會失去魅力」。[26] 聖佐治日大會操日後成為香港運動歷史悠久的傳統，每年都是本港運動最多人參與的集會，直至 1980 年代末期才取消。

由 1913 年底創立至 1914 年前半年的短短時間內，聖若瑟書院童子軍的團員人數和訓練活動發展得十分順利迅速，勢不可當，無疑是香港第 1 團一次大戰前的全盛時期。在 4 月 23 日大會操當晚，書院舊生會舉行慶祝晚宴，主席羅隆亞 (E. J. Noronha) 在祝酒時說：

> 祝願童子軍運動的成就能夠出乎所有人的意料之外，並且祝願寶雲少校⋯⋯可以目睹並參與此運動超越聖若瑟書院的範圍而發揚光大。[27]

雖然在下一個故事裡大家會看到一次大戰前接下來的幾年運動的發展不甚理想，甚至可以說是令人失望，但他的兩個願望終於在大戰後不久——實現了。

第一代技能章

第一代氈料圓形童子軍技能章三枚，由上至下分別為娛樂、露營及游泳章。

圖片由 Paul Kua 提供

26. *SCMP*, Apr. 24, 1914; *HKT*, Apr. 24, 1914.
27. *SCMP*, Apr. 24, 1914.

第五章

英童 小狼

# 1914-1916

CHAPTER FIVE

BRITISH WOLF CUBS

這個故事的三位主角是 1914 年爆發的一次世界大戰、
同年香港引進及由英童組成的童子軍小狼隊，
和 1915 年成立的香港童子軍總會。
但整個故事的過程不到兩年，在 1916 年年底之前，
戰火仍在燃燒時，
英童小狼隊已然被殖民地當局取締改編，
香港童子軍總會亦無可奈何地宣佈結束，
兩位童軍主角同時悄然離場。

在 1914 年 6 月，亦即一次世界大戰前兩個月左右，香港天主教屬下的聖若瑟書院童子軍團已面臨英僑社區裡的一些挑戰。一位反對愛爾蘭搞獨立的匿名本地英國「統派」讀者 (an Irish Unionist) 致信《香港電訊報》，說若然該報認為「訓練有素的童子軍可以成為良好的義勇軍少年團員，則他也可以成為優秀的愛爾蘭志願軍成員」（其時後者正在爭取愛爾蘭脫離英國獨立），因為「香港童子軍運動已幾乎完全落入了羅馬天主教徒之手」。

第二天應該是來自香港第 1 團的「一位童子軍」憤怒地回應說，上述言論簡直是侮辱該團的英籍領袖。他聲稱童子軍「並非軍事組織」，而香港的童子軍比任何當地的青少年對英國祖家更加忠心耿耿。翌日統派讀者回信，質疑童軍運動如非軍事化，為何經常進行軍事化的訓練活動，更說一個統派的英國人「必然會懷疑有天主教背景的軍事化組織」。[1]

原來當時愛爾蘭有個類似童子軍的組織，叫做 "Na Fianna Éireann"。它的訓練手冊上的英文名字就叫「愛爾蘭國家童子軍」(Irish National Boy Scouts)，在當地甚受年輕人歡迎。很多此組織的成員同情愛爾蘭獨立運動，成年後甚至加入愛爾蘭志願軍，參與 1910 年代及以後的一連串獨立抗爭。

不過，即使考慮愛爾蘭的情況，這位統派讀者的指控也有點不可思議，按近代說法可以說是「無限上綱」，因為本港華裔和葡裔的童子軍應該沒有興趣亦不可能去愛爾蘭參與獨立戰爭。

但畢竟二十世紀初香港是個充滿偏見和歧視的社會，而香港第 1 團的確很難避免軍事化、愛爾蘭及天主教這幾個標籤。該團與英軍關係密切，常常舉行軍訓。聖若瑟是一間天主教學校，它的校長是一位愛爾蘭修士，而該團的第一代信紙、童軍證以至制服上的團章均有象徵愛爾蘭的綠色三葉草圖案。

1. *HKT*, Jun. 11, 12, 13, 1914.

愛爾蘭童子軍參加獨立戰爭證書

1916 年，英國總會開始
頒發的第一代小狼氈料
資格章中之長耳「瘦餓」
狼頭初級章。

圖片由 Paul Kua 提供

　　無論如何，這次報紙公開辯論明顯對第 1 團的活動造成一些即時
影響。一周後，愛德華茲致函報章，表明「由於時機不合，而總團長
也離港度假」，決定推遲原本打算在 6 月 22 日舉行的操練和展示。[2]
繼而，報章好一陣子都沒有童子軍的消息，旅團似乎進入一段短暫的
休眠期。

　　1914 年 7 月底至 8 月初，多國參與的所謂第一次世界大戰正式在
歐洲爆發。雖然香港或多或少受些牽連，這次大戰對大部分港人的直
接影響其實並不是很大。與二次大戰不同，本港不曾有任何戰事，更
遑論曾被敵軍佔領。事實上，除了盟軍爭奪個別德國控制的地方以
外，戰火根本沒有大幅蔓延至亞洲。

2. *HKT*, Jun. 19, 1914; *SCMP*, Jun. 20, 1914.

當然，大戰開始後，殖民地當局和軍方仍然要積極備戰及推出一些相關政策。首當其衝的「敵人」是留港的德國僑民：德裔婦孺在10月底全數被驅逐出境，適齡當軍的德國男性被關進集中營，而駐港德國公司則通通被清盤及沒收財產。

不過，雖然香港沒有被捲入是次大戰，戰爭的威脅對當地正開始萌芽的童子軍運動卻有相當大的負面影響，不容忽視。早在1910年時，加拿大、澳洲以至南非已規定足齡的男孩需要接受軍隊少年團的訓練。大戰於1914年8月揭幕後，本港當局也推出一些有利於義勇軍少年團的相關政策，明顯地限制童子軍運動的發展空間。

面對這些在戰時衍生的新限制，聖若瑟書院第1團在8月份全面重組。該團1914年底的年報說：

> 倫敦總會憲章規定童子軍須是英籍人士
> (British subjects)。這固然削弱吾等人數，但卻
> 未減低孩子熱忱。目前，資深團有四十八人，
> 少年團有三十人……根據總督閣下表達之意
> 願，任何英國本土男孩 (English boys) 如申請
> 入團均會被轉介於義勇軍少年團。[3]

換句話說，雖然該團在1913年成立時歡迎所有學生，在1914年完成登記後仍維持此做法，在8月份大戰開始時卻要根據對總會憲章的新解釋只接受英籍孩子。

由於當時香港尚未有童子軍總會，這個要求可能是來自政府當局，也可能是旅團在6月份之報章辯論後的一種自我檢查，因為畢竟

3. *CM*, Oct. 30, 1914; *SCMP*, Oct. 31, 1914.

戰爭的爆發令國籍問題變得特別敏感。同樣重要的是,「根據總督閣下表達之意願」,「英國本土男孩」已再不能成為童子軍,必須參加政府的義勇軍少年團。根據大戰爆發後的這兩個新限制,寶雲不得不重組童子軍團及由校友組成的資深團。前者在重組後只剩下三十位英籍而非英國本土學生,後者則由四十八位英籍校友組成。

從上一個故事我們知道聖若瑟童子軍團(不包括資深團)開始時有六十人,1914 年新規定推出前已增至一百二十人,但重組後只剩下三十人,意味著當時大部分的團員(約九十名)被強制離開童軍運動。嚴厲執行英國國籍和本土英童的兩項要求,這個結果是意料中事。

第一,聖若瑟書院裡很多葡萄牙人及大多數華人和其他國家人士都沒有歸化英籍。根據 1911 年的市區人口統計,超過 40% 的葡萄牙人和 80% 的華人都不是英國國民。第二,書院裡只有很少的英國本土學生,他們大多是來自天主教家庭。當年本港英國本土男孩絕大多數會在政府或軍部英童學校裡念書,而年紀較大的英童很多會被送回英國進入寄宿學校。

換句話說,這些被迫離開運動的有少數是信奉天主教的英國本土學生,他們有可能會加入義勇軍少年團。但其他大多是沒有歸化英籍的孩子。這些人當時不能夠參加任何制服青少年團體,只可以在運動外望門興嘆。重組後,絕大多數書院裡的華裔男孩和許多葡裔及其他族群的男孩都不能再繼續做童子軍!

不過,雖然新規定對童子軍是一個大挫折,重組「卻沒有減少[仍留在旅團裡的]孩子們之熱忱」。1914 年 9 月 20 日資深團和當時只有四個小隊的童子軍團成員在天主教堂參加特別彌撒,由師多敏主教為團旗祝福。三天後他們在學校舉行新的成立典禮,在葛理少將監誓下「正式宣誓成為童子軍大家庭的成員」,並獲頒授有關證書。[4]

同時聖若瑟的童子軍亦熱烈參與備戰。同年 9 月資深團總動員,

---

4. *HKT*, Sep. 21, 24, 1914; *SCMP*, Sep. 3, 25, Oct. 31, 1914.

在總部留宿六周，於軍事醫院裡接受抬擔架和急救訓練及去山頂練習旗號通訊。童子軍亦曾輔助義勇軍作戰演習，負責通訊和派發彈藥等。指揮官稱許他們表現出色，不過「往前線分發彈藥時，他們熱衷賣力，偶爾會在地平線上太過暴露自己」。[5]

英國童子軍運動當年，入童子軍團的年齡下限為十一歲，但為了回應社會需求，B-P 在 1913 年建議開辦一個年幼支部。這個以小狼隊命名的支部不准配備童子軍棍、採納深綠色鑲黃邊的帽子（代替童子軍的闊邊帽）、獨特的初級章和星章、兩隻手指的敬禮和簡化的誓詞等。

新支部的實驗計劃在 1914 年 1 月的《總部憲報》刊登後，很快就吸引許多女士加入。她們認為「在這個新支部裡她們特別可為總領袖出一分力」。[6] 總會於 1914 年初出版的年報裡是這樣說的：

> 為回應家長、領袖尤其是小學老師的要求……
> 我們建議成立由九至十一歲男孩組成的初級
> 支部（附有不同的制服）以便……[ 實施 ] 修
> 改過的訓練課程……從而確保年長的童子軍
> 不會因為要與穿著同樣衣服的小男孩一起操
> 練而感到尷尬。[7]

在小狼支部實驗階段完成後，B-P 在 1916 年刊行初版的《小狼手冊》(*The Wolf-Cub's Handbook*)，詳細列出該支部的概念、制服及徽章等。和第一代童子軍章一樣，1916 年的小狼徽章大多是以嗶嘰料或氈（絨）料做底，亦無 1920 年代後期才加上的 "Boy Scouts" 英文字。

5. *HKAR*, 1914, App. N, N15.
6. Everett (1948), 78-80; *HG*, Jan. 1914, *GA/SAHS*.
7. BSA, *5th Annual Report*, Jan. 1914 (London, 1914), 27.

第一代小狼隊之四大類技能章

第一代小狼甄料三角形技能章四枚，由上至下分別為手藝、品格、健康及服務類的技能章。

圖片由 Paul Kua 提供

初級章繡上第一代之長耳「瘦餓」(lean and hungry) 狼頭，升級後可加掛一或兩顆白金屬星章。

《小狼手冊》的第二部分介紹三角形的技能章之色、式樣及考核標準，它們分品格、手藝、服務及健康四大類，分別以藍、黃、紅及綠色料做底。小狼技能章相對較少，1919 年第三版的手冊顯示當時只有每大類三個即共十二個，以後多年來基本上亦保持十多個之總數。

小狼隊員的等級章是一到三條黃布帶，而小狼領袖則用圓形鑲上狼頭及配上綠、紅或白色搪瓷的金屬帽徽，沒有童子軍領袖用於辨別級別的不同顏色之鬃毛。[8]

雖然香港在童子軍的發展比很多英國屬土慢了好幾年，但卻很快就有小狼隊。本港在 1914 年 10 月已引進英國才剛剛試辦的年幼支部。港島山頂英童小學由 1914 年初開始利用山頂酒店做臨時課室教學，當時只有一位校長和一位助理老師。[9]

於 7 月才從英來港任助教的施金娜 (Skinner) 小姐在 10 月時已為該校的英童組成小狼隊，有「一名童子軍領袖每周兩次於課後教授步操」。[10] 施金娜在 1915 年 2 月邀請寶雲等在山頂酒店裡為包括梅含理夫人在內約五十名英裔女士舉行了一次簡介會，希望增加她們對童子軍的認識。

在會上寶雲介紹運動的目的及訓練內容，督學羅夫 (E. Ralphs) 確認梅夫人會成為「山頂童子軍會」(The Peak Boy Scout Association) 的會長，施勳同意借出草地和風帆等設施，而海軍的泰勒 (B. Taylour) 中校則擔任小狼隊領袖。鑑於港督對義勇軍少年團的重視，羅夫趕緊說明「山頂童子軍 [ 小狼隊成員 ] 當然都是很年輕的小孩，未夠年齡加入義勇軍少年團」，而他們夠年齡時如果仍然留港一定會加入軍事化的少年團。

英國總會檔案館現存一張山頂英童小狼隊在同年 4 月拍攝的合

8. B-P, *The Wolf-Cub's Handbook*, 1919, 140.
9. 山頂小學要在 1915 年 9 月底才搬進自己歌賦山里的校舍，該校後來搬往寶吉道現址後，舊校舍於 1966 年開始由山頂消防局佔用。
10. *HKT*, Feb. 19, 1915; *HKDP*, Apr. 10, 1915.

一次大戰期間的《小狼手冊》

照，顯示當時它一共有十六個英童，組成老虎和狐狸兩個小隊。照片中坐者是寶雲，在他兩旁的分別是校長和施金娜，而立於後排中間的是雷瀾斯（下頁左圖）。[11]

上一個故事提及域多利兵房的史密夫上士曾於 1913 年夏天帶一些軍營的孩子去露營，但後來終於沒有成立童子軍團。原來兵營裡有一間小學，多年來為軍人家屬提供免費教育。不久之後，域多利兵房的學校亦跟隨山頂小學的榜樣，為學生主辦本港的第二支小狼隊，由雷拿（H. Rayner）中校的太太擔任領袖。

在當時的政治氣氛下，成員全是英童的兩個小狼隊加入運動是相

11. *HKDP*, Feb. 20, 1915; *SCMP*, Feb. 20, 1915; Kua to Ford/Ford to
　　Kua, Jul. 27, Aug. 6, 7, 8, 10, 2018, etc., *SAHS*.

1915 年的山頂英童小狼隊 (SAHS)

早期小狼隊之長耳「瘦餓」狼頭金屬團長帽徽。

圖片由 Paul Kua 提供

當重要的。在此之前，由聖公會主導的英僑社區始終或多或少地把聖若瑟的童子軍團視為有濃厚天主教及愛爾蘭背景的組織，對本港童軍運動的成功開展感到有點不是味道。這一點從上述 1914 年 6 月在英文報章裡關於香港第 1 團之公開辯論可見一斑。

英童小狼隊成立後不久，本港童子軍運動似乎有了新的動力。在 1915 年 3 月 20 日，兩支小狼隊和第 1 團舉行本港的首次童軍聯合活動，由「新任總監」安史德（R. H. Anstruther）準將和梅含理夫人主禮（右圖）。參加這次盛會的有山頂小狼隊（雷瀾斯帶隊）、軍營小狼隊（雷拿夫人）、聖若瑟童子軍團（傑克‧布力架）和資深團（愛德華茲）。當時在場的還有被稱呼為「小狼隊總團長」的泰勒中校、寶雲、羅夫、葛理少將、師多敏主教及法國領事等，顯示本港童軍已再不是聖若瑟書院的「專利」，而是在殖民地社會裡有比較廣泛支持之運動。

新任領袖傑克‧布力架在聖若瑟書院裡早已嶄露頭角，「是一名

1915 年 3 月香港童子軍及小
狼隊聯合檢閱 (SAHK)

優秀運動員兼學生」。他要到 5 月才足十八歲，但因為寶雲即將離港
而被晉升為副團長，領有第 1 團於 1915 年 4 月 7 日頒發的領袖委任
狀。他十五歲的弟弟查披也是「一名熱心的童子軍」，當時已是團裡
的小隊長之一。[12]

　　小狼隊裡的英童很容易地就成為該次集會的焦點，「因為他們大

12. Braga (2012), 233, 317-319; Kua to S. Braga/S. Braga to Kua, 2017-
　　19, *HKSA*.

多是年紀非常小的男孩，而他們攜帶的童子軍棍有時候幾乎是他們身高的兩倍」，在活動中表現認真和出色，十分討好。[13] 是次活動照片亦顯示當時香港的小狼隊並沒有採納英國總會的建議，執行與童子軍明顯不同的訓練，因為照片裡的小狼隊員一樣持有童子軍棍。

4 月初各團在香港酒店舉行特別會議，安史德等人均有出席。寶雲解釋說「童子軍需要一個所有旅團都可以使用的中央集會堂」，透露軍部已同意借出場地興建，梅夫人支持計劃，而遮打爵士已同意出資。4 月底總會刊登籌款通告，署名的是會長梅含理夫人、總監安史德、總團長甘尼迪 (E. R. Kennedy，代替寶雲) 中尉，司庫滙豐銀行大班史蒂 (N. J. Stabb) 及書記香港九龍貨倉公司的法露 (E. H. R. Farrell)。[14]

在如此高層次的背書下，會堂基金很快地就累積超過兩千五百元的認捐。善長包括梅含理、遮打、安史德、施勳和本地名流如劉鑄伯、杜韋爾、何東、何福、何甘棠和嘉道理等。其時運動內只有少數華人或混血兒，但在統治菁英的牽頭下基金卻至少有十數位華裔或歐亞裔的捐助者。[15] 上述總會領導及基金捐款名單有很多當年的名流權貴，證實本港童軍終於擺脫天主教標籤，變成一個殖民地當局和英國人社區普遍認同的組織。

1915 年 4 月 23 日聖佐治日，香港童軍與一年前一樣，在聖若瑟書院的操場舉行第二次聖佐治日會操。不過此次參加的不是一個團而是五個團，即 3 月出席的四個團加上剛成立而由歐法駱 (O'Farrel) 領導的聖若瑟九龍團。[16]

童子軍和小狼隊在同年 5 月 24 日大英帝國日時再次肩負重要的象徵性職責。早上布力架、愛德華茲及賈華理奧 (T. A. Carvalho) 分別帶領聖若瑟第 1、第 2 (資深) 及第 4 (九龍) 團參加在天主教座堂舉行的兒童禮拜。梅含理、施勳、義勇軍少年團和小狼隊則參加在聖約翰座堂舉行的兒童禮拜。

13. *SCMP*, Mar. 18, 22, 1915; *HKT*, Mar. 22, 1915.
14. *HKDP*, Apr. 10, 1915; *CM*, Apr. 10, 1915; *HKT*, Apr. 28, 1915; *SCMP*, Apr. 29, 1915.
15. *HKT*, May 18, 1915; *SCMP*, May 18, 1915.
16. *SCMP*, Apr. 23, 1915; *HKT*, Apr. 24, 1915.

同日下午大約一百名小狼隊和童子軍團成員由軍號樂隊帶領，列隊操至中環維多利亞女皇銅像前獻花，然後往香港木球會參加聯合大會操。是次檢閱由雷瀾斯負責，安史德檢閱及致辭，隨後有急救示範等。參與隊伍包括軍營小狼隊（又稱第 3 團）、山頂小狼隊和聖若瑟第 1、第 2 及第 4 團童子軍。在場人士包括梅夫人、安史德、甘尼迪和大群觀禮的外籍人士。[17]

是次活動之後，聖若瑟書院的幾個童子軍團和英童小狼隊於 6 月在書院前拍攝了一張「全家福」。正如上一個故事所述，這張寶貴的歷史照片多年來埋藏於英國總會檔案館的舊相簿裡，直到最近才經該館的職員再次發現，送了一份拷貝給香港童軍檔案室，使這張獨一無二的舊照片終於可以「重見天日」。（下頁上圖）[18]

在 1915 年 7 月 23 日，香港貝登堡童子軍總會 (the Hongkong B. P. Boy Scouts Association) 正式成立。梅夫人和剛升任海軍少將的安史德在 1915 年 10 月出席總會擴大會議，據報當時「已有七個旅團」。為鼓勵發展，與會者通過所有童軍單位統一由香港貝登堡童子軍總會管理。梅夫人被選為會長、安史德任總監兼主席、聖若瑟校長及渣打銀行經理任副會長、施金娜為司庫、普勒斯頓 (A.M. Preston) 任秘書及甘尼迪任總團長，大家一致同意邀請港督梅含理為總領袖。

11 月的政府憲報刊登行政會議豁免童子軍總會登記的決議，肯定總會在當局眼裡的合法地位。[19] 所謂「七個旅團」，是聖若瑟書院的第 1、第 2 及第 4 團（九龍）童子軍，山頂和第 3（軍營）小狼隊，和兩個正在籌備中的女童子軍隊。

維多利亞英童學校於 1916 年 1 月正式成立香港第一隊女童子軍，每週由黛爾 (Day) 小姐負責訓練。不久後，黛爾在九龍基督教女青年會裡開辦第二隊。2 月黛爾等在聖安德烈堂舉行簡介。梅夫人因病缺席，但安史德及港督的兩位千金均有在場。為使比較保守的父母安

17. *SCMP*, May 25, 1915; *HKDP*, May 25, 1915; *CM*, May 24, 1915; *HKT*, May 25, 1915.
18. Kua to Ford/Ford to Kua, Jul. 27, Aug. 6, 7, 8, 10, 2018, etc., SAHS.
19. *SCMP*, Oct. 2, 1915; *HKT*, Oct. 2, 1915; *HKGG*, Nov. 26, 1915, 536.

1. 1915 年 6 月香港童子軍及小狼隊大合照 (SAHS)
2. 中環維多利亞女皇銅像 ( 背後是舊香港會所 )
3. 女童子軍

心，黛爾向與會者保證，女童子軍「不會於很晚的時候仍然在野外亂闖」，會「準時回家」。[20]

1916 年 5 月的帝國日可以說是香港童子軍運動一次大戰前的高峰點。當日香港童軍聯合大會操，總共有八個青少年制服單位出席。安史德及甘尼迪陪同總領袖梅含理入場，繼而檢閱兩個聖若瑟童子軍團、九龍團、軍營小狼隊、義勇軍少年團、港島和九龍女童子軍隊和來自廣東的一隊華人童子軍，總共大約有一百五十人。由於有來自中國內地的華人童子軍參與，這次活動可以說是本港的第一次中港童軍共同活動。

一次大戰前當局顯然沒有把男、女童軍當成獨立的組織，不打算委任兩套領導班子。梅含理、梅夫人和安史德分別是男女童子軍的總領袖、會長和總監。梅含理在該次大會操裡首次以童子軍總領袖的身份出現，檢閱中港兩地的男女童子軍，並在演說時提及歐戰，呼籲他們要時常作好準備。

與往年一樣，天主教堂和基督教堂亦各自舉行帝國日兒童崇拜，少年團、女童子軍和小狼隊出席後者，而聖若瑟的幾個童子軍團則出席前者。

關於廣東童軍當天報導只有簡單的一句，即「童子軍團長劉大儕（音譯，Lau Tai Chai) 和十位來自廣州嶺南書院 (Canton Christian College) 的童子軍也在場」。[21]

美國傳教士創立的嶺南書院於十九世紀末開辦，於二十世紀初已相當有規模。嶺南童子軍團在 1915 年成立，成員是該校的初中學生，當年的陣容頗為鼎盛。愛德華茲在大會操前去探過他們，交流切磋。他曾感嘆說：「看見超過一百五十名年輕的中國小伙子如此敏銳和熱情［地參與訓練］是個精彩景象」。他應該是在此次會面時邀請嶺南童軍參與帝國日活動的。[22]

20. *SCMP*, Feb. 18, 1916.
21. *CM*, May 24, 1915; *HKDP*, May 25, 1915. 注意兩個報導的嶺南童軍人數不一，後者說有六位，而兩者均沒有提及山頂小狼隊。
22. *HG*, Apr. 1916, 110.

不幸地，1916 年 5 月的帝國日聯合大會操除了是梅含理首次以總領袖的身份檢閱本港童子軍之外，亦是他的最後一次。

1916 年 8 月 2 日晚上，安史德在香港酒店召開總會特別會議。秘書普勒斯頓提交總會年報時開宗明義地作出以下令人震驚的宣佈：

> 本人十分遺憾地告訴大家本會已然徹底失敗。於 1915 年 7 月 23 日成立的總會從一開始就缺乏會員的通力合作，而這對此種組織是至關重要的。

接著他列出一年來總會工作開展時所遇到的種種困難。會堂基金籌款雖然已達 3,600 元，但建築師的最低估價卻是 4,300 多元。大部分會員仍然未曾登記，自然亦沒有繳交會費。不過普勒斯頓承認後者其實「不是很重要，可能只是由於缺乏足夠的提醒通知」。

但他終於透露，總會失敗的致命傷是當局有關幼童參加軍事訓練的最新政策。原來，在 1916 年聯合大會操後，義勇軍少年團的史密夫向港督獻計創辦義勇軍少年團的「幼童隊」，吸納小狼隊的英童，為他們提供較軍事化的訓練。這其實是香港獨有的「創舉」，因為即使在英國本土、大英帝國其他地區甚至其他歐美國家，雖然都有軍隊少年團，卻未聞有甚麼軍隊少年團的幼童隊，可以吸納小狼隊那麼年幼的孩子。不過，同樣重要的是，根據會上的報導，此建議亦已獲得「港督閣下的充分認可」，再次顯示梅氏重少年團而輕童子軍的偏見。

原屬小狼隊的英童被改編入義勇軍少年團的幼童隊，脫離童子軍總會，後者亦失去當初成立的主要誘因。港督和他的夫人沒有出席是次會議，好像有意與已「徹底失敗」的總會劃清界線一樣，與會者只好一致通過總會解散的決議。

當時不同的新聞報導標題或多或少反映出報章的不同政治立場。

一向對運動不是特別熱心的《每日雜報》之標題稱「香港童子軍：總會完全失敗」，但一向比較支持運動的《香港電訊報》則說「貝登堡童子軍：香港總會解散，可能戰後復甦」。[23]

當然，不少童軍人士對此突然而來的決定感到十分失望。已回英的小狼隊領袖雷拿夫人特意從倫敦致函傑克‧布力架，說在歐洲的大戰裡：

> 童軍已然在戰場上捐軀……童軍仍然在為他們的國旗服務。他們不曾被培訓為業餘士兵，而是被培訓為良好公民，亦以後者用卓越和徹底的工作證明了他們的培訓價值。

她重申本港青少年們顯然非常需要童子軍的公民教育，更表示不能理解為何總會不能繼續操作。[24] 同樣地，《電訊報》亦質問總會是否真正需要停辦，更明言它認為小狼隊之所以被取締，只能夠歸咎於「香港傳統的偏見」，矛頭直指殖民地當局。[25]

總會解散後香港各大報章裡就不再見到任何童子軍或小狼隊活動的報導，即使在他們以前必定出現並扮演明顯角色的聖佐治日和帝國日裡也沒有。1917 及 1918 年的聖佐治日裡沒有任何童子軍活動。這兩年的帝國日天主教座堂如常舉行了兒童禮拜，完全沒有提及聖若瑟童子軍團。兩年同日聖約翰座堂的兒童禮拜裡均有義勇軍少年團和女童子軍隊的參與，但完全沒有英童小狼隊的蹤跡。

不過，雖然童子軍總會在 1916 年 8 月解散，接下來的幾年也不再有關於童子軍或小狼的訓練、露營或會操的報導，女童子軍顯然

23. *HKDP*, Aug. 3, 1916; *HKT*, Aug. 3, 1916.
24. Rayner to Braga, Oct. 1, 1916, Braga Collection, *HKSA*. 原文是：
    "Scouts have died on the battle fields…Scouts are still serving their colours. They were not trained as amateur soldiers but as citizens, and as such have proved the value of their training by excellence and thoroughness of their work."
25. *HKDP*, Nov. 17, 1916; *HKT*, Nov. 17, 1916.

沒有同時被取締。她們出席聖公會的兒童禮拜，亦繼續有定期集會。

第一次世界大戰開始後，大英帝國各地較年長的童軍紛紛響應呼籲加入軍隊，香港的運動成員亦沒有置身事外。貝登堡事後估計，單單英國境內就有超過一萬名童子軍或領袖參軍，一千多人加入海岸警衛及五萬人協助各種後防。

大戰後英國總會的狄英謀 (F. H. Dimmock) 撰寫《童子軍英雄榜》(The Scouts' Book of Heroes) 一書，介紹大戰裡多位童軍的英雄事蹟及獲獎詳情，「以永遠紀念那些在一次大戰中用他們燦爛的自我犧牲行為把原本是野蠻之戰爭變為高尚」的成員。[26]

他們之中最有名的應該是皇家海軍小英雄傑克 · 康韋爾 (John Travers/Jack Cornwell)。B-P 曾親自為他畫了一幅康韋爾英勇作戰彩圖，作為《童子軍英雄榜》之卷首插圖。康韋爾出生於藍領家庭，當過童子軍，在十五歲時自願加入皇家海軍。敵艦猛烈砲火轟炸他服務的軍艦，導致炮隊同僚全數犧牲，但身受重傷的他仍然冒著生命危險堅守崗位，為國犧牲時才只有十六歲。

在上司的大力推薦下，康韋爾同時獲頒授英軍和英國童子軍的最高英勇勳章，即維多利亞十字章 (Victoria Cross) 及童子軍銅十字章 (Bronze Cross)。其後他被葬於英國倫敦之莊園公園墳墓，墓碑上是這樣寫的：「令人偉大非財富或祖先，乃光榮之行為及崇高之品格」。[27] 不久後英國童子軍總會便推出以他冠名的康韋爾獎章 (Cornwell Badge)，用以表揚童子軍「崇高的品格和奉獻精神，以及超人的膽量，耐力或勇氣」。[28]

在 1918 年的帝國日兒童禮拜裡，會吏長曾詳細地描述海軍小英雄康韋爾的英勇事蹟。有點諷刺的是，當時本港已無童子軍或小狼隊，只有港督認為更適合備戰的義勇軍少年團和它的幼童隊。當然，會吏長並沒有告訴在場的義勇軍少年團員康韋爾加入海軍前其實是一

26. Dimmock (1919).
27. Epitaph on J. Cornwell's grave (square 55 grave 13), Manor Park Cemetery, London. 原文是："It is not wealth or ancestry but honourable conduct and a noble disposition that maketh men great."
28. POR, 1933 (London: BSA, 1933), 64.

康韋爾英勇作戰彩圖 (Baden-Powell)

位童子軍,不是任何軍隊少年團的成員。[29]

雖然戰火沒有蔓延到香港,不少本港的童子軍們卻有直接參與戰爭。最接近香港的亞洲戰場是青島,當時英國遣派海陸部隊和同盟國日本共同圍攻該處的德軍基地。史超菲的戰艦勝利號 (Triumph) 於 1914 年 7 月 30 日加載一些步兵,8 月 6 日「離港向東」,駛往青島配合行動,本港海童軍訓練亦不得不終止。[30]

前少年軍暨童子軍創辦人史賓克返回英國利物浦後請纓去法國當

29. *HKDP*, May 25, 1918.
30. Royal Navy Log Book, HMS *Tamar*, Jul. 30, 1914, 原文是:"DCLI [Duke of Cornwell's Light Infantry] and one officer hulked on board";Aug. 6, 1914, 原文是:"Triumph proceeded out east."

第一代童子軍感謝章

貝登堡親自設計的第一代
金屬感謝章，由童軍徽
和「卐」字組成，樣式突
出，後來類似形狀被納粹
黨廣泛使用，童軍被迫於
1935 年重新設計該章，
去掉「卐」字，以免被誤
會跟該黨有任何瓜葛。

圖片由 Paul Kua 提供

英軍隨軍牧師，於 1916 年 8 月在猛烈戰火中埋葬同僚時不幸地壯烈
犧牲。當時他年僅三十八歲，被埋於法國亞伯特鎮。[31] 他的英勇行為
和自我犧牲精神顯然是與眾不同的，因為英國教會明令軍隊牧師不可
於執勤時危及生命。當過兵的英國詩人葛雷夫斯曾感嘆說：

> 沒有任何士兵會尊重謹守此命令的牧師，但我
> 們的經驗告訴我們，五十個牧師裡也沒有一個
> 是不樂意遵守它的。[32]

同年 8 月 29 日聖安德烈堂為史賓克牧師舉行紀念禮拜，梅夫人
和施勳均有出席。會督稱許他為「一位能人，好人兼神人」，宣佈會
在教堂為他鑲上紀念銅牌。[33] 今天聖安德烈堂裡仍然掛上這塊銅牌，

一次大戰時期的勝利號戰艦

31. "H. Spink, 1914-1922," WO 339/69095, NA, London; CM, Jun. 11,
    1917.
32. Snape (2005), 160.
33. *HKDP*, Aug. 30, 1916.

紀念英勇犧牲的前駐堂牧師和首次把童軍訓練帶來香港的領袖。

當軍團牧師的史賓克

寶雲於 1915 年 4 月被調回倫敦軍部擔任更重要的糧餉部門職位。聖若瑟書院校長於 3 月底邀請大約四十位童子軍在學校裡共進早餐，愛德華茲代表大家頒授給他一個童子軍感謝章 (Thanks Badge)，「一枚極其珍貴的徽章，賦予受者在世界各地均可獲得童子軍之服務」。[34]

貝登堡親自設計的第一代感謝章由童軍徽和「卍」字組成，樣式突出。「卍」字歷史悠久，是中國和西方很早以前已採用的符號，各自有不同含義，在西方是十字架的一種形狀。可惜後來類似形狀被納粹黨廣泛使用，童軍被迫於 1935 年重新設計該章，去掉「卍」字，以免被誤會跟該黨有任何瓜葛。

在歡送會席上寶雲鼓勵童軍兄弟們努力追求運動理想，勇敢面對困難。聚會以當年童軍和士兵喜歡的歌曲 "It's a long way to Tipperary" 及國歌結束。寶雲有出席 4 月初的總會會議，但在月底第二次聖佐治日大會操前已然離港。[35]

史牧師在聖安德烈堂基督少年軍團裡的助手和接班人史密夫亦曾自願參軍，在歐洲砲兵團裡服務，戰後重回英國，當了牧師。[36] 其他離港的領袖包括 1914 年底去前線的聖若瑟童子軍領袖布魯斯 (Brooks)，於 1915 年 5 月獲安史德總監頒發感謝章及於隨後跟她任中校的丈夫離開的小狼隊領袖雷拿夫人，和同年被調走的小狼隊領袖泰勒等。

一次大戰的前線服務並不只是局限於童軍領袖。聖若瑟童子軍團的法裔小隊長波尚德 (F. Prouchandy) 於 1915 年決定前往西貢加入法軍，後被派到歐洲戰區替盟軍服務。安史德在 1915 年 4 月的聖佐治

34. *HKT*, Mar. 30, 1915.
35. *Supp. to London Gazette*, Feb. 17, 1916, n. 1790.
36. Interview with Jenny Hounsell (Crowther Smith's granddaughter), Jan. 22, 2016, *HKSA*.

日會操時曾提起他及代表童子軍與他握手道別，師多敏在 5 月的帝國日禮拜裡特別介紹他以作會眾之表率。[37]

不久之後，同團另一位法籍童子軍狄枚 (Adolphe F. Demée) 亦參了軍，回法國服務。在 1916 年 8 月，狄枚從前線寫信給在港的年輕領袖傑克‧布力架，提及部隊在凡爾登作戰，多日來天氣惡劣和糧食短缺。但他仍心情不錯，請布氏寄些童軍書籍給他看，並希望可以取得戰友波尚德的聯絡地址。1917 年 7 月狄枚再次來信，不經意地提到他剛獲頒授法軍「一枚附有紅綠色勳帶，很不錯的銅十字」章，即法國一次大戰的銅十字英勇獎章。[38]

波尚德、狄枚及本故事前段提過的康韋爾參軍時均年紀較輕，但是在一次大戰這情況是比較普遍的——很多在前線打仗的士兵都只有十七、十六甚至十五歲。

人數不多兼且年紀很小的小狼隊和表面上與童子軍沒有密切關係的一次大戰，均在 1914 至 1916 年間直接影響本港運動的興衰。1914 底開始成立的英童小狼隊擴大本港運動的覆蓋面，亦吸引了殖民地官方的背書和英國人社區的支持。隨著兩個小狼隊及童子軍總會之誕生，本港添加九龍團和兩個女童子軍隊，獲得港督首肯擔任總領袖，更開展了與廣州童子軍的交流。綜觀上述種種，1914 年底至 1916 年中小狼隊加入運動後之發展的確令人鼓舞，足以使支持者對香港童子軍的前景寄予厚望。

但與此同時，1914 年 8 月一次大戰爆發後，本港運動裡在英軍服役的領袖和年長的童軍紛紛離港參與戰事，使運動忽然喪失不少重要成員。更不幸的是，港府以備戰為由兩次透過政策打擊童子軍。運動首先須在 1914 年 8 月把英國本土和非英籍孩子屏諸門外，繼而要於 1916 年 8 月把小狼隊改編為義勇軍少年團幼童隊。

英童小狼隊為香港運動帶來擴展機緣，一次大戰卻使運動面對負

---

37. *SCMP*, Apr. 23, 1915; *HKT*, Apr. 24, 1915; *CM*, May 24, 1915.
38. *HKT*, Sep. 29, 1916.

面衝擊,最終導致總會被解散,大戰期間餘下的日子裡本港不再有童子軍活動。

連同本故事,本書前面的這五個故事已經比較詳細地介紹了香港童軍運動在一次大戰前的早期歷史,現在是適當的時機探討一下運動中人自二次大戰後多年來關於本港運動始創年份的誤解。[39]

原始資料(即事件發生時的文件和其他資料)是歷史研究的重要資訊來源。在前面的故事裡,讀者已經看見一次大戰前的原始資料證實,九龍聖安德烈堂在 1910 年 5 月成立基督少年軍暨童軍,開始童軍訓練。當時本港英國僑民和英文報章普遍公認它為唯一的「童子軍團」。B-P 於 1912 年 4 月訪港時曾檢閱聖安德烈堂的童子軍,在他當年的書裡確認這些孩子為「穿童子軍制服和接受童子軍訓練的少年軍」。同年英國總會雜誌亦在「海外童子軍」(Our Scouts Oversea) 專欄刊登有關報導。早期基督少年軍團曾引進童軍訓練,團員穿著童軍制服,考取童軍中級和高級章,被視為童軍運動的一份子。聖若瑟書院在 1913 年底成立本港第一個童子軍團,在 1914 年 5 月在英國總會註冊。香港童子軍總會則遲至 1915 年才正式成立。

在 1959 年前,總會通常以 1913 年為香港運動的始創年份。1920 年寶雲於《香港電訊報》上指出本港運動始於 1913 年,即聖若瑟書院成立童軍之時。[40] 華德利於 1930 年的英國童軍領袖雜誌撰文,確認香港第 1 團在 B-P 訪港後才成立。1951 年,香港童子軍憲報承認本港首個童子軍團成立於 1913 年 9 月。總會 1957 年出版的小冊子證實本港自 1913 年開始創辦童軍。1958 年,助理香港總監胡文偉在扶輪社午餐會上聲稱「香港童子軍從一九一三年到現在有四十五年的歷史」。[41]

總會於 1959 年決定兩年後舉辦金禧大露營,慶祝本地童軍運動五十周年紀念。年初出版的童軍雜誌刊出香港童子軍簡史,謂「本港童軍活動可能始於 1911 年……1913 年香港童子軍總會正式成立並

---

39. 本段節錄自柯保羅 (2012),27-29。
40. *HKT*, Sep. 30, 1920.
41.《月刊》(香港:童子軍總會),第 6 期,1958 年 11-12 月,2。

在英國總部註冊」。注意文章只表示「可能始於 1911 年」（"began probably in 1911"），作者亦承認手頭上「關於二次大戰前香港童子軍活動的資料相當缺乏」。[42] 根據原始資料，簡史內兩個年份均不正確：本港童子軍活動始於 1910 年，並非 1911；第一個童子軍團確實是於 1913 年開始活動，但它在 1914 年才在英國註冊；而香港童子軍總會則要到 1915 年才成立。

在 1961 年初，總會雜誌刊登一篇題為「50 年來的香港童子軍運動」之文章，沒有署名，聲稱「1909 至 1910 年，本港曾有非正式『童子軍』出現⋯⋯1911 年至 1912 年間，有些英國來港經商的英國人，聯同駐港的幾位英國軍官，在本港組織童子軍⋯⋯1913 年，本會在英國總會註冊，成立香港童子軍總會」。[43] 注意該文對始創年份說法籠統，只說「1909 至 1910 年」及「1911 年至 1912 年間」，並沒有標明出處，而文中的總會註冊年份亦屬錯誤。在 1913 年時，連聖若瑟書院的童軍也未曾在英國註冊，更遑論香港童子軍總會。

即使 1961 年初的總會年報對始創年份仍說得相當猶豫，顯示當時總會手頭上沒有確實資料：

> 表面上，金禧大露營的目的是慶祝本港童軍運動五十周年紀念，但早期的記錄如此神秘，實在難說選擇這一年 [ 即 1961 年為運動的五十周年 ] 在歷史上是否正確（"though early records are so shrouded in mystery it would be difficult to say whether or not the selection of the year is historically correct"）。[44]

42 *The Scout Bulletin*, Mar.-Apr. 1959, 7.

43.《月刊》，第 1 期，1961 年 1-2 月，2-3。

44. *Annual Report* (Hong Kong: The Boy Scout Association, Hong Kong Branch), 1960-61.

到 1961 年末，官方金禧慶祝刊物的語氣就變得更加肯定。雖然參加者的《露營手冊》仍然有「1909 至 1910 年」及「1911 年至 1912 年間」的句子，《領袖手冊》前言卻說「童子軍運動在本港發軔於一九一一年，唯直至一九一三年方正式在倫敦童子軍總會註冊成立香港童子軍總會」（請讀者注意這兩個年份都不正確）。

自此以後，類似說法成為定論。1971 年，總會慶祝六十周年紀念，舉辦鑽禧大露營，郵政署同時發行一套有「60」、「1911」和「1971」字樣的郵票。在 1986 及 2006 年，香港童軍分別舉辦了紀念七十五和九十五周年的大露營。

簡而言之，1911 年作為始創年份的說法始於 1959 至 1961 年間，金禧大露營前後。當初提出該說法時用字不太肯定：「可能在 1911 年」，「1909 至 1910 年」，「1911 年至 1912 年間」和「實在難說……在歷史上是否正確」。但自 1961 年以來，1911 年為始創年份的講法逐漸被接受，於是總會在 1971、1986 和 2006 年都舉行了周年紀念露營，可謂約定俗成，積習難返。

因為缺乏原始資料，在處理古代史時我們可能需要倚靠傳說。不過，香港童軍歷史是現代歷史，沒有此需要。只要肯花時間研究，我們可以找到很多原始資料證明在運動初年，殖民地政府、英國僑民、英文報章和英國童子軍總會都一致承認在 1910 年成立的少年團員為第一批童子軍，而 B-P 在 1912 年訪港時也曾與他們會面，並確認他們的童軍身份。在童軍運動早期，基督少年軍成員接受童軍訓練的情況相當普遍，他們也被認定為童子軍。本地童軍訓練始於 1910 年是歷史事實，毋庸置疑，1911 年的童軍活動只不過是前者的延續，並沒有另外一個童子軍團出現。

雖然大部分現時仍然活躍於香港童軍界的人多年來只知道關於 1911 年（或 1909 年）為始創年份的傳說，我們需要更正此看法，接受 1910 年為運動的始創年份。總會在 2010 年 12 月至 2011 年 1 月（而不是在 2011 年內或 2011 年 12 月至 2012 年 1 月）舉辦百周年大露營，作為一連串百年慶祝活動的序幕，時間上的安排與 1961、1971、1986 和 2006 年明顯不同。這是個好的折衷辦法，同時認同 1910 年為運動真正的始創年份，和尊重近年來舉行周年大露營在時間上的做法。

總會復甦

# 1920-1922

CHAPTER SIX

RELAUNCH OF THE ASSOCIATION

一次大戰勝利後，

英國童子軍運動重新踏上快速擴張之路，

本港童子軍總會也很快地就在新任港督司徒拔爵士

的領導下復甦，透過他的鼓勵在短短一兩年間

催生了戰後首批童子軍旅團，

更趕上 1922 年英國皇室貴賓威爾斯親王

來港訪問的盛會。

儘管香港倖免於難，大戰卻對歐洲造成前所未有之破壞，更奪去一千六百萬人的生命。甚至老戰士 B-P 亦曾感嘆地聲稱「一次大戰乃一大恥辱」，因為人們「又重回以原始的野蠻手段來解決爭端」之時代。[1] 戰爭在 1919 年 6 月隨著《凡爾賽條約》的簽署正式結束後，各地人民普天同慶，香港亦不例外。港府組織大型花車遊行，大家張燈結綵、興高采烈地慶祝盟國勝利及和平重臨。在充滿各種中外色彩之遊行隊伍裡有一輛花車被裝飾成海軍戰艦。花車上挺立著一位英國男孩，打扮成上一則故事已介紹過的童子軍兼海軍少年英雄傑克·康韋爾。車上更掛了一條旗幟，敦促本港青少年要「以傑克為模範」。[2]

　　戰後日本不只無意取消強加諸中國的「二十一條」，更趁機奪取德國在山東之權益，而列強亦袒護日方，無視中國作為盟友和戰勝國的應有權利。北洋政府積弱，官員貪腐怕事，居然打算簽署喪權辱國的《凡爾賽條約》。當時國內學生、工人和各界有識之士紛紛抗議，在各大省市示威、遊行、請願、罷課、罷工等，引發後來覆蓋面廣泛的五四運動。

　　很多這類愛國行動裡都有中國童子軍的腳蹤。魯迅在《熱風》裡曾提及 1919 年 5 月 4 日北京學生對山東問題發起之示威，指出「當時散傳單的是童子軍」。福州教會學校英華書院的童子軍在當地的罷課遊行裡「理所當然地負起交通聯絡工作」。就連小小的澳門中華童子軍分部也不甘後人，曾派遣隊員四處演講，提醒國民「抵制劣 [日] 貨……振興國貨，毋忘國恥」等。[3]

　　與香港不同，中國童子軍運動沒有在大戰期間停頓，而當時廣東省的童子軍已相當興旺，本港中外報章也常常報導他們的活動。在 1919 年 3 月該市的第七屆體育會裡，廣州參議院議長林森等政要檢閱童子軍及參觀示範表演。當天在場的有香港南華體育會和聖保羅書院之運動健兒。中華童子軍廣東支部在 6 月初舉行大型聚會，慶祝運動

1. Proctor (2009), 43.
2. Gillingham (1983), 1-4.
3. 魯迅 (1925)；《華字日報》，1919 年 6 月 14 日；*HKDP*, Jun. 18, 1919; 趙效沂 (2018).

成立六周年。10 月 10 日廣州慶祝民國成立八周年，籌組慶典的是童子軍支部總監黃憲昭，一位精通英語的記者。1920 年 5 月廣東童子軍舉行周年聯合大會操，聲稱「各校童子軍最近人數約二千五百餘」。[4]

梅含理在 1918 年 9 月因患心臟病而離港休假，不久後病情惡化辭職，一向支持童子軍的施勳再次署任。港督司徒拔 (R. E. Stubbs) 爵士於 1919 年 9 月 30 日抵港履新後，施勳繼續擔任輔政司。

司徒拔之父乃牛津大學欽定講座教授，曾任牛津教區主教。司徒拔以一等榮譽畢業於牛津大學基督聖體學院，曾任錫蘭輔政司，其時該地童子軍相當活躍。[5]

戰後初期本港的華人社區裡已有一些支持童子軍運動的聲音。1919 年 5 月中華基督教青年會的吳會長曾邀請華人牧師和主日學負責人商討組織童子軍隊伍事宜，並請青年會之外籍幹事就該事向政府查詢。可惜當時香港總會仍未復辦，此事只好不了了之。無論如何，這顯示部分居港華人對童軍態度積極，可能促使後來華人學校、教會及社團等開辦華人團。[6]

在 1920 年初香港防衛軍少年團集訓時，郵差將荷蘭海軍上尉倫立夫 (G. J. Ranneft) 致童子軍的信遞交給領隊韋文 (A. J. M. Weyman)。[7] 由於當時本港並無童子軍，聰明的郵差決定韋文是最適當之收件人。原來熱愛運動的倫立夫剛隨荷蘭軍艦特龍普號 (Tromp) 到港，希望能夠與當地孩子分享海外童軍近況。

很幸運地，當時在九龍船塢任職的韋文本來就是「一位經驗老到的童軍」，所以他亦樂意配合。[8] 在 1920 年 3 月 26 日，少年團員和英童會會員擠滿聖安德烈堂旁邊的會堂，聆聽倫立夫介紹荷蘭運動、童軍露營和其他各地童軍狀況，欣賞一百多張荷蘭、非洲、爪哇、馬來亞等地的童軍活動幻燈片。倫立夫告訴孩子「超過一百名精通泳術的英國童子軍曾因救人而獲頒救生獎章」，博得他們熱烈的掌聲。這

4. *SCMP*, Mar. 3, 29, Oct. 14, 1919;《華字日報》，1919 年 5 月 29 日；1920 年 5 月 27 日。
5. *HKDP*, Feb. 26, 1919; *HKT*, Sep. 26, 1919.
6. Kua (2011), 107-8.
7. 注意香港義勇軍於 1920 年改名為香港防衛軍。
8. *HKAR*, 1921, O26-27.

THE GREAT BOY SCOUT.

左：榮獲童軍及英軍十字章的康韋爾
右上：司徒拔爵士
右下：荷屬東印度群島的第五屆世界大露營紀念郵票

場簡介會可以說是大戰後本港最早一場與童子軍有關的活動。[9]

　　倫立夫只是路過的荷蘭海軍軍官，與香港甚至英國都無關係，卻熱心主動地在當地鼓吹童子軍，充分體現了運動是個無國界大家庭之精神。他的運動熱忱持續多年，於 1927 年從海軍退役後開始擔任荷屬東印度群島童子軍總會 (Nederlandsch-Indische Padvinders Vereeniging) 總監一職，更曾於 1937 年帶領由不同族裔的童子軍們組成的代表團回荷蘭參加「第五屆世界大露營」，是殖民地時代印尼童軍運動舉足輕重的人物。[10]

9. *HKAR*, 1921, O26-7; *HKT*, Mar. 29, 1920.
10. Jan van der Steen to Kua, May 18, 31, 2012, *HKSA*; *The Strait Times*, Jun. 19, 1937.

第一次世界大露營各國童子軍代表攜手合照

　　世界各地童子軍們於 1920 年 7 月在倫敦奧林匹亞展覽中心參與以 "Jamboree" 為名的大型活動（後來被追認為第一次世界大露營）。一千名童子軍被安置於奧林匹亞，超過六千名童子軍則在附近露營。在 8 月 7 日的閉幕禮上，一位乳臭未乾的孩子讀出了這著名宣言：「我們，世界的童子軍們，向你，貝登堡爵士，致敬；公認你為世界童子軍總領袖 (Chief Scout of the World)！」

　　總領袖在回應時向童子軍們提出所謂「奧林匹亞挑戰」，至今歷久彌新，值得我們深思：

> 　　童軍兄弟們，請你們作出莊嚴選擇。世界各國人民思想和情感存在差異，語言和體質亦然。這次戰爭告訴我們，若某國試圖將自己意志強加諸別人，殘酷反應必隨之而來。這次露營教

導我們，若我們相互容忍及配合，就會有理解
和和諧。若你們願意，讓我們今天下定決心，
通過童軍兄弟的全球化精神，在我們自己和我
們孩子間發展這種同志關係，促進世界和平與
人類幸福。[11]

貝登堡多年來獲英國和其他國家頒授許
多獎勵，其中不少是很多人夢寐以求的榮
譽。但他後來表示上述來自世界各地孩子
之尊稱「任何帝王或政府都無法賦予」，是
他一生中最珍惜的。[12] 不少論者會同意 B-P
的一位傳記作者之說法：貝氏有軍人和童
軍「兩條生命」，若然 1900 年 5 月 18 日梅富
根圍城戰役結束是他軍人生命裡的頂點，則
1920 年 8 月 7 日奧林匹亞世界大露營閉幕應
是他童軍生命裡之高峰。[13]

世界童子軍總領袖貝登堡

此時本港仍然沒有童子軍總會，但所有
英文報章都有報導是次在英國舉行而部分參
加者來自亞洲的印度、錫蘭及馬來亞等之盛會。8 月底本港報章亦有
報導英國總會頒發銀狼獎章給馬來亞總監山施 (F. C. Sands) 的消息。
和廣州一樣，星馬運動顯然沒有因為大戰而停頓，其時他已在當地運
動裡服務超過十年。[14]

大露營後不久，關於香港童子軍運動的好消息終於出現。一向接
近天主教和聖若瑟書院的《香港電訊報》在 1920 年 8 月 17 日簡單地
回顧了於 1916 年「自然死亡」之童子軍運動，然後透露當局「已建

11. Wade (1929), 243.
12. Reynolds (1950), 116.
13. Hillcourt (1964), 207, 365.
14. *HKT*, Aug. 25, 1920.

議恢復旅團」，港督並要求已返港及晉升為中校的寶雲協助。[15]

原來司徒拔當時已接受 B-P 的邀請出任香港童子軍總領袖，正開始著手重組香港總會，並已委任寶雲為總監，立法局議員及殷商海欲克 (P. H. Holyoak) 為會長及韋文為秘書等。他們在 8 月 26 日召開首次會議，計劃「在學校於 9 月份開學後成立旅團和開始訓練」。

《南華早報》的報導提醒大家戰前的國籍規限仍然有效。換句話說，只有英籍孩子方可成為童子軍。但該篇報導繼而補充說非英籍人士可能亦可以組成童子軍團，而這些旅團「應該」可以與香港總會建立一種比較鬆散的「附屬」關係。[16]

聖安德烈堂在 1920 年 9 月 20 日率先在教會禮堂舉行招募活動。《中國郵報》於當日呼籲住在九龍及十至十八歲的男孩們參與，並說「這是你們展示英國精神之機會」。《南華早報》則於 9 月 17 及 20 日發表評論，宣傳招聘活動，建議「每間教會的主日學和每家日校都應該有自己之小隊」。[17]該報的想法其實不切實際——在英國國籍的規限下，本港多數華裔學童根本不可能加入。當時雖然有三萬多華裔男孩住在市區，只有大約千餘人擁有英國國籍。[18]

九龍團的招募活動相當成功，當日就有約二十人報名。該團由「經驗豐富」的霍格 (Fogg) 上尉任團長及博迪龍 (Bourdillon) 上尉為副團長。他們計劃 10 月開始活動，逢星期三、日集會，相信最終人數會超過四十人。可能是考慮到不少英童乃軍隊少年團員，負責人強調童子軍可以同時參加少年團，聲稱「兩個組織之間並無任何衝突」。[19]

可能是由於聖若瑟書院戰前已有正式的童子軍團，該校之招募工作進行得顯然更加順利。寶雲總監於 9 月 30 日與有興趣的同學會面，推薦運動及介紹旅團歷史，更補充說根據他在英國當領袖時的觀察，「本地童子軍和他們英國之夥伴同樣出色，甚至比後者更勝一籌」。

其時第 1 團已有超過九十人報名，團長古迪雷施 (L. A.

早期童子軍總會秘書帽章

早期的地方童子軍總會秘書帽章，外圍金屬童子軍徽圓圈及配上黑紅黑色鬃毛。

圖片由 Paul Kua 提供

15. *HKT*, Aug. 17, 1920.
16. *HKT*, Sep. 1, 1920; *SCMP*, Sep. 2, 1920.
17. *CM*, Sep. 20, 1915; *SCMP*, Sep. 17, 20, 1920.
18. *Report on the Census of the Colony for 1921* (Hong Kong. 1921),
    tables 19-20. 數字根據市區華人的英籍人士之百分比推算。
19. *CM*, Sep. 21, 1920; *HKT*, Sep. 22, 1920.

Gutierrez)，副團長羅德格斯（J. Rodrigues）、阿拉勒奇亞（L. M. Alarakia）及古殷甘（J. Guimguam）以至「團隊長」（本港俗稱「三劃」，眾小隊長之首）巴迪斯德（L. Baptista）都是戰前舊團員。他們決定把團員分成十個小隊，每隊九人，希望於 10 月初完成初級訓練，一個月後完成中級課程。[20]

與此同時，灣仔衛理教堂和港島美利軍營英童學校亦分別成立了童子軍團。前者之領袖葛克（A. Kirk）曾以「灣仔第 1 團」的名義去信報章，聲稱該團是戰後首先申請登記的旅團，而「九位熱心成員在過去幾個月裡一直在接受培訓」。[21] 當然，從一個比較客觀的角度來看，香港第 1 團甚至軍營學校旅團戰前的歷史地位不可能被抹殺，而在總會戰後重組前的活動應該只能被視為籌備性的工作。

四個團共有一百四十多人，成員背景如下：聖安德烈堂的童子軍主要是來自九龍區包括對面軍營的英童，港島美利軍營學校的成員全為英軍家屬，衛理教堂的成員亦是主要來自陸軍或海軍家庭之英國男孩（雖然葛克說該團也歡迎其他英籍兒童），只有聖若瑟團有葡萄牙裔、華裔和其他種族的英籍成員。

1921 年 1 月 8 日下午，本港童子軍們在美利軍營舉行戰後第一次大會操。每團各派兩位代表組成儀仗隊，在入口處歡迎司徒拔。聖若瑟童軍扮演印第安人，其他各團團員扮演美洲英國人，兩方互相偵查、開戰、繼而安排停戰、交換傷者，和進行急救，表演多項軍事技能。雖然安排應該並非故意，但模擬戰爭之種族結構很是有趣：印第安人主要是葡萄牙裔、華裔及其他種族男孩；而美洲英國人則幾乎全是本港英童。

出席領袖包括古迪雷施（聖若瑟）、何方（Hawthorne，聖安德烈）、葛克（灣仔衛理）及韋特（A. White，美利）。貴賓則有海軍中將達夫（A. L. Duff）爵士、少將葛巴崔（Kirkpatrick）、海軍準將史密夫（W.

---

20. *HKT*, Sep. 30, 1920; *SCMP*, Oct. 1, 1920.
21. *SCMP*, Sep. 24, 1920.

Bowden Smith)、寶雲中校、韋文中尉、總會司庫包恩 (A. O. Brawn) 及聖公會會督杜培義 (C. R. Duppuy)。雖然運動的支持者一向聲稱童軍與軍隊沒有關係，是次大會操的場地、活動和來賓都似乎使人感覺當時的童子軍確實仍是相當軍事化的。總領袖發言時特別提及 B-P 對本港運動能夠復甦表示欣慰，繼而頒授總監委任狀予寶雲。[22]

1920 年年底重組的運動有幾個特點，足以確保它比戰前有更大的發展空間。第一，戰前運動裡天主教、愛爾蘭和非英國本土人士影響較大；但戰後運動卻側重基督新教徒和英國本土人士的參與。聖公會、衛理會和駐港英軍三團的成員全為英童，只有聖若瑟團有很多葡萄牙人和華人。第二，戰前的英裔男孩只能參加義勇軍少年團；但戰後他們卻可以選擇參加童子軍。在短短幾年間，殖民地政策有如此大的改變，主要是因為大戰造成大量傷亡、人民普遍討厭戰爭，使軍國主義在戰後缺乏市場。最後，戰前與戰後的關鍵人物亦有所不同：童軍經驗豐富和同情運動的司徒拔、寶雲和韋文取代基督少年軍或義勇軍少年團的支持者梅含理、史賓克和史密夫。

運動支持者在短期內囊括眾多本港社會名流。總會到 1921 年 3 月為止的捐獻者包括遮打爵士、何東爵士、嘉道理爵士、何福、劉鑄伯及何甘棠等。立法局議員和華人僑領劉鑄伯被任命為司庫，成為首位在總會任高職之華人。6 月份寶雲召開特別會議，重提戰前計劃興建的會堂，邀請施勳、劉鑄伯及何甘棠等組成委員會，希望能利用戰前留存下和戰後籌措的基金完成計劃。[23]

第一次大會操後不久，主要由歐亞混血兒組成的第 5 旅就進行登記和開始活躍。接著兩個純華人旅團相繼出現。育才書社 (Ellis Kadoorie School) 的第 6 旅首先露面，於 1921 年 5 月參加帝國日的兒童禮拜。西營盤官立學堂校長在同月校慶時宣佈銀行家何甘棠（何東的弟弟）已同意贊助該校的童子軍團。何先生發言時介紹童軍樂

22. *CM*, Jan. 10, 1921.
23. *HKGG*, Mar. 5, 1920, 114; *SCMP*, Mar. 9, Jun. 16, 1921.

於助人和竭盡所能等理想，表示願意承擔學校第 7 旅「維持，訓練，制服和設備等全部費用」。[24] 該旅曾於同年 8 月份由團長梁玉堂帶領往長洲「操練野營一星期」，以長洲官立學堂為大本營，「所有費用均由何紳甘棠支給」。[25] 本港童子軍運動有史以來的頭兩個華人團都是由官校主辦，證實當局對華人參與的態度已有基本上的改變，蓄意鼓勵「適當的」華裔男孩接受童子軍訓練。[26]

劉鑄伯

同年，華人基督教循道衛理教會的翟大光組織第 8 旅，是為第一個華人教會旅，亦可能是戰後基督教青年會有關會議間接成果之一。該旅早期總部設於堅道 31 號，有約三十個華裔男孩，「多屬各學校學生」。[27] 第

寶雲

8 旅亦曾於當年暑假往長洲露營，童子軍除在技能有進益外，「起居飲食浣衣等事俱能自理」。《華字日報》聲稱太古第三代莫家買辦莫幹生「對於本港第八旅童子軍異常贊助，既允擔任為值理復慨然捐款二百元以為該旅購置各種營具及儀器之用」。[28]

總會期刊《銀狼》(Silver Wolf) 於 1921 年 7 月開始出版，免費派發給童子軍團及少數付費加入總會的社會人士，是香港總會的第一份官方期刊。第一期的藍色封面十分吸引，內容有本港運動簡史、英國著名冒險家雷利 (W. Raleigh) 爵士的冒險故事、華人童子軍和女童子軍專欄及不少插圖。[29]

戰後首位總監寶雲任期頗短，因為他在 1921 年 11 月就再被調回英國軍部。但他已見證總會之復甦和建立較多元而穩固的運動基礎，在離港前獲英國總會頒發童子軍優績獎章 (Medal of Merit)。[30] 寶雲於

---

24. *SCMP*, May 3, 1921.
25.《華字日報》，1921 年 8 月 29 日。
26. 育才原為嘉道理和劉鑄伯創辦，於 1915 年由政府接管。
27.《華字日報》，1921 年 8 月 6 日。
28.《華字日報》，1921 年 8 月 23 日。
29. *SCMP*, Jun. 18, 1921.
30. *CM*, Apr. 26, 1924.

1876 年出生，來港前曾在錫蘭及南非服役，是虔誠天主教徒，曾創辦大主教期刊《磐石》(The Rock)。寶雲於 1928 年退伍，1955 年逝世。

寶雲回國後，在英國海員傳道會之海員宿舍暨俱樂部 (Seamen's Institute) 當牧師的華德利 (G. T. Waldegrave) 即被委為新任總監。海員俱樂部的臨海新大樓於 1910 年由麼地 (H. N. Mody) 爵士捐款重建，位於灣仔海旁東 21 號，即 1920 年代填海計劃後的莊士敦道 18 號。其時總會仍未有自己的會堂，童子軍很多時候會使用海員俱樂部的設施，可以說是當年的非正式總部。

華德利畢業於劍橋大學，曾在皇家海軍服務。他跟香港總會會長海欲克及早期運動的支持者遮打、修頓 (W. F. Southorn)、及繼劉鑄伯之後擔任總會司庫的白禮信 (C. H. Blason) 等都是宣傳博愛和慈善的共濟會會員 (Masons)。多年來，除華德利外還有起碼四位香港總監是共濟會會員。不過，雖然世界各地有不少童軍領袖曾是這個會的成員，澳洲更有以貝氏為名的分會，貝登堡本人並未曾加入該會。[31]

華德利接任後很快就在一些官式場合裡出現。第 7 旅於 1921 年 10 月在香港大學的足球場上舉行成立典禮，被《華字日報》稱為「童子軍統制窩［原文］牧師」的華德利、贊助人何甘棠和領袖梁玉堂等在場主禮。在是次活動裡，何甘棠致送旅旗給該團代表，童子軍則以身體做拼圖展示不同圖案和文字，包括西營盤官立學堂英文名字之頭三個字母「S.Y.P.」。會場上除英國國旗外亦懸掛其他國旗，包括「佔據顯著位置」的早期中華民國之五色國旗，顯示運動的國際性，亦表現當時本港華人對祖國的認同。[32]

第 5 旅（俗稱漫遊第 5 旅，Roving Fifth）於 1922 年 4 月由香港大學校長白朗雅 (W. Brunyate) 爵士、劉鑄伯和華德利主持成立典禮。團贊助人是立法局議員羅旭龢 (R. H. Kotewall)，他是帕西和華裔混血兒，曾就讀於皇仁及拔萃。與一些英童旅團一樣，第 5 旅亦有自己的

31. Kua (2011), 109.
32.《華字日報》，1921 年 10 月 22 日；HKT, Oct. 29, 1921; CM, Oct. 31, 1921.

Praya East, Hongkong.

上：第 7 旅於香港大學舉行成立
典禮 (HKSA)
下：海員俱樂部

小狼隊，這是當時所有華人旅團都缺乏的。劉鑄伯的兒子劉德譜也是支持者，「允許旅團把他位於巴丙頓道之寓所的兩個房間用作旅部」，並在該處的大草坪集會。當時的童軍團長是巴尼（R. W. Barney），小隊長包括劉德譜的兒子劉鎮國，而小狼隊長則是拔萃學生安德遜（D. Anderson），成員有不少混血兒，其中兩位來自與拔萃關係密切的施氏（Zimmern）家族。可能由於上述原因，當時的《南華早報》曾稱它為「拔萃男校團」。但這是一個誤解，因為 1925 年的《銀狼》雜誌（亦即比報章更可靠的總會一手資料）再次確認「漫遊第 5 旅」與拔萃無直接關係，仍在巴丙頓道劉德譜之寓所集會。[33]

原來男拔萃的校長曾於 1921 年初校慶時表示「很可能會鼓勵」童子軍，但關注導致學校當局不能開辦旅團的「本地童軍法規之某一條款」。他宣稱「如果可以的話，我們可能會私下開辦一個團，並成為運動之附屬組織」。[34] 主禮嘉賓司徒拔夫人在演講時表示她希望學校在排除困難後可以很快有自己的童子軍。校長沒有闡述到底是甚麼條款使他感到困擾，我們只能夠揣測他字裡行間的弦外之音。

當時總會並沒有明文的種族歧視條款，但卻仍沿用大戰前的規定，只准已歸化英籍的男童加入。拔萃有很多非英籍學生，包括多數華裔同學，學校當局很可能不願意組織一個會把大多數學生拒諸門外的活動。這一個條款導致學校猶豫的可能性相當高，因為校長顯然希望有童子軍，說會考慮「私下成立一團，並成為運動之附屬組織」，而這正是《南華早報》在 1920 年 9 月提出藉以容許非英籍人士加入運動的方案。可惜學校後來卻不知為何無法按此方案開辦童子軍團，雖然有一些學生加入了漫遊第 5 旅，學校終於要到 1930 年代初才正式開辦旅團。

女童子軍於一次大戰時未被取締，但它後來亦停止活動，要在戰後童子軍總會重組後才重新活躍。1920 年底的政府教育報告證實

戰前的女童子軍高級章

33. *HKT*, Aug. 27, 1923; *SCMP*, Nov. 1, 1921; *SW*, IV, 5, 1925.
34. *HKT*, Jan. 28, 1921; *SCMP*, Jan. 28, 1921.

當局正「採取步驟籌組」女童子軍。[35] 翌年初，司徒拔夫人被任命負責，教育署長之女歐文 (R. Irving) 則擔任秘書。[36]

港督於 6 月中參加聖安德烈堂禮拜前特意檢閱該堂的童子軍團和九龍英童學校及拔萃女書院的兩個女童子軍團，再次向社區展示當局對運動之重視。[37] 到 1921 年底時，本港已有約一百三十名女童子軍，包括五個女童子軍團約一百名和一個女幼童子軍隊 (Brownies) 約三十名。

三個港島女童子軍團、九龍第 1 團和山頂女幼童子軍隊絕大多數的成員都是英國本土人士，只有由女拔萃主辦的九龍第 2 團才有英籍混血兒或華裔女孩。[38] 何東爵士的女兒文姿 (Jean) 及堯姿 (Grace) 於同年加入由歐文領導的女拔萃團，很快就考獲初級、中級和許多技能章。

何家位於山頂，文姿在回憶錄裡提到每當歐文在山頂纜車上遇見兩姊妹時，她們總會立正向她行童軍禮，使她感到有點尷尬。文姿熱愛童軍，戰後成為學校女童子軍團長，更下嫁同是歐亞混血的童軍團長吉庭士 (W. M. Gittins)。兩人的婚禮由童子軍和女童子軍組成儀仗隊，夾道歡迎新郎新娘和一眾嘉賓，一時傳為佳話。[39]

在這短短一年裡，香港童軍運動發展迅速。新任總監在年報裡嘆息說「領袖缺乏培訓是一大缺陷」，承諾物色適當場地後會開始舉辦訓練營。但他亦很欣慰「華人童軍領袖已大致掌握一套對他們來說完全新穎的系統，以及踴躍和成功地將其實施於他們的童子軍身上」。[40]

1921 年肯定是本港運動進步的一年，除了是因為港督鼓勵、總監努力和社會各界支持和配合以外，很有可能也是由於有一位來自英國的皇室貴賓即將蒞臨這個大英帝國裡小小的殖民地。

威爾斯親王在 1921 年至 1922 年間乘坐聲威號 (Renown) 展開長達八個月的亞洲親善旅程，當時印刷精美的專刊說他的「東方之旅在許

---

35. *HKAR*, 1920, App. O, O10.
36. *HKT*, Feb. 22, 1921.
37. *SCMP*, Jun. 13, 1921.
38. *HKAR*, 1921, App. O, O8.
39. Gittins (1969), 37-41.
40. *HKAR*, 1921, App. O, O26.

威爾斯親王於港督府檢閱童子軍 (HKSA)

多方面是殿下為帝國利益而承擔之最重要任務」。[41] 親王在 1922 年 4 月抵達香港，受到熱烈歡迎。入鄉隨俗，他乘坐中式八人大轎到處巡遊，轎身兩旁掛著繡上他紋章的絲織旗幟。當時街道張燈結綵，兩旁佈滿觀看熱鬧的中外群眾，是殖民社會的一件大事。

親王後來在港督府內會見本港童子軍，接受小狼隊「吼聲震耳」的大狼呼儀式、各旅持旗手們的旗禮及所有童子軍持棍用廣東話高呼「恭迎」，然後檢閱八個童子軍團（包括三個華人團）、三個由英童和混血兒組成的小狼隊及一些女童子軍共四、五百人。

參加單位如下：童子軍第 1 團（聖若瑟）、第 2 團（聖安德烈）、第 3 旅（灣仔衛理）、第 4 團（美利）、第 5 團（漫遊團）、第 6 團

41. *The Prince of Wales' Eastern Book: A Pictorial Record of the Voyages of H.M.S. "Renown", 1921-1922* (London, 1922), Introduction.

（育才）、第 7 團（西營盤）及第 8 團（華人衛理）；小狼隊第 3、第 4 及第 5 隊。在場的還有五個女童子軍團及一個幼女童子軍隊。

親王在演說時表明知道本港運動一年多前才復甦，讚揚童子軍在短短的時間內有出色的表現，說希望更多的女孩和男孩會仿效他們，早日加入運動。[42]

他於 10 月份回英時，B-P 帶領從各地乘坐五十八班專列火車大約五萬名英國童子軍，到倫敦亞歷山德拉宮聚集，歡迎他回家。在此場合裡，親王首次穿著童軍制服，因為當時他已是威爾斯的童軍總領袖。[43]

**H.R.H. THE PRINCE OF WALES**
*Chief Scout of Wales*

穿童軍總領袖制服的威爾斯親王

親王蒞臨可以解釋為何本港在 1921 年會有如此多不同背景的新旅團成立。試想像：若然在港督府裡只有寥寥可數兼且年紀較小的英童歡迎親王，場面會否冷清得令人難堪呢？幸好親王應該是滿意的，因為當時孩子人數頗多，而殖民地主要族群如英國人、歐亞混血兒、葡萄牙人及華人等都有代表。

圓滿完成招待皇室貴賓的任務後，華德利乘勝追擊，期望透過是次萬人矚目的貴賓到訪活動吸引更多社會人士參與服務。他寫信給《南華早報》，做出以下呼籲：

> 香港童子軍總會亟需成人擔任童子軍團長、副團長和教練。所需時間為每周一到兩個晚上和

42. *SCMP*, Apr. 7, 10 1922; *HT*, Apr. 6, 1922.
43. *HKDP*, Oct. 9, Nov. 21, 1922.

周六下午。然而，這取決於個人多渴望為其旅團謀求福利。當然，要花費遠遠更多時間在童軍活動是一點也沒有困難的。[44]

　　對運動稍有經驗的人大概會同意這句九十多年前的評論現在仍然有效；比較熱心投入運動的領袖更加會對評論的第二部分之「警告」發出會心微笑甚至是苦笑。

　　貴賓訪港亦為促進童子軍技能提供一個契機。司徒拔在 1922 年 12 月於港督府內會見童子軍，頒授一面威爾斯親王紋章旗幟。原來港督得到親王首肯，把他坐過的轎子上之兩面紅色繡金線的紋章旗幟分別贈送給男女童軍，用於每年的團際比賽。優勝團隊可以擁有該旗幟一年，並被稱為「督憲團」。在場領旗幟的小隊長一共有九位，分別代表親王檢閱過的八個童子軍團和剛於暑假成立的海童子軍團。[45]

　　威爾斯太子錦標賽從此成為本港重要的童軍技能比賽之一。此錦標或多或少象徵英國皇室和殖民地政府對運動的背書。但原來錦標上親王的德文座右銘 "Ich Dien" 其實是「我服務」的意思，卻亦剛好與童軍運動服務他人的理想不謀而合。

　　作為一次大戰後的首位港督，司徒拔有許多事情需要操心，為甚麼他會花精神去推動童子軍呢？原因之一可能是他過去與運動的關係密切，乃「錫蘭童子軍總會裡舉足輕重之人物」，而該會相當活躍，曾派代表團參加第一次世界大露營。[46] B-P 親自致函邀請他成為總領袖，亦可能影響他的決定。戰後其他殖民地的政策應該有些參考價值：當時新加坡與印度等均鼓吹運動，甚至歡迎非英籍男孩成為童子軍。國內童軍積極參與社會運動，亦可能影響港督的意向。畢竟，如果他不把華裔學生納入本港運動裡，他們有可能像一些澳門學生一

44. *SCMP*, May 1, 1922.
45. *HKT*, Dec. 18, 1922; *HKDP*, Dec. 18, 1922.
46. *HG*, Aug. 1920, 176.

司徒拔於港督府頒授太子錦標 (HKSA)

樣，被中國童子軍總會吸納。當然，當威爾斯親王開展他包括香港在
內的亞洲之旅時，司徒拔及本港建制各界人物自然亦會積極復興這個
皇室明顯支持的運動。

　　不管背後動機是甚麼，司徒拔於 1920 年重組的香港童子軍運動
在一兩年間已然成績斐然，令人對它刮目相待，顯然不再是戰前「不
堪一擊」的模樣。

第七章

運動華化

# 1925

SINICIZING THE MOVEMENT

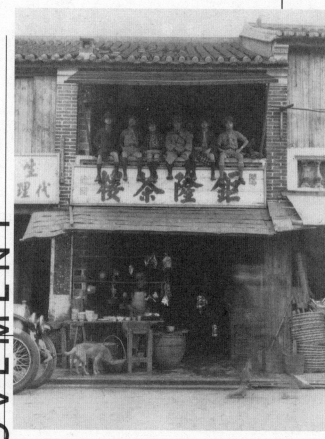

香港童子軍運動一個重要的分水嶺是 1925 年底，
當時戰後首任港督兼童子軍總領袖司徒拔離港，
由金文泰接任。司徒拔上任後大力推動童軍，在短短
幾年間取得驕人的成績，
更促使童軍終於成為一個華化的運動，
為其在香港這個華人社會裡奠定長遠穩固的基石。
雖然金文泰對運動的積極態度亦不遑多讓，
他的手法和策略卻明顯不同。
透過回顧本港童軍在這段期間的發展，
讀者可以比較深入地理解二次大戰前，
尤其是 1920 年代的運動狀況。

自 1922 年迎接皇室貴賓後，本港童軍運動似乎暫時進入了一個短暫的「整固期」。相對於 1921 年運動的迅速開展，接下來的兩年之進度相對緩慢。

在整整的 1922 年度裡，本港只有一個新旅團，即海童子軍第 1 旅。香港第 1 海童子軍旅於 1922 年 5 月正式成立，由華德利總監親自披甲上陣，成為創旅領袖。該旅歷年來有 "Dayspring"、"Sea Rover"、"Owl"、"Sea Lark" 及 "Seagull" 等大小遊艇、帆船和划艇甚至兩個專業船夫，在海上培訓的機會比近代大部分海童軍旅團多很多。其中貓頭鷹號 (Owl) 遊艇乃「港督司徒拔閣下及夫人之善心禮物」。

談起本港歷史悠久的「勁旅」，大家首先想到的是前面已介紹過而現在仍然存在的聖若瑟香港第 1 旅。但如果對本港運動熟悉的話，接下來想起的應該是曾經顯赫一時但現在已不復存在的香港海童軍第 1 旅。

前者中外成員眾多，有傳統名校、葡萄牙社區、數位香港總監以至天主教的支持。後者只是由一位總監創辦的公開旅，人數一向不多，以華裔成員為主，缺乏任何主辦機構、教會或社區背景。

但在兩次大戰之間，香港海童子軍第 1 旅卻獨領風騷，一時無兩，可以說是個異數。海童子軍蔡亨利（音譯，Henry Choa）於 1923 年已通過考核，成為本港首位亦是當年唯一的英皇童子軍 (King's Scout，早期俗稱「京童軍」)。到該年年底該團已有八位成員考獲資格使用貓頭鷹號。當時仍在北角油街而未遷至奇力島的皇家香港遊艇會亦同意海童子軍「在某些非常合理的限制下，可以參加俱樂部的比賽項目」。

第 1 海童子軍旅與第 6 旅兩個華人團更於同年共同贏得第一屆威爾斯太子錦標，成為該年的督憲團。該旅攝於 1929 年的集體照標明在七年間共只有六十二位成員，但卻出了十五個京童子軍。在 1923 至 1940 年間十七次太子錦標賽（1932 年沒有舉行）中，該旅共奪標六次，是全港之冠。[1]

---

1. *SW*, Sep. 1923, in *SCMP*, Oct. 9, 1923; *HKT*, Oct. 31, 1923;
   Waldegrave album, 1920s, *HKSA*.

無獨有偶，在 1923 年度裡，本港亦只有一個新旅團，即俗稱太古蘇格蘭旅的第 9 旅。由僑居本港的蘇格蘭人組成的第 9 旅與眾不同，不是學校旅，不是教會旅，亦不是公開旅。它由香港最大的造船公司太古船塢主辦，服務對象是集團內蘇格蘭裔員工的孩子。既有成員族裔和家長公司的要求，亦為商業企業支持童軍之先鋒。第 9 旅同時有童子軍團及小狼隊，後者的領袖傅德斯 (J. G. P. Foulds) 曾於 1924 年帶隊協助籌款。除船塢之外，其他太古集團公司員工亦可加入。早期一位領袖是太古糖廠的麥菲尊 (A. C. McPhedran)。

　　1923 年運動最矚目的創舉是在 4 月 13 和 14 日於舊大會堂裡舉辦的本港第一次 "Jamboree"。它與 1920 年在倫敦奧林匹亞展覽中心舉行的國際童子軍活動同名，但與英國的活動不同，只是一次大型之童軍活動展覽，並沒有相關的露營環節。展覽開幕前，《南華早報》刊登一系列圖文並茂的廣告，宣傳童軍「引人入勝的露營生活」、誇讚運動「能夠容許你寓工作於娛樂」及介紹先鋒工程、木工、金工和無線電操作等童軍經常可以學到的實用技能。這些廣告由該報總經理韋理 (B. Wylie) 策劃，後來司徒拔曾頒授童子軍感謝章給他，表揚他的貢獻。[2]

　　在為期兩天的活動裡，童軍在大廳裡紮起一座二十四呎長的大木橋，各旅代表在大會堂許多房間裡示範各種技能和活動，包括書籍裝訂、木工、藝術、金工、電訊、皮工、旗號、繩結、露營、步操、救生及宣誓等。晚上大家更在大會堂中央的皇家劇院裡舉行了一場精彩的營火歌唱表演節目。這是本港運動的第一次大型活動展覽，展示全體華洋童軍的知識技能和合作精神，提高了社會人士對運動的理解、認知和興趣。[3]

　　童軍活動展覽剛結束後總會向英軍租賃位於港島西區克頓道西邊的「松林砲臺」(Pinewood Battery) 一帶，以作訓練和露營之用，這是香港的第一個童軍營地。華德利聲稱「該處全天候合宜，有足夠之遮

2. *SCMP*, Mar. 30, Apr. 3, 6, 7, 9, 10, 11, 12, 1923; *HKDP*, Oct. 31, 1923; Hutcheon (1983), 64.
3. *SCMP*, Apr. 12, 13, May 10, 1923; *HKDP*, Apr.13, 1923; *HKT*, Apr. 13, 1923.

上：1920 年代的海童子軍團 (HKSA)
下：1923 年童軍活動展覽的先鋒工程展示 (HKSA)

松林砲臺營地 (HKSA)

蔽和儲存空間，經常被我輩使用」。總監在 8 月在營地舉辦領袖訓練營，開本港領袖訓練之先河。[4]

於 1924 年開始，本港童子軍運動終於重拾升軌，總共開辦了四個旅團，更首次打進兩家以華裔學生為主的傳統基督教「名校」。

在 1923 年底的周年大會裡總監聲稱本港只有九個童子軍團、一個海童子軍團，一隊羅浮童子軍 (Rover Scout，即較年長的童子軍，戰後本港通常譯樂行童軍) 和「兩個正在籌辦之旅團」。[5]「兩個正在籌辦之旅團」是第 10 和第 11 旅，它們和繼而出現的第 12 和第 13 旅都在 1924 年成立。

早在 1923 年 5 月時，報章已經聲稱聖公會聖保羅書院有兩位老師正在著手籌辦童子軍團。但大概是由於炎熱的暑假接踵而來，工作

4. *HKAR*, 1923, O25.
5. *HKT*, Oct. 22, 31, 1923; *HKDP*, Oct. 31, 1923; *SCMP*, Oct. 31, 1923.

開展不得不停頓幾個月。校長史超域 (A. D. Stewart) 牧師在 1924 年初校慶時宣佈第 10 旅已然成立，由「有童子軍經驗的」的英裔老師畢沙 (C. L. Becher) 和「曾於劍橋接受羅浮童子軍訓練的」華裔老師黃韶本（黃紹本）擔任領袖。該旅採用天藍色旅巾，成立時只有兩個小隊。

畢沙在 1925 年初結婚，由史牧師主禮。華德利在信函裡形容他是個基於道德或宗教理由而拒絕服役參戰者，「和孩子們相處得不太好」。一年後，他透露畢沙已然辭去該旅領袖職位，不知是否因為婚後較忙的緣故。黃韶本畢業於皇仁，1912年開始在聖保羅任教，1919 年曾到英國劍橋大學深造，後取得美國的學士學位。在英時他當過羅浮童子軍，回港後回聖保羅任中文教師，是第 10 旅創旅元勛之一。[6]

蘇格蘭童子軍

隨後和太古船塢同行的九龍船塢為員工家屬開辦第 11 旅（九龍蘇格蘭旅），是為本港的第二支蘇格蘭旅。第 11 旅的性質及背景與之前成立的第 9 旅相似，但規模較小，當年也不太活躍。

山頂學校早在 1914 年年底已曾開辦過小狼隊，是本港第一個小狼單位。1924 年初，一群家長在山頂俱樂部經商談後同意籌辦第 5 小狼隊，委任米樂 (Miller) 小姐為領袖，打算和戰前一樣在山頂學校裡集會。[7]

同年，位於九龍尖沙嘴的中央英童學校成立了第 12 旅，由戴倫 (G. J. Terrant) 擔任領袖。可惜該校毗鄰聖安德烈堂，服務對象與聖堂的第 2 旅重疊，都是九龍區寥寥可數的英童。前者從一開始就不受後

6. *SCMP*, May 12, 1923; *CM*, Mar. 4, 1924; Waldegrave to Butterworth, Jun. 23, 1925; May 31, 1926, *GA/SAHS*.
7. *HKDP*, Jan. 8, 1924; *HKT*, Jan. 8, 1924.

1925 年的英華書院童子軍團 (HKSA)

者歡迎，無法吸引足夠團員，一年後即黯然停辦。[8]

英華書院由倫敦傳道會馬禮遜博士（Robert Morrison）於 1818 年在馬六甲創辦，於 1843 年遷港。該校亦在此時期開辦第 13 旅，是最後一個在 1924 年成立的旅團。英華書院校長腓力 (L. G. Phillips) 牧師在 1924 年 7 月的《英華青年》（Ying Wa Echo）中指出：

> 另一個對學校福利有相當影響的重要事件是童子軍團的成立。它仍處於早期階段，但透過領袖路易士和小隊長譚劍卿及簡文漢的努力已取得良好進展。

旅長路易士 (B. T. Lewis) 畢業於英國布里斯托大學，其時乃諸位英文教員之首。小隊長譚劍卿當時家居西營盤保德街，而簡文漢則住在西環遇安台，兩人均為第二班（當時的制度是第一班為最高班）的同學，在校裡相當活躍。路易士於 1925 年初回英後，由港大畢業的華人副校長盧冠元繼承旅長一職，畢業於美國俄勒岡大學的英文教師沈維昌及另一位英文老師何伯駢任副旅長。

1926 年團員郭洪昌於校刊撰文記載童軍單車環遊新界，「由正旅長盧先生及副旅長何先生領隊」：

> 步行至單車店租車⋯⋯既而至深水埗、荔枝灣（角）、全（荃）灣等處，見夫荒苔遍野，渺無人煙，維三數樵夫樵婦，採薪於道徬耳。

8. Waldegrave to Butterworth, Jun. 23, 1925, *GA/SAHS*.

第一代童子軍中級及高級章

1909 至 1926 年英國頒發的第一代童子軍資格章之氈料中級（上）和高級（下）資格章。

圖片由 Paul Kua 提供

相信很多去過今天人煙稠密和高樓聳立的深水埗、荔枝角及荃灣的讀者會覺得郭同學對這幾個市區的形容很難想像，甚至有點不可思議。[9]

聖保羅及英華有很多非英籍華人學生，對童軍需要有英國國籍的規定應該比拔萃更加敏感，而他們卻在 1924 年相繼成立由華裔學生組成的旅團。由此可見，當時此國籍限制可能已經悄悄地取消，或者即使沒有正式取消，亦名存實亡，很多華人旅都有不少非英籍成員。

除新旅團的發展外，1924 年也有不少值得記載的事件。4 月初，第 7 旅在郊遊期間遇到交通意外，本港運動不幸地首次要面對年輕華裔成員的離世。該旅在前往露營途中所乘坐的巴士在青山附近發生嚴重車禍，多位乘客受傷，其中一位女童和 14 歲的童子軍何均銳（音譯，Ho Kwan-yui）在送院途中證實死亡。當時鄺、彥及林姓領袖和沒有受傷的童子軍全體動員，立即「著手進行急救並幫助把傷員送往醫院」。事後貝登堡曾致信鄺團長問候，並感謝團員能夠無私地為別人服務，體現出童軍的助人精神。幾天後，西營盤學堂及第 7 旅為何同學舉行喪禮，「每個旅團均有代表」。《南華早報》詳細地報導是次「童軍」喪禮，在標題下加上童軍在追蹤時經常使用的「我已回家」符號。

意外沒有減低該旅對運動的熱誠，年度內成員曾於西灣、大埔墟、鋼綫灣及松林營地等露營。他們在大埔墟露營時，第 2 旅恰好在附近紮營，邀請他們一同度過愉快的聖誕營火會，彰顯運動華洋不分的兄弟情。[10] 一向支持童子軍和當了二十年西營盤學堂校長的摩里士（A. Morris）是這樣說的：

> [運動] 促使學校內部有更好的氣氛：童子軍們健康狀況得到改善，身體更加健壯，對生活

9. *The Ying Wa Echo* 英華青年 , Jul. 1924, 1-2, 本校教員名錄；SW, v. IV, n. 5, 1925, 180-181; *The Ying Wa Echo* 英華月刊 , v. 1, n. 1, July 1926, 19, 三十五（中文部分）。

10. *HKT*, Apr. 7, Apr. 9, 1924; *CM*, Sep. 29, 1924; *SCMP*, Apr. 10, Sep. 29, 1924; *SW*, v. IV, n. 5, 1925, 179.「我已回家」的符號相當簡單，由一個圓圈中間加上一點組成。

更加投入，教師和受教者之間更加友好，體現同志和兄弟間之情誼。[11]

7月份第8旅假座酒家舉行兩周年紀念慶典，中西來賓逾百。旅長翟大光於年報裡提及該旅已有高級童子軍六人，考獲技能章十八種之多，包括救傷、消防、看護、嚮導、水中救護、織藤、釘書、木工、皮工、電工、裁縫和翻譯等，當時獲授高級章的包括小隊長黃紹基、周國華、李炳及隊副余光棠等人。

翟大光是早期華人領袖裡比較重要的一位，其時兼任總會專章秘書，曾翻譯一些英文童軍資料，包括以第8旅之名義刊行的《小隊制度》(R. E. Philipps 的 The Pa-trol System) 一書。[12]

該年第二屆錦標賽當天的冠軍是第1旅，不過，加上旅團年度考獲之徽章數量後，第8旅成功奪標。第1旅的曉·布力架 (Hugh Braga) 有感而發，在《銀狼》裡表示他一向反對童軍熱衷於「徽章狩獵」，「總是親自肯定我團裡的每個童子軍都完全有資格獲得他擁有的每個徽章」，暗示當年該旅可能雖敗猶榮。[13]

才19歲及正在港大修讀的布力架是戰前第1團布力架三兄弟傑克、查披及克曼的弟弟，他與其他兩個弟弟東尼和保羅 (Tony, Paul) 在該團戰後重開時加入，不久後晉升為副團長，繼而成為團長。布力架兄弟來自共有九兄弟和四姊妹的葡裔大家庭，兄弟裡排行第一的傑克和兩個弟弟在大戰前是第1團的成員，排行第四的曉和兩個弟弟則在大戰後加入。他們一門六傑，傑克和曉曾是副團長和團長，查披和東尼則曾當小隊長，可謂本港童軍界傳奇之一。[14]

8月份華德利、白禮信及兩位華裔童子軍曾出席在溫布利舉行的「帝國大露營」(Imperial Jamboree)，這是香港第一次參加國際大露

---

11. *HKT*, Dec. 30, 1924.
12.《華字日報》，1924 年 7 月 29 日；*SW*, IV, 5, 1925, 179-180.
13. *HKT*, Apr. 28, 1924; *CM*, Feb. 12, 1925; *SW*, v. IV, n. 5, 1925, 173. 華德利回港跟進後透露第 8 團裡有些童子軍從加入運動到考獲京童子軍只需要六個月，而團長亦曾把考章可能出現的問題和答案預先分發給團員。Waldegrave to Butterworth, Jun. 23, Sep. 29, 1925, GA/SAHS.
14. Braga (2012), 233, 248-250, 334-335, 337-338, 345; *SW*, v. IV, n. 5, 1925, i-iii.

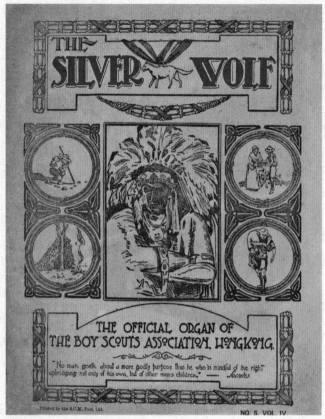

1925 年初的《銀狼》雜誌 (HKSA)

營。當時會長康諾特 (Duke of Connaught and Strathearn) 公爵和總領袖貝登堡在場歡迎「印度、緬甸、錫蘭、中國、香港以及大英帝國的所有地區代表各民族不同膚色的一萬三千名童子軍」。營友第 1 旅的王文昌（音譯，Wong Man-cheong）回港後仍然活躍，幾年後更曾在九龍城區開辦童子軍旅。

　　白禮信和華德利趁大露營前的空檔在「基維爾營地 (Gilwell Park) 接受實用領袖訓練課程」，是最早從香港去英國參加木章訓練的領袖。在第 37 屆訓練班的合照裡，兩人站在最後一排由左邊數起的第

四和第五個位置。華德利不久後就被英國總會委任為本港首任領袖訓練主任，在《銀狼》雜誌裡他的正式職稱成為「總監兼領袖訓練主任」。[15]

總會回顧 1924 年的周年大會於翌年年初在聖約翰座堂舉行。根據《銀狼》雜誌報導，由於付費會員大增，松林營地的維修費改由軍部負責，再加上政府開始提供經常津貼，總會至 9 月底結束的年度財務狀況相當健康。它當時有一萬多元的現金和存款，分屬總部基金、營地基金、雜誌專戶及總會普通戶口。[16]

《銀狼》乃香港總會當年的官方刊物，是珍貴的一手資料。但由於日據時期總部檔案不幸盡數毀壞散失，總會近年來多方徵求仍無法尋得該雜誌的任何一期。（本書提及該雜誌的內容，大多只是來自報章的報導。）最近透過與布力架家族已移民外國的後人通訊，得知他們手頭上有一本碩果僅存的《銀狼》雜誌。經過多次書信往來，曉·布力架的後人在 2018 年慷慨地把該雜誌和其他文物捐贈給香港童軍檔案室，使總會終於擁有一本在 1925 年此關鍵年份出版的《銀狼》。[17]

年初刊行的第四卷第五冊《銀狼》之中文名稱原來乃《香港童子軍報》，共五十八頁。雜誌內有總會人員、旅團會長及領袖的名字和地址、會員名錄、總監來函、旅團消息和活動照片、特約文章數篇、所有等級章（進度章）和技能章的考核標準、主考人和及格人清單等。此期豐富詳盡的內容，已適當地加入本故事有關部分。

毫無疑問地，1925 年是香港童軍運動亦是運動華化的豐收年。本港該年開辦第 14 至第 20 旅總共七個旅團，論數目是運動從 1910 年引進香港後二十五年來之冠。同樣重要的是，這些旅團都開辦童子軍團而不是小狼隊，而它們的成員全是華裔孩子。

香港南華體育會於該年接收循道衛理會的第 8 旅，又加開第 14 和第 15 旅，分別號稱南華會第 1、第 2 和第 3 旅。當時第 8 旅的臨時

---

15. *SCMP*, May 5, 1924; *CM*, Aug. 2, Jul. 28, 1924; Course photo, 37th Scout Course at Gilwell Park, Jul. 19-30, 1924, *SAHS*; *SW*, IV, 5, 1925.

16. *SW*, v. IV, n. 5, 1925, 187.

17. Kua to S. Braga/S. Braga to Kua, Nov. 3, 6, Dec. 5, 6, 8, 13, 14, 16, 19, 22, 23, 2017; Mar. 17, Jun. 19, 20, 22, Jul. 3, 2018; Kua to S. Potter/S. Potter to Kua, Dec. 19, 22, 23, 2017; Mar. 17, May 20, 23, Jun. 19, 22, Jul. 3, 9, 2018, etc., *HKSA*. 布力架家族的慷慨捐贈現存香港童軍檔案室的「布力架藏品」（"Braga collection"）.

總部設於華人行，第 14 旅的總部在加路連山體育場，而第 15 旅則在筲箕灣西灣河一家學校裡集會。除海童軍外，這三個旅團是本港首批沒有學校或教會背景的華人公開旅。當時三旅的童子軍團共有一百多名華裔成員，南華會亦成為當時較大的主辦機構之一。

當時兼任第 14 和第 15 旅領袖的翟大光聲稱第 14 旅於 1924 年 8 月籌辦，到 1925 年初已有二十四個孩子，其中十二人完成初級訓練。該旅由南華會會長李玉堂出任會長並提供資助，何潤光為旅長及梁昌文（音譯，Leung Cheong Man）為副旅長。它「每年均有旅行與及野外紮營之舉」，後來曾遠赴廣州參觀市府、航空場所、黃埔軍校及石井兵工廠等，並與當地團體進行友誼游泳比賽等。

第 15 旅則於 1924 年 9 月籌辦，開始時只有五個從第 14 旅轉過來而「家住筲箕灣」的孩子，但在 1925 年初已有十八個孩子，其中兩人亦已完成初級訓練。該旅的會長是南華會副會長梁基浩。兩個新旅團和第 8 旅關係密切，後者的幾位京童子軍尤其是黃紹基有幫忙訓練前者的新成員，而前者的團員亦曾參與後者 1924 年的德忌笠角（鶴咀）郊遊。

在 1925 年 4 月 19 日，南華會的旅團在翟大光帶領下於掃桿埔砲兵球場舉行聯合授旗典禮，由贊助人周壽臣、李玉堂和梁基浩主持。其時《華字日報》如此說：

> 三君年齡之高，以周君為最，周君以七秩耆老，尚肯為我童子軍事業盡力，其勇進之精神，大足為我童子軍之楷模也。

三個南華會旅團在操演時各種技術「均甚嫻熟，觀者咸鼓掌不置」。到場參觀的友好旅團包括第 6 旅、第 13 旅、海童子軍、已經開始試辦的太古義學華人旅、「兩位來自廣州的童子軍領袖及本地支部

南華體育會童子軍團成立典禮 (HKSA)

的日本童子軍」。[18]

南華會的童軍有不少體育健將，其各類球隊經常能夠與當年的體壇雄師對陣。後來該團的童子軍黃紀良和葉北華更成為中國足球隊隊員，1936 年代表國家參加在柏林舉行的第十一屆奧運會。[19]

接著開辦的是所謂「太古義學華人旅」的第 16、第 17 和第 18 旅。華德利在信件裡確認它們是「太古船塢為它的華裔員工家屬提供的三個分旅」，與公司裡的義學掛鈎。當年船塢的華裔藍領工人是較高薪之技工，在 1920 至 1922 年罷工後曾大幅加薪，屬本港的中產階層。太古集團在莫家第三代買辦莫幹生領導下亦有不少薪水較高的華人白領階級。這些太古華裔員工都有能力支付兒子參加童軍活動所需的額外費用。

當時三個旅團的會長分別是三位太古集團裡的外籍人士，但莫買辦應該是義學成立童子軍團的推動者之一。莫幹生等莫家人物顯然對

18.《香港工商日報》，1928 年 7 月 28 日；*SW*, v. IV, n. 5, 1925,
181; *HKT*, Apr. 20, 1925; *SCMP*, Apr. 20, 1925;《華字日報》，
1925 年 4 月 21 日。注意《華字日報》聲稱太古義學是第 12
和第 17 旅，這是錯誤的，因第 12 旅當時屬中央英童書院，
而該旅停辦後旅號亦由皇仁書院繼承。
19. Kua (2011), 116;《華字日報》1927 年 6 月 2、8、19 日。在國
家隊裡黃紀良是龍門，葉北華是前鋒。

運動有相當好感，於 1923 年以董事身份出席香山可能與家族有關的學校慶典時曾表示對該校的「童子軍活動特別感興趣」，打算邀請廣州的童子軍總監前來檢閱旅團。[20]

隨後兩所華人學校別成立了第 19 和第 20 旅，亦即是 1925 年開辦的最後兩個旅團，使華人學校童子軍旅再增加兩個。在 1925 年底前成立的第 19 旅又稱油麻地第 1 旅，主辦機構是一家華人學校。這是一個突破，華德利形容該旅把運動帶到「一個迄今尚未開發的地區」。為表支持，總監特意派遣一名羅浮海童軍及第 1 旅有經驗的童軍去協助訓練成員。該旅的運作並非一帆風順。後來由於旅務發展不理想，需要在旅長韓毓輝的領導下改組。[21]

「為培養童子軍人才起見」，位於港島堅道的華人私立學校在 1925 年 11 月正式成立第 20 旅，又稱中環第 1 華人旅。負責領袖為「英健少年」吳漢生，會長是黃廣田。該旅訓練進度理想，於翌年的太子錦標賽裡奪得冠軍，而亞軍亦是剛成立不久的英華書院第 13 旅。[22]

1925 年運動裡的一件大事是年初的大會操。1 月出席在義勇軍總部舉行的操練的共有十五個童子軍團、六個小狼隊、五個女童子軍隊和「最近組成的日本團」。[23] 日裔童軍的出現象徵戰後本港經濟的微妙轉變。原來一次大戰後本港德國企業漸漸式微，而戰勝國日本的業務卻迅速增長。當時有不少日本家庭搬進半山區的高尚住宅，「頂替了歐洲人」。根據 1921 年的人口統計，當時本港已有約八十個五至十五歲的日裔男孩。這些日裔童子軍都很年輕，但他們都操得「很好」和「非常認真」。

起碼一部分的功勞應該歸於曉‧布力架團長，因為他曾「負責在一家日本學校裡組織並訓練一團童子軍」，更曾因此而獲得日本童子軍總會所頒贈的感謝章。不過，這個日本旅團嚴格來說不應被視為本

20. Waldegrave to Butterworth, Jun. 23, 1925, *GA/SAHS*; *SW*, v. IV, n. 5, 1925, 160; *SCMP*, Apr. 26, 1923.
21. Waldegrave, Jun. 23, 1925, *GA/SAHS*;《華字日報》1927 年 6 月 21 日。
22.《華字日報》，1925 年 11 月 20 日；《香港工商日報》，1926 年 12 月 16 日。
23.《華字日報》，1925 年 11 月 20 日；*CM*, Jan. 15, 1925; *SCMP*, Jan. 15, 1925; *HKT*, Jan 15, 1925.

1925 年 1 月在義勇軍總部舉行的大會操 (HKSA)

地童軍單位。雖然它應該有在日本註冊，對本港總會來說，它只是一
支來自海外的附屬隊伍。[24]

　　1925 年第三屆錦標賽在掃桿埔軍部球場舉行，九個參賽的旅團共
二百五十人出席，場面熱鬧。是次活動由當時已回港的華德利主持。
為避免去年比賽的一些流弊，是次賽事的評判是總會的白禮信、韋特
和「沒有參賽的第 3 團」之葛克。評分方法和考核標準亦有所修改，
部分賽事的「指示用密封信件分發」，總會更決定不公開當天賽果，

24. Braga (2012), 334; *The Hong Kong Census Report*, 1921, 158;
　　 *HKDP*, Jan. 15, 1925; *CM*, Jan. 15, 1925.

要加上年度成績後,「總分才在九月底公佈」。[25]

　　白禮信回港後童軍很快地就多了個郊遊和露營的好去處。港島東南部的石澳當年人煙稀少,只有一條小村落。在 1920 年代有些英國人計劃開發該處,向政府租賃一片足夠蓋五十棟房子、俱樂部和高爾夫球場的土地,希望吸引歐裔人士加入計劃,自費蓋屋及遷移至此。不過至 1925 年時卻只有一個人實現夢想,他就是總會的司庫白禮信。當時華德利透露:「到目前為止那裡只有查理斯〔白禮信〕的房子和俱樂部已然蓋好,他可以說是那裡的莊園之主」。[26]

　　白禮信雖是該項計劃的開荒牛,他卻毫不寂寞。由於當地風景優美,有一流的沙灘,而他亦十分好客,石澳和他的家就順理成章地成為許多旅團經常去遊玩和露營的地方,儼然是總會的另一個營地。

　　白氏熱心服務,與華牧師合作愉快,至 1929 年 4 月才退休離港,是此時期運動的中堅分子。他離休時,香港童子軍贈送一本紀念相簿給他,裡面貼滿當時每一個旅團的集體或活動照片。多年後,白禮信英國的後人把這本歷史價值很高的相簿轉贈給香港總會,本書很多照片都是來自此相簿。

　　總會在復甦後初期一直沒有自己的總部,經華德利等人多番努力爭取後,政府終於撥出工務局屬下的設施,在 1925 年中騰空,可以修葺和使用。本港童子軍總會的第一間總部設於下亞厘畢道旁斜坡上的小房子內,共兩層樓,只有幾間房間。總監說:

> 它並不完全是一棟平房,有一個地下室,但我們的總部與街道平行,沒有樓梯,共有四間大小適中的房間和一條寬闊的中央通道,所有房間都有小陽台,而其一還有個附間,差不多可

25. *CM*, Apr. 27, 1925; *HKT*, Apr. 27, 1925; *HKDP*, Apr. 27, 1925.
26. Waldegrave to Butterworth, Jun. 23, 1925, *GA/SAHS*.

港島下亞厘畢道旁的童子軍總部 (HKSA)

以容納我，司庫和秘書的辦公室，儲藏室，小
食堂，技能和演講室以及俱樂部等，地下室外
亦有足夠後院空間可以用於曬乾帳篷等。

開始時總部十分簡陋，沒有甚麼設備。到 9 月華德利仍然只能說
「我們正慢慢地搬進我們的新總部」，因為地板、抽水馬桶及水管等
基本設施仍未安裝。[27]

根據 1925 年《銀狼》的記載，除總領袖司徒拔、總監華德利及
會長海欲克外，總部的組織頗精簡，只有兩位助理總監、副會長、義
務司庫、義務秘書和雜誌編輯等，並沒有任何受薪全職員工。

當時的旅團亦會有自己的會長，這些人出錢出力支持前線活動，
為本港運動奠定此優良傳統。1925 年的旅團會長有不少是殖民地裡

27. Waldegrave to Butterworth, Jun. 23, Sep. 29, 1925, *GA/SAHS*.

的軍政商界名人，包括商人兼兩局議員雅迪 (C. M. Ede)、亞美尼亞裔殷商兼兩局議員遮打 (C. P. Chater) 爵士、御用大律師兼律政司普樂 (H. E. Pollock) 爵士、駐港英軍指揮官盧押 (C. Luard) 少將、首席大法官歌倫 (H. C. Gollan) 爵士、帕西華人混血的立法局華人議員羅旭龢 (R. H. Kotewall，後封爵士)、銀行家何甘棠和華人首位議政局議員周壽臣 (1926 年封爵) 等，在在顯示出當年建制中人對運動的支持。[28]

佩戴「全能肩帶」的童子軍

1925 年初的《銀狼》附有一份考獲進度和技能章的成員清單，更列出他們所屬旅團。這份清單肯定並非完整，因為很多旅團的資料顯然只是該年度的考章成績而非累積紀錄，少數旅團的資料則不很完整甚至完全欠奉。

無論如何，它可以顯示當年本港童軍徽章考核的大概狀況。總的來說，統計數據反映當時運動已漸趨成熟，徽章考核進度和種類分佈相當理想，其中以最早成立的旅團和華人旅團的成績較好。

當年起碼有七十五名童子軍通過初級章考試、五十三人完成中級章、二十二人考獲高級章及十五位京童子軍（其中十個華人）。各旅團成員考獲的技能章種類相當多，共有二十八種，其中最受歡迎的有游泳（有五十三人考獲）、消防（四十人）、急救（三十八人）、救生（三十四人）、編籃（二十五人）和烹飪（二十人）等，而攝影、木工、電工、領航及公共衛生等均只有一人考獲。

當年考獲高級章者如果擁有六個技能章就可以佩戴一條綠黃間色的「全能肩帶」(All Round Cord)，而擁有十二個技能章的京童子軍則可佩戴一條紅白間色的「全能肩帶」（注意更高級的金色肩帶需要

28. *SW*, IV, 5, 1925, 156-160.

在維多利亞遊樂會舉行的童軍周年游泳賽 (HKSA)

有十八個技能章才能佩戴）。清單顯示當時有十一位童軍有資格佩戴綠黃肩帶，亦有三人可以佩戴較高級的紅白肩帶。擁有佩戴紅白肩帶資格的三人全為華人，乃海童子軍蔡亨利和吳漢生及第 8 旅的余光棠，此三人可以說是當年的童子軍「狀元」。[29]

　　雖然早於 1924 年華德利已曾在信件裡透露關於港督即將「正式離開」的消息，後者卻因本地不穩定的局勢等再留任了一段時期。[30] 在 1925 年年底，司徒拔即將離任往牙買加履新，施勳亦打算提早退休回英，總會安排在同一日裡替他們送行。10 月 18 日星期六是香港童軍的大日子，早上和下午都有重要活動。

　　海欲克和華德利親自策劃上午的游泳競賽，多位社會人士、軍人、總監和領袖在場協助賽事進行。最年輕的山頂小狼隊成員艾仁西 (C. Ironside) 代表童軍頒授一枚「可以促使任何童子軍樂意替他服務」的童軍感謝章給施勳。後者在接受獎章後說「我會一直戴著它，並希

29. *SW*, IV, 5, 1925, i-xviii; the *POR*, 1933, 99. 蔡亨利是一位中外混血兒。
30. Waldegrave to Butterworth, Jun. 19, 1924, *GA/SAHS*.

望它具有總監所說的神奇效果」。

施勳在演講時重提 1912 年貝登堡檢閱聖安德烈童子軍的往事，並答應把這次檢閱的照片饋贈總會，以便後者可以把這些有歷史價值的照片掛於新總部裡作為紀念。施勳於 1912 年初抵港任輔政司，1923 年封爵，1925 年 11 月開始退休前休假，1926 年正式退休，是任期最長的香港輔政司，親眼見證本港童子軍運動早年的很多重大事件及起起落落。

繼而童子軍步操回新總部，參加由司徒拔主持的總部開幕典禮。華德利在致詞時簡單地回顧了戰後復甦的運動之發展，中肯地說「如果沒有港督兼總領袖的大力支持，這種增長是不可能發生的」。[31] 這些並非總監的場面客套話，幾個月前，當他知道港督將要離港時，他曾在信函裡說：

> 他 [ 司徒拔 ] 會是⋯⋯我們明顯的損失，因為雖然我們從未可以令他穿上 [ 童子軍 ] 制服，他一直⋯⋯儘可能地為我們做盡一切。[32]

出席典禮的旅團包括英童隊伍第 2、第 3、第 4、第 9 和第 11 旅共五個童子軍團和四個小狼隊（第 12 旅已停止活動），混合（指由葡萄牙人、混血兒和少數華人組成的）隊伍第 1 和第 5 旅共兩個童子軍團和一小狼隊，和華童隊伍第 1 海童子軍、第 6 至第 8、第 10、第 13 至第 20 旅共十三個童子軍團。單算童子軍團，相比 1920 年的四個團，1925 年共有二十個團，其中英童及混合團加添了三個，但大部分增長卻來自華童團，由一個團也沒有變成十三個團，主辦機構更囊括

31. *HKDP*, Oct. 19, 1925; *HKT*, Oct. 19, 1925; *SCMP*, Oct. 19, 1925.
32. Waldegrave to Butterworth, Jul. 13, 1925, *GA/SAHS*.

（公、私立）學校、教會、體育會及工商機構。

幾年內香港運動成長迅速，廣泛地代表本地不同的族群；然而華裔兒童的參與明顯地增長最快。因此，華德利代表香港總會贈送給司徒拔一件最恰當的禮物：一座小型的華人童子軍銀像。

本故事後的附表列出本港最早的二十一個童子軍團及其成立年份。這些簡單的統計數據勾畫出一個很清晰的圖畫，使我們可以看到一次大戰後運動復甦短短的五年間所發生的重大變化。1921 年運動剛重新起步時本港只有四個團，其中三個是英裔團，一個是混合團，沒有華裔團。到了 1922 年親王訪港時童軍團的總數翻了一倍，其中三個是英裔團，兩個是混合團，也有三個華裔團，即總團數的 38% 左右。幾年內旅團數目突飛猛進，在 1925 年底一共有二十一個團，其中六個是英裔團，兩個是混合團，但卻有十三個華裔團，即總團數的 62% 左右。換句話說，到了 1925 年年底，香港童軍運動已經不再是英國人、蘇格蘭人、葡萄牙人和混血兒專用的玩意兒，而是一個華化了的青少年運動。

1920 年代後期，再有好幾家華人學校引進童子軍團，包括英皇書院（於 1926 年由官立西營盤書院升格並接收後者的童子軍團）、皇仁書院、民生書院和大埔及元朗官校等。至 1930 年代，更多有很多華裔學生的學校加入了運動，包括其他傳統名校如拔萃男書院、華仁書院和喇沙書院等。

不過，時移勢易，雖然運動多年來華化的趨勢持續，現今的旅團總數已超過一千個，其中絕大部分是華裔單位，八十年後的今天這些旅團大多數已然面目全非。在前面提及二十一個最早開辦童子軍團的機構裡，有一些已然沒有童子軍（例如聖安德烈堂），有一些雖然仍有童子軍但卻已改用別的旅號（例如英華書院），更有一些連主辦機構亦不復存在（例如育才書社）。今天只有第 1 旅聖若瑟書院及第 10 旅聖保羅書院仍然是原來的單位在使用 1920 年代已登記的旅號。

司徒拔治港的手法與對待廣州政府的政策有時候會受到歷史家的批判，覺得值得商榷甚至很有問題。但無論後代歷史家如何評價司徒

上：1925 年童軍參加總部開幕禮 (HKSA)
下：1920 年代一小隊本港華裔童軍攝於鉅隆茶樓 (HKSA)

拔在香港之政績，他對本港童子軍運動的戰後復甦和明顯華化有相當大的貢獻，是一位十分稱職的童子軍總領袖。

由 1920 至 1925 年這段時期，香港童子軍運動先而復甦，繼而成長。到 1925 年底，司徒拔任滿時，本港童子軍已經不再是基礎薄弱及局限於英人社區，而是個穩固地扎根於中產階級及華人族群裡的青少年運動。雖然需要面對下一個故事會介紹的本港兩次大罷工和中國童軍政治化的挑戰，香港運動卻依然能夠屹立不倒，甚至取得長足的擴張。

### 附表：香港早期童子軍旅團

| 童軍旅團 | 成立 | '21 | '22 | '25 | 族裔 |
|---|---|---|---|---|---|
| 第 1 旅聖若瑟書院 | 1913 | * | * | * | 混 |
| 第 2 旅聖安德烈堂 | 1920 | * | * | * | 英 |
| 第 3 旅英人衛理教會 | 1920 | * | * | * | 英 |
| 第 4 旅美利兵營學校 | 1920 | * | * | * | 英 |
| 第 5 旅漫遊 | 1921 | | | | 混 |
| 第 6 旅育才書社 | 1921 | | * | * | 華 |
| 第 7 旅西營盤學校 | 1921 | | * | * | 華 |
| 第 8 旅華人衛理 / 南華會 | 1921 | | * | * | 華 |
| 第 1 旅海童子軍 | 1922 | | | * | 華 |
| 第 9 旅太古蘇格蘭 | 1923 | | | * | 英 |
| 第 10 旅聖保羅書院 | 1923 | | | * | 華 |
| 第 11 旅九龍蘇格蘭 | 1923 | | | * | 英 |
| 第 12 旅中央英童學校 | 1924 | | | | 英 |
| 第 13 旅英華書院 | 1924 | | | * | 華 |
| 第 14 及 15 團南華體育會 | 1925 | | | * | 華 |
| 第 16-18 旅太古義學 | 1925 | | | * | 華 |
| 第 19 旅油麻地學校 | 1925 | | | * | 華 |
| 第 20 旅堅道學校 | 1925 | | | * | 華 |

社會服務

1921-
1926

CHAPTER EIGHT

COMMUNITY SERVICE

通過誓詞及規律，童軍運動要求成員積極幫助他人，

服務社會。這些服務的對象可以是少數人，

但亦可能是很多人。多數服務責任可能都只是

舉手之勞，輕鬆易做的。

這些包括出席聖佐治日大會操、帝國日禮拜等，

在社會活動裡維持秩序、籌款或服務等，

以至個人日常生活裡做些家務、

幫助別人或其他貫徹日行一善的小事情等。

但 1921 至 1926 年間是個不折不扣的「多事之秋」，

本港童軍需要面對特別多的事件，

其中有些是頗具爭議性的。

本故事回顧這個時期童軍曾作出的貢獻，

藉而了解這些社會服務的廣泛性，

及當局與社會對運動的支持的一個主要動機。

首先談一下在這些年間，於涉及一個人或少數人的「救急扶危」個案裡，本港童子軍如何實踐運動的服務理想。這些個案通常不會引起太大的爭議，但有時候卻需要有過人勇氣、冒極大危險，甚至可能要犧牲性命。

針對一些特別傑出的英勇個案，英國總會早就推出童子軍的十字英勇獎章，用以表揚大英帝國裡的成員。一次大戰前十字英勇獎章只有兩級，即最高級及配紅色綬帶的銅質十字章 (Bronze Cross) 和次一級及配藍色綬帶的銀質十字章 (Silver Cross)，章上刻有 "For Saving Life" 三個英文字，顯然原意是專為救生之用。十字英勇獎章屬襟授獎章，按童軍規定應佩於右襟。

總會在 1919 年推出第二代英勇獎章時，添加了三等及配藍紅直條雙色綬帶的鍍金十字章 (Gilt Cross)。此時十字章上的刻字已改為範圍比較廣泛的 "For Gallantry" 兩個英文字，表示可以包含其他英勇行為。[1]

一次大戰後香港童子軍運動很快地就產生了一些年輕的救人英雄。在 1921 年 8 月，「儘管距離甚遠而逆流強大」，西營盤官立學堂第 7 旅的小隊長盧國忠（音譯，Lo Kwok Chung）勇敢地游出堅尼地城海灘的範圍，救起一個溺水遇險的男孩。雖然當時香港總會才重新成立不久，它很快地就把此英勇事蹟向英國申報請獎。

英國總部檔案館有一套大型的精裝書，叫做《童子軍榮譽榜》(Boy Scouts Roll of Honour)，每冊裡面都裝滿多年來英國本土及海外童子軍英勇獎章獲獎人士的資料，每人一頁。榮譽榜每頁的上方都貼上得獎人的照片，下方則有他的簡單資料和得獎日期，偶然也會附上一些有關剪報和後加資料等。

本港首位英勇十字章得獎者的那一頁的上方有他的相片，下方是這樣寫的：

---

1. B-P, *Scouting for Boys*, 8th ed., 44; B-P & Brown (1919), 84; The *POR*, 1933, 65.

鍍金十字章　1921 年 12 月 8 日

盧國忠小隊長

香港第 7 團

拯救溺水之男孩

在照片裡他穿著整齊制服和戴上童軍闊邊帽，有旅巾、左袋扣眼上的金屬初級章、一對隊色（當年的小隊標誌由兩條彩帶組成，稱為隊色）、小隊長的白金屬帽徽和兩條白布條，這些都是當年的標準制服和配件。

1922 年初西營盤官立學堂的校長收到由香港總會秘書韋文轉交之英國總會海外總監皮克富（A. D. Pickford）致盧國忠的恭賀函。

英勇十字章得獎者盧國忠 (GA)

該信通知盧君的「十字獎章和有關證書業已寄送給港督兼香港童子軍總領袖，以便在合適的場合裡頒發」，亦說他會獲得一個平時用的布章，因為「獎章只應在特殊場合裡佩戴」。

由於時間湊巧，司徒拔決定由威爾斯親王在 1922 年 4 月訪港時親自頒發獎章。盧小隊長不僅是本港首位獲得英國總會英勇獎章的童軍，亦是唯一從親王手裡接過此章的香港成員。[2]

1922 年本港運動再出現了兩位童子軍小英雄，他們是第 6 旅的陳鴻源（音譯，Chan Hung-yuen/yun）和李學威（音譯，Li Hok-wai）。英國總部的《榮譽榜》只說兩人「在一宗香港謀殺案裡協助警方」，我們要透過當年本港的幾份報導才能重組事件的來龍去脈。

陳、李是育才書社的同學和第 6 旅童子軍團的團友，兩人均家住中環吉士笠街。1922 年 5 月 15 日晚上 10 點左右，他們各自在家中，

<hr />

2. *Boy Scouts Roll of Honour*, v. 24, *GA/SAHS*; *SCMP*, Jan. 16, 1922, Mar. 29, Apr. 7, 1922; *HKT*, Jan. 16, Mar. 28, 1922; *HKDP*, Apr. 3, 1922; *SW*, v. IV, n. 5, 1925, i.

正準備上床睡覺。忽然他們聽到外面傳來兩響槍聲,於是趕快跑出街外察看情況。到了街上,兩人看見有一個人躺在地面,滿身是血,看來嚴重受傷。無可厚非地,在附近的大人都非常害怕並急急逃離現場,以免受到牽連。

根據報章的報導,由於無法得到別人幫忙,他們只好回家找來一扇門板充當擔架,然後:

> 走近垂死的人,將他抬往警察局。血液從傷者之兩處傷口中源源不絕地湧出,兩名男孩亦滿身是血。一個只有十五歲(李學威),另外一個十七歲(陳鴻源)。

送完傷者往中環警局後他們就直接回家睡覺,「沒有對別人提及此事」。但傷者事後證實死亡,警察調查時需要尋找人證,再次聯絡他們,記者才透過警方知曉事件詳情,並廣為報導。正如《香港電訊報》所說:「若然不是中環警局的警察幫辦事後再次派人去找他們,他們的英勇行為亦永遠不會被記錄下來」。

透過香港總會的申報,英國總會決定頒授兩人十字英勇獎章,嘉許他們見義勇為的精神。司徒拔在 1922 年 12 月於港督府內頒授威爾斯錦標及狼圖騰給童子軍和小狼隊代表後,把鍍金十字獎章扣在陳鴻源和李學威的制服上,使他們成為繼盧國忠之後本港的第二和第三位童子軍英勇獎章得獎人。

英勇十字章得獎者李學威(上)及陳鴻源(下)(GA)

海童子軍章多數採用深
藍色而非卡其色料製
成。由上至下分別為該
支部的第一代氈料初級
資格章、單車及工藝技
能章。

圖片由 Paul Kua 提供

由《榮譽榜》上的照片可見,得獎時陳是個中級童子軍。但根據
1925 年《銀狼》的紀錄,他後來曾考獲高級章、急救章和消防章等。
李得獎後不久就加入海童子軍第 1 旅,曾考獲救生等多個技能章。
《榮譽榜》上他的照片顯然是轉旅之後才拍攝的,當時他襟前掛上十
字獎章,兩袖滿是技能徽章,看來十分神氣。[3]

本港童軍運動復甦不到兩年就培養出三位熱心公益和救急扶危的
英雄,而且都是華裔青少年人,難怪管治階級和普羅大眾都對此新生
事物另眼相看,有共識支持它持續發展。

1925 年 7 月 18 日,上環普慶坊大雨成災,當時兼職路透社駐港
記者之祖西·布力架是這樣報導的:

> 隨著過去幾天的暴雨,今天早上的一場豪雨導
> 致普慶坊七棟房屋倒塌……到目前為止,已有
> 七具屍體從瓦礫中挖出。據說倒塌的房屋總共
> 住了約兩百人。

根據《工商日報》事後的報導,這次意外是「因大雨衝破八號差
館對面之石壆」而導致一些大屋一齊倒塌,最終壓斃七十餘人。該報
更形容它為「香港開埠以來未有之慘劇」。

無巧不成書,當時布力架一家人住在羅便臣路。根據祖西的兒
子,第 1 旅的領袖曉·布力架多年後的回憶,他得到消息後,趕緊
和弟弟東尼「穿上他們的童子軍制服,摸黑出外,看看可以幫忙做
些甚麼」。

3. *HKDP*, May 21, Dec. 18, 1922; *HKT*, May 22, Dec. 18, 1922; *Boy
   Scouts Roll of Honour*, v. 24, *GA/SAHS*; *SW*, v. IV, n. 5, 1925, i-iii, vii.

在離他們家不遠的災難現場，他們發現一幅擋土牆已然崩潰，導致整排房屋倒塌，所有屋裡居民被困。與在當場的大人不同，他個子較小，能夠在一些倒塌的橫樑下面爬行，並救出一個年輕女孩。

雖然布力架說得輕描淡寫，他在普慶坊山泥傾瀉事件裡救出該名女孩，其實需要很大的勇氣。

畢竟，常識告訴我們，「在一些倒塌的橫樑下面爬行」進入一棟被洪水沖倒的屋子裡，隨時會讓自己埋身瓦礫，是一件冒生命危險的英勇行為。布力架能夠身體力行，體現出童軍樂於助人和先顧別人後顧己的崇高精神，實在值得我們敬佩。

童子軍急救訓練

1926 年初，其時已代替《銀狼》成為香港總會官方雜誌的《童子軍》(Scout) 雜誌宣佈英國總會已頒發一枚銀十字英勇獎章給布力架團長。他同時是聖約翰救傷隊的成員，該會亦頒授一個銅質獎章給他。

當時港督金文泰（Cecil Clementi）爵士已然上任並成為香港運動於一次大戰後的第二位總領袖。在 1926 年 5 月的大會操裡，他把銀十字英勇獎章及「貝登堡爵士親筆簽名的證書」頒授給布力架。布力架是本港首位獲頒授童軍十字獎章的領袖和非華裔成員，也是第一個獲得比鍍金英勇章更高級的銀十字章者。[4]

4. Braga (2012), 239, 335; *HKT*, Feb. 6, 1926; *HKDP*, Feb. 6, May 13, 1926; *KS*, Dec. 7, 1926.

左：1920 年代的英勇十字章證書 (Paul Kua)
右：英勇十字章得獎者曉・布力架 (Stuart Braga)

但是除了這些受到廣泛宣傳的英勇事蹟之外，這個時期的童子軍顯然有更多樂於助人和值得稱許的行為。其中有一些曾經獲得比十字章次一級的嘉許信，有時候報章或文獻會有簡單的報導。但其他沒有呈報和獲得嘉許的事蹟，大多隨著時間的流逝而淹沒，已鮮為人知。

首先簡單介紹一兩件沒有獲得嘉許的事件。1923 年 5 月，剛在松林營地露營的一個童軍小隊在往鋼綫灣游泳的途上遇到兩處可能是掃墓人士不小心留下火種而引起的山火。他們兩次及時行動，努力救火並成功滅火，事後「所有人都被劃傷並起泡，看起來全像掃煙囪者」。這樣的突發事件可能不少，而有關報導並沒有提及自覺服務的童子軍之所屬旅團。[5]

1924 年 10 月第 8 旅的成員分別參加在中環警署及尖沙嘴消防局舉行的消防訓練。不久後，他們學以致用，在干諾道中的大火中曾與第 1、第 6 和第 7 旅的童子軍們一同幫忙救火，根據報章的報導「曾

5. *SCMP*, May 11, 1923.

提供寶貴的援助」。[6]

　　童子軍幫忙救火在當年顯然是經常發生的。消防隊警司在 1926 年初發表的政府報告裡曾說「消防隊感謝海軍和軍隊以及童子軍和聖約翰救傷隊在年內不時慷慨並明顯地協助我們」。他在 1930 年的警察報告裡再次公開表示感謝童子軍等。[7]

　　接下來講幾件獲得官方嘉獎的事件。上一個故事提及在 1924 年的嚴重交通意外裡，西營盤學校第 7 旅的三位領袖和沒有受傷的團友即時在現場幫忙急救和運送傷者往醫院。鄺團長 (K. C. Kong) 及第 7 旅成員在 8 月時曾收到貝登堡的嘉許信，信上說：

> 我為你們能夠提供出色而有效的服務感到十分自豪。在忘記自身的困難而照顧那些受傷的人時，你已經清楚無誤地證明童子軍訓練如何促進對他人的無私服務。

　　1925 年初的《銀狼》雜誌內有一份英勇獎勵清單，除了列出十字獎章得獎人外，亦有刊登包括上述信函在內的兩封嘉許信。[8] 英華書院第 13 旅幾位成員亦曾因熱心服務而獲得嘉許。上面提及的《銀狼》英勇獎勵清單裡之另外一封嘉許信由港督兼總領袖頒發，獲嘉許的是該旅的小隊長簡文漢。簡同學是該校創旅時的兩位小隊長之一，可惜《銀狼》並沒有說明他獲得嘉許的詳情。[9]

　　英華的郭木開同學在 1924 年才加入第 13 旅，於 1926 年暑假當時已成為小隊長的他亦曾兩次救人。其中一次「他在香港大學附近為兩個男孩提供有效急救」，當時同團的隊副何卓元（音譯，Ho Cheuk

---

6. *SW*, vol. IV. no. 5, 1925, 179.
7. *HKAR 1925*, App. K, K50; *HKAR 1930*, App. K, K49.
8. *CM*, Sep. 29, 1924; *SCMP*, Sep. 29, 1924. *SW*, v. IV. n. 5, 1925, i.
9. *SW*, v. IV. n. 5, 1925, I; *The Ying Wa Echo* 英華青年 , Jul. 1924, 1-2.

Yuen)曾在場協助。另外一次郭木開在油麻地「遇一受重傷之男子，不畏艱苦，解衣代帶，親與包裹，負之入九龍醫院，其後該院士摩利醫生來函，謂當日童子軍之所為，不可多得，且力讚其救傷法適宜」。這一次則是第1旅的童子軍劉鴻才（音譯，Lau Hung Choi）在旁協助。事後港督頒發嘉許信給郭小隊長，信內有提及何、劉兩人。[10]

童子軍幫助有需要的人

樂於助人的精神顯然感染力頗高，兩個1925年才剛成立的華人旅很快地就秉承這種優良傳統。油麻地學校第19旅童子軍團的團員在1926年6月於上海街合力抓到一個強搶手袋的人，為一位歐裔婦女取回她的財物。儘管她表示願意付出獎金，總會婉拒了，因為「此做法違反童子軍傳統」。

位於德輔道中和畢打街交界南邊的香港酒店在1926年元旦曾發生大火，是當年的頭條大新聞。華德利和一些旅團有在場協助。第20旅堅道學校位於中環，可能是因為接近現場，他們的成員顯然很積極參與，獲得消防局警司表揚。翌年2月港督府花園起火，剛好該旅童子軍在場，並「有效地撲滅場地內的火災」。兩個旅團均在1927年初獲頒總領袖嘉許信。[11]

除了上述範圍比較窄的「救急扶危」個案外，本港童子軍在實踐運動的服務理想時，偶然亦需要加入大規模的社會活動。這些情況雖然不常出現，但卻往往涉及「政治」，或有頗大的爭議性，衝擊成員的個人價值觀，令他們無所適從、有點不自在，甚至可能不願意參與。

10. *The Ying Wa Echo* 英華月刊, Jul. 1926, 19; 中華基督教道濟堂會務周刊，1926年4月25日; *SW*, v. IV. n. 5, 1925, 180-181; *HKDP*, Jul. 2, 1926.

11. *HKT*, Jan. 2, 4, 5, 1926; Feb. 10, 1927; *CM*, Jan. 1, 4, 5, 1926, Feb. 10, 1927; *The Scouter*, Mar. 1926; *Plan of the City of Victoria, 1923* (Hong Kong, 1923).

作為殖民地的香港毗鄰中國，多年來在中國的政治鬥爭中很少可以「免疫」。在 1920 年代的大部分時間裡，中國有兩個相互競爭的政府：位於北京的北洋或「軍閥」政府和位於廣州的國民政府。對香港來說，更糟糕的是宗主國英國選擇承認北京政府，而不是由國民黨控制而頗受蘇聯左派顧問影響的廣東政府。

在這段時期，香港在本地勞資關係惡劣和中英（或粵港）政治關係緊張的雙重影響下，常被罷工和抵制困擾，有時候規模很大甚至席捲全港，嚴重打擊政府威信及影響社會運作。

如何面對當地的罷工和其他社會動亂當然不是一個香港獨有的問題。英國總會在這方面經驗豐富，亦在很早的時候已經擬定一套相關政策。1919 年 9 月總會曾以貝登堡的名義發電報給英國各地的童子軍分會，通知他們總會決策層已通過決議，申明對這些情況的基本態度：

> 在罷工期間僱用童子軍：童子軍總會是一個非政治組織，它不會協助打擊任何普通商業罷工；同時，如政府當局向本會要求提供志願工作者以避免由罷工而造成之嚴重公共危機或不便，則本會不會反對領袖提供其旅團之協助。但即使在此情況下，也不可強迫任何童子軍提供服務，亦不應該因為他們不願意提供志願服務而給予任何處分。[12]

在 1921 年，由船塢技術工人提出的加薪要求很快地擴大為一個

---

12. Branch to HM Minister of Transport, Sep. 28, 1919, Founders' Papers, *SAHS*.

有九千人參與和廣州工會作後盾的「海員大罷工」行動。司徒拔一向態度強硬，很快地就頒佈新法例管制工會，甚至禁止本港華人在孫中山當選為總統時舉行慶祝活動。

於 1922 年初，與廣州有密切關係的中華海員工業聯合總會在要求改善待遇被拒絕後開始罷工。其他十二個工會很快地加入行動，亦宣佈停工。不久之後，共約十二萬名工人離港返粵，嚴重影響各行各業的正常運作。殖民地當局派遣華民政務司夏理德 (E. R. Hallifax)、劉鑄伯和周壽臣等與罷工領導人進行談判，期望事件可以圓滿解決。談判破裂後，司徒拔再度訴諸強硬回應。他取締工會、宣佈戒嚴法和設置武警崗位，更允許軍隊和警員對試圖離境的港人開火，甚至出現了死者。

這種高壓政策備受英國工黨譴責，並給當時受左派分子控制的廣州國民政府充分理據支持罷工。在各方的壓力下，最終司徒拔和僱主們不得不屈服讓步。在工會重新被承認，而罷工工人的要求大部分得到滿足後，長達五十多天的大罷工在 1922 年 3 月結束。本地的英文報章描述是次罷工的結果使「政府和外籍社區深感羞辱」，相信是一個頗中肯的結論。[13]

1922 年的大罷工顯然可以被當局解讀為一件造成「嚴重公共危機或不便」的事件，符合童軍總會提供協助的先決條件。當時本港的童軍成員寥寥可數，但在這次罷工的高峰期卻仍然提供有限度的社會服務。有近四十名外籍和歐亞混血童子軍透過總會的安排回應社會各界的呼籲，填補一些受影響的職位，使少數主要公共服務可以維持。但華德利在致英國的信件裡清楚指出在這次行動中，「純種華裔」童子軍「一個也沒有」參與。

十九世紀及二十世紀前期，香港的公共衛生條件比較差，而且由於與廣東接壤，人口流動性高，經常有致命的傳染病如鼠疫、天花、

---

13. *SCMP*, May 13, 1921; *CM*, Jan. 16, Feb. 23, 25, 1922; Gillingham (1983), 32.

瘧疾、傷寒、白喉、肺病等肆虐，很多時候疫情會十分嚴重，致使死亡人數急升。最多人知道的可能是非常可怕的 1894 年鼠疫。當時疫症首先於廣州爆發，至 5 月份香港亦宣佈成為疫埠。

當局迅速成立三家臨時專門醫院處理有關個案，動員英軍執行巡查民房、處理屍體和清洗街道等厭惡性工作等，終於慢慢地把疫情控制。根據官方的數字，當年本港有約 2,450 人死亡。但由於很多染病逝世的人被棄於街頭或草草埋葬，也有不少人是離開港回粵後才去世，專家認為「我們永遠不會知道有多少港人死亡」。實際的數字肯定更高，有人估計可能高達六千人之多。[14]

在 1923 年本港發生過一場可怕的天花疫症，導致多人喪生。衛生署經常統計天花每月個案數目，而根據多年經驗，下半年個案通常每個月最多一、兩宗。但當年卻一反常態，9 月有二十九宗，10 月有一百六十多宗，11 月及 12 月各有約四百宗。

一場大規模的天花流行疫症顯然已經在本港蔓延開來。亞洲鄰近的城市如曼谷、廈門及馬尼拉等相繼宣佈香港為疫埠，規定來自本港的遊客必須接受檢疫或事先種痘。同年 8 月，政府通過種痘條例的修改，其中第三條授權港督可委任一定數量的緊急種痘員，以便支援可能需要執行的種痘行動。

11 月初，當局果然推出全港性的種痘計劃。由於很多人需要種痘，政府人手明顯不足，亟需受過訓練的志願人士支援。童軍運動一向注重社會服務、公共衛生和救急扶危，無論是前面幾章已經介紹過的第一代的「無字版」氈料技能章、1927 年推出的第二代氈料繡上 "BOY SCOUTS" 兩字的技能章，或者是 1933 年推出的絲帶底料 (ribbon) 及不包邊的第三代技能章，都有不少是與這些有關的。本頁及下頁分別展示第二代和第三代的消防、急救、看護、公共衛生和救生技能章。

當時育才書社的第 6 旅在林關山領導下負責兩個市區防疫站，在

14. Platt *et al* (1998), 82-83.

海童軍在晨曦號上替水上人種痘 (HKSA)

第三代童子軍技能章

1933 年英國總會推出第三代徽章，以不包邊的長方形絲帶底料代替圓形的藍料章，但由於會員普遍不接受此設計，兩年後總會再推出改良版的第四代徽章，按徽章形狀加上鑲邊。由上至下分別為第三代的看護、救生及消防技能章。

圖片由 Paul Kua 提供

1923 年底開始的一次行動裡就曾替二千五百人種痘。第 1 海童軍旅在華德利領導下，利用海童軍的機動船晨曦號出訪海港及避風塘內的水上人家，總共替七千二百多人種痘。海童軍第 1 旅在行動完成後曾拍攝合照，在照片旁寫下行動人員名字及分工。其中三排左邊較年長的六位海童軍和華團長擔任種痘工作，前排較年輕的兩位海童軍負責消毒，右邊五位船員負責船務及幫忙消毒。1924 年 3 月的《銀狼》披露童子軍在 11 月至翌年 1 月的幾次行動中總共替一萬四千人種痘，大約一半是由海童軍負責接種的水上人家。相對一個當時人數那麼少的青少年組織來說，這應該是頗令人滿意的服務成績。

1923 年因染上天花而喪生的人共一千一百多人，而前五年因染天花而死的每年平均人數卻少於一百人。雖然 1924 年仍然有近八百人喪生，疫症於下半年已經完全受控制。由 8 月至 12 月間，總共只有六宗個案。

童子軍服務社會的無私精神，於是次行動中普遍地得到社會各界的認同。在 1923 年底《中國郵報》發表文章讚揚「年輕成員願意付出時間和努力執行實在而有效的公民服務」，再次肯定童子軍的公民意識及運動的實用價值。司徒拔於 1924 年初亦透過署理港督施勳公

166　　第八章

童子軍公共衛生訓練

開向童子軍致謝，表揚他們在種痘行動裡的熱心工作。這些社會上的支持聲音，相信對當時正在起步的香港運動有很大的幫助。當年剛好第 6 團與海童子軍團是錦標賽的優勝者，顯示獲督憲團榮銜的旅團更應該承擔額外的社會責任，同時作為其他旅團的榜樣。[15]

香港的勞資關係並沒有在 1922 年罷工解決後有所改善。1925 年發生了一次更大規模的罷工和杯葛行動，即所謂「省港大罷工」。1925 年 5 和 6 月上海租界和廣州沙面先後發生英國軍警和示威學生的嚴重衝突，不幸地導致多位示威者死傷。在廣州工會的鼓勵下，香港中華海員工業聯合總會再次呼籲罷工，很多其他行業工會、部分政府和教會學校學生都出來支持此次工業行動。華德利在 1925 年 6 月底致函英國總部是這樣形容當時的局面：

> 在這裡我們正處於混亂之中⋯⋯一些華人加入罷工，其他沒有，一些僕人停工，別的沒有，一些學校罷課，其餘放假，華人湧去廣州逃避想像中可能發生的危險。

最終大約有高達二十五萬人加入此次行動，明顯比三年前的罷工更加廣泛。香港食品價格暴漲，銀行倒閉，經濟和社會幾乎全盤癱

15. *CM*, Dec. 12, 1923; *HKDP*, Jan. 26, 1924; *HKAR*, 1923, App. O, O25; *SCMP*, Mar. 21, 1924; Waldegrave album, *HKSA*.

瘓。第二次大罷工迫使司徒拔延期離港,他再次採取強硬手段如檢查郵件、審查新聞、逮捕可疑人士,委任控制專員及動員義勇軍等。罷工人士和政府當局均有一些過激的行為,雙方亦都不惜利用暴力、恐嚇和不實宣傳。政府「出盡法寶」應付,罷工終於在 7 月結束,但抵制英國和香港貨品的行動接踵而來,危機仍然未算完全解決。

在這場危機中,童軍再次發揮作用,支持主要服務及重要設施運作,令社會服務沒有全面崩潰。由於情況緊急,華德利在罷工開始後不久就宣佈「所有童子軍都已經被要求向總部報到。原本星期三安排在港督府舉行的檢閱亦已然取消」。他接著聲稱總會已開始接受社會各界提出的「服務申請」,並會優先考慮醫院和主要公共服務。

一所醫院首先要求援助,海童軍旅迅速回應,提供少數迫切需要的人手。不久,童子軍開始在政府臨時成立的勞工控制辦事處(Labour Control Office)負責義務人士登記,亦在另外兩家醫院裡幫忙。短短一周內有近六十名童軍加入,不久之後參與的成員已超過七十人。服務範圍除三家醫院及勞工控制辦事處外,亦擴大至中區警署、亞洲石油公司、P. & O. 輪船公司、香港廣東及澳門汽船公司及大北方電報公司等。其中一位童軍當上電車檢票員,華德利在其時的一封信裡說「他們今天重新啟動電車,他從第一輛開出的車裡向我揮手致意」。

蔡亨利和另一位海童軍甚至被分配到一艘武裝汽船上,協助追擊海盜。這份工作時間很長,十分艱鉅。他們和其他船員一樣,要在船上生活六個星期,只能靠罐頭食品維生,經常要在溫度高達華氏一百多度的機艙裡做事。當時華德利感慨地說:

協助追擊海盜的海童軍蔡亨利
(HKSA)

幾乎令人難以置信的是,我們這個基本上是現

代化的運動在這些日子裡會供應童子軍來幫
助完成［反擊海盜］這種通常被認為是兩百年
前的工作。

　　總監當年大概發夢亦想不到於近一百年後的今天，在世界上某一
些角落裡，海盜仍然十分猖獗，而反擊海盜這種古老的工作仍會是一
些現代武裝部隊（包括中國海軍）需要執行的任務！

　　秉承運動一向的做法，這些服務當然全是義務的。但為回應一
些機構的要求，總監在 7 月底致公眾的信函裡說明「在罷工期間，
任何組織、公司或個人如欲付報酬予提供服務的童子軍，請把捐款
交給總會」。[16]

　　華德利明白有些華裔孩子對在大罷工時期參與社會服務可能會有
矛盾的想法，不一定能夠得到他們所有家人或朋友的諒解。下一個故
事會比較深入地探討 1920 年代本港大罷工時的華洋對抗情緒。但無
論如何，他清楚指出「與上次不同的是，這一次有一些華人」加入服
務。根據他的報導，在 6 月底時最少已有廿四位華裔童軍自願參加各
種服務，維持本港社會之基本運作。報章稱許「童子軍的忠誠援助」
及「童子軍之善行」。有些報導會從種族角度分析此事，說「華裔童
子軍參與公共服務，保持［童子軍］組織的良好信譽」。英國總部在
回信時亦表示欣賞童子軍「以出色的方式自願參與」服務，更因「他
們之間有一些華人」而感到欣慰。[17]

　　精通華語的金文泰於 1925 年 11 月接任港督。次年 3 月，他恢復
與廣東政府溝通談判，開始修補雙方關係。到 1926 年底，香港政府
首次承認雙十節為法定假日，並准許本港華人公開慶祝國慶。與此同
時，廣州政府終於亦宣佈正式結束所有抵制。

16. Waldegrave to Butterworth, Jun. 23, Jun. 30, Jul. 13, Sep. 29,
　　1925, GA/SAHS; CM, Jun. 23, 1925; HKT, Jun. 22, 1925; HKDP, Jun.
　　24, 1925; R. H. Kotewall, "Memo on the 1925 Strike," Oct. 24,
　　1925, in CO 968/120/1, PRO.
17. HKDP, Jun. 8, 24, 1925; Waldegrave to Butterworth, Jun. 23, 1925;
　　Pickford to Waldegrave, Aug. 21, 1925, GA/SAHS.

港島皇后大道上掛滿雙十節慶祝國慶的旗幟

童子軍在大罷工中的表現使運動得到政府及社會認同。《中國郵報》的編輯的評論如下：

> 當史學家撰寫香港 1925 年的危機史時，本港童軍無疑會佔一席位。他們處理罷工期間的緊急工作和其他無數小任務均敏銳、警覺、聰明和活躍。似乎無論甚麼工作，童軍都可以完全勝任。這應該歸功於貝登堡爵士的獨特培訓系統。這幾百名受過訓練和滿有服務精神的童軍雖然年輕，卻是社會在危機時不可多得的寶貴資源。曾經在罷工期間參與各種公共服務的童軍無疑促進了香港社會穩定。[18]

18. *CM*, Dec. 15, 1926.

「省港大罷工」紀念徽章

這種看法顯然是當時本港社會的主流共識，亦足以說明為甚麼政府當局和社會各界普遍支持提供童軍訓練給更多的本港青少年。

　　香港在一次大戰前似乎刻意忽略童軍不分種族、膚色、信仰和階級的信念，運動的發展範圍狹窄，亦顯然未獲殖民地社會各界的全力鼓勵。

　　但大戰後，當局和社會人士都開始支持各族群及階級的孩子加入運動，背後的動機值得探討。人口分佈是改變政策的誘因：若然沒有佔人口 98% 的華人加入，運動根本不可能有長足的發展。但外在條件並不足以推動改革，一個更重要的內在原因應該是建制當局和社會人士都越來越認同運動的理想，認為童軍訓練可以為本港塑造一批熱心服務社會的年輕人，對殖民地有效管治和社區穩定繁榮有一定功用。

　　從本故事裡我們看到運動於戰後復甦後的幾年內，香港童軍有相當多或大或小的社會服務機會，有一些是牽涉生命危險的，亦有一些是充滿爭論的。但總的來說，運動成員都能夠認真、勇敢、積極和竭盡所能地迎接挑戰，絕不辜負童軍運動的理想或社會人士的期望。他們的卓越表現令普羅大眾留下深刻的良好印象，亦替已落地生根的本港運動開創持續成長的契機。

第九章

童軍誓詞

1908-
1931

CHAPTER NINE

THE SCOUT PROMISE

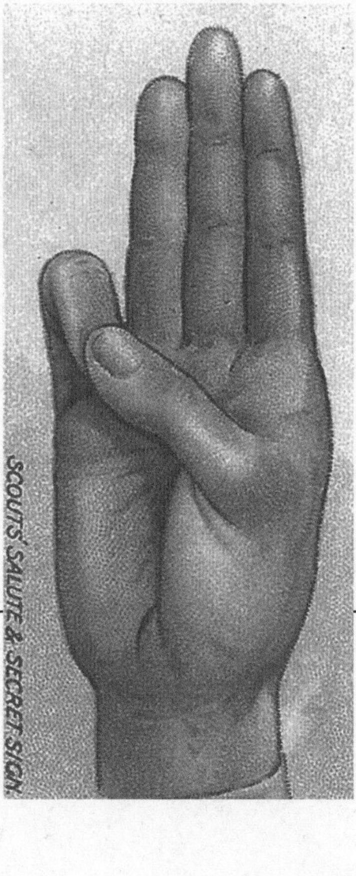

SCOUTS' SALUTE & SECRET SIGN

宣誓是加入童軍運動必不可少的步驟，

而童軍誓詞的內容則是運動裡重要的課題。

但正正因為宣誓是童軍日常生活的一部分，

即使是在運動裡打滾多年的人，

包括經常要主持宣誓儀式的領袖，

亦對誓詞的來龍去脈不甚了了，

甚而對它的真正意義絕少思考。

本故事比較詳細地回顧童軍誓詞在那個年代於英國的

發端、各地的採納及香港的演變，

期望能夠幫助讀者對誓詞這個課題有較有深度的認識。

由貝登堡在 1908 年推出童軍誓詞（Scout Oath，後來改稱 Scout Promise）起，英國社會各界就開始對其內容有不同看法甚至反對聲音。為使運動更具吸引力，英國總會曾對種種挑戰作出適當的回應或詮釋。與此同時，運動迅速國際化，不同國家亦按其獨特的政治、宗教和文化等背景對誓詞做出各種調整，有一些甚至是改頭換臉，面目全非。

香港引進童子軍後，誓詞同樣面對一些問題，抑制運動的華化及成長。透過一個頗有創意的方案，問題終於在 1920 年代末至 1930 年代初圓滿解決，使本港運動可以重新上路，邁向持續發展的目標。

貝登堡在 1908 年初版的《少年警探術》裡正式提出童軍誓詞的要求，規定所有想成為童子軍的男孩必須首先宣誓如下：

On my honour I promise that — 1. I will do my duty to God and the King, 2. I will do my best to help others, whatever it costs me, 3. I know the scout law, and will obey it.[1]

簡而言之，希望加入運動的人士必須承諾三樣東西，即「對神及英皇盡責任」、「竭盡所能和不論代價地幫助人」和「認識及遵守童子軍規律」。《少年警探術》出版後，童子軍小隊如雨後春筍般在英國各地出現，他們採用的就是這個第一代誓詞。

從開始即有一些認同運動但有獨立思考的社會人士對宣誓提出疑問，要求貝登堡澄清解答。英國的社會主義者和教育家羅理申（H. B. Lowerison）於 1899 年創辦魯斯金學院（Ruskin School Home），貫徹他學

---

1. B-P, *Scouting for Boys*, 1st ed.

習與遊戲並重的教育理想，專注三方面的教育：

> 第一，教導健康和運動的規律。第二，以身
> 作則教導正義和溫柔的習慣。第三，發掘、
> 喚起和發展每個孩子的天份，特別是其推理
> 的能力。

由於他的教育理念接近童軍理想，在 1909 年初他曾致函貝氏，
表示運動吸引，「有無窮無盡為善之可能性」。他說學校裡的男女學
生皆希望參加，但他有兩個原則性的問題需要首先解決，就是：

> 一個對神持不可知論者可否宣誓？──我嘗
> 試真誠對待我自己觀念中的神。一位信奉共和
> 主義者可否宣誓？──我試圖忠心對待我自
> 己概念裡的英皇。

B-P 兩天後回信，確認總會當時已然採納的靈活包容立場，說：

> 我認為你根據你自己對誓詞的解讀來宣誓並
> 沒有任何問題。我們的旅團中已有一些社會主
> 義者和自由思想家。

羅理申後來果然成立旅團，自己擔任旅長。羅氏在一次大戰時雖

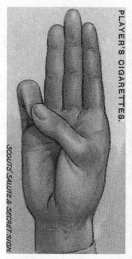

左：童軍宣誓及敬禮用的手勢
中：英國童子軍對英皇效忠及盡責任
右：童子軍海岸觀察服務技能章

然年紀較大，不能參軍，出錢出力卻不甘後人。他曾回應軍隊呼籲，
捐獻一批戰場用的望遠鏡。後來他更以童子軍領袖身份加入海軍的海
岸觀察服務，親力親為地在英國海岸幫忙防範敵軍入侵。羅氏是個不
折不扣的共和主義者，對英國皇室沒有太大好感。但他卻能夠在國家
有需要時體現他的誓言，「忠心對待自己概念裡的英皇」。[2]

　　貝登堡當然明白在英國政治光譜裡不同的人會對忠於英皇的概念
有不同的解讀。新興的童軍運動有必要持最大的包容態度，他才可能
實現訓練下一代的理想，影響更多的青少年。

　　第一代誓詞出現後幾年，英國總會在考慮各方意見後納入了幾處
或大或小的修改。在 1910 年和 1915 年的《少年警探術》裡，誓詞的
名稱由傳統上在宣誓時需要援引神的承諾 (Oath) 變為較為普通的諾

2. Manton (2001), 97-98; H. B. Lowerison to B-P, Sep. 28, 1909; B-P
   to H. B. Lowerison, Sep. 30, 1909, Founders Papers, Promise, 1909-
   1937, *GA/SAHS*; Meeres (2016), ch. 1.

言 (Promise)，因為一些比較保守的英國人認為使用前者不太恰當。
這兩個版本的第二代誓詞幾乎完全一樣，1915 年的只是在第一句裡多
了「竭盡所能」(that I will do my best) 幾個字，全文如下：

On my honour I promise (that I will do my best,)
1. To do my duty to God and the King, 2. To help
other people at all times, 3. To obey the Scout Law.[3]

　　對比於第一代版本，這個誓詞採用較簡化的字句結構，用 "To…"
代替 "I will…" 來表達三大要點。它刪掉「認識」規律的字眼，因為
畢竟遵守規律的先決條件當然是需要認識規律，後者不言而喻。最
後，它把「竭盡所能」這個限定詞搬去前面，變成適用於誓詞的三
大要點，而不是只適用於第二點；同時刪除另一個限定詞，即「不
論代價」。

　　整體看來，第二代誓詞比第一代更加人性化。首先，它刪掉「不
論代價」這個強人所難而當年常被人詬病的嚴峻要求。第二，它把
「竭盡所能」這個較合情合理的要求放在前方，使它適用於所有要
點。這樣一來，無論是對神、英皇、他人或規律，成員都只需要盡自
己的能力做到最好，不必與他人比較，更無須追求十全十美。這兩個修
改顯然對認真看待誓詞而會努力去體現它的要求之童軍是相當重要的。

　　第二代誓詞在 1910 年代推出後，貝登堡和英國總會的領導層大
概是認為它已相當完善，就變得較為保守，不願意再作出任何不必要
的修改。幸好第二代誓詞確實經得起時間的考驗，一百多年來只有兩
次需改動過幾個字。

3. B-P, *Scouting for Boys*, 3rd ed., 13; 7th ed., 24.

## The Scouts Oath.

Each Scout promises in the presence of the Chief Scoutmaster saying with right hand uplifted I promise:—

To be loyal to God and the King.
To help others at all times at all costs.
To obey the "Scout Law".

香港 1913 年使用的童軍誓詞

1952 年伊莉莎白二世登基時「英皇」(King) 改為「英女皇」(Queen)，這只是一個必須而簡單的更新。1970 年代初英國總會推行新制，為求文字簡潔，刪掉「時常」(at all times)，而「遵守」的英文字則由 "obey" 改為現代人覺得較容易接受的 "keep"。直到今天，英國童軍誓詞其他的字眼再無任何更改，基本上仍然是 1910 年代訂定的第二代誓詞。[4]

可能是因為當時資訊不太流通，香港一次大戰前使用的誓詞顯然是上述英國第二代誓詞的一個「變種」。香港第 1 旅 1913 年刊行的童子軍證裡的誓詞全文如下：

I promise:— To be loyal to God and the King. To help others at all times at all costs. To obey the Scout Law.[5]

4. The *POR*, 1959, 5; the *POR*, 1964, 5; the *POR*, 1970, 8; the *POR*, 1989, 11, etc.
5. St. Joseph's Troop's Enrolment Card, c. late 1913, *GA/SAHS*.

它基本上與英國第二代誓詞一樣，但欠缺「竭盡所能」幾個字，及以「盡忠」代替「盡責任」。沒有「竭盡所能」幾個字無可厚非，因為該童子軍證在 1913 年底印刷，而 1910 年英國總會公佈的誓詞亦沒有這幾個字。不過，它仍然保留第一代的版本裡出現過但其時英國總會已然取消的「不論代價」這個條件。

在一次大戰後不久就加入運動的香港童軍使用的是正確的第二代誓詞，不再有「不論代價」這個不近人情的要求。在 1920 年代初，香港有兩個較大的障礙阻止童軍運動的全盤本土化。第一，當局規定童軍必須有英籍，而很多精英學校裡的華裔和其他族裔的學生均非英籍人士。第二，當時的誓詞要求童軍對英皇效忠，但佔本港學生絕大多數的華裔學生大多對中華民國有或多或少的歸屬感，不見得願意立誓效忠英皇。

第一個障礙在運動復甦後不久就在當權者的默許下被移除。在 1920 年代初期，童軍的國籍規定已名存實亡，很多非英籍的學生紛紛加入越來越多的華人旅團。在 1920 年代後期，連對國籍問題應該更加緊張的義勇軍亦取消英籍的限制。從 1927 年開始，非英籍人士已可加入義勇軍。由非英籍葡萄牙人組成的義勇軍連不久後就正式成立，明文規定成員無需要放棄原來國籍。到了 1930 年代，由華人組成的第四連及第七連亦相繼出現。[6] 容許非英籍市民參與象徵建制的機構不應該被簡單的解讀為殖民地政府仁慈和開放的表現。因為只有本土化的童子軍或義勇軍才能吸引更多的本港青少年人加入，更加有效地協助殖民地管治。

第二個障礙之重要性在政治動盪的 1920 年代特別明顯，因為 1922 和 1925 年的兩次大罷工和抵制除了是階級鬥爭之外，更是華洋對峙。在大罷工期間，有很多學生（包括一些童軍）曾參加示威和抵制，表達他們對這兩次「華洋鬥爭」的立場。

6. *HKGG*, Jun. 29, 1928, 254; "Hong Kong Volunteer Corps: Enlistment of Foreign Subjects," CO129/54/1, *PRO*; *The Year Book of the Hong Kong Volunteer Defence Corps*, 1937, 7; 1938, 47.
7. Waldegrave to Butterworth, Jun. 23, Sep. 29, 1925, *GA/SAHS*.

在本港賣物會服務的童子軍於中英國旗後合照 (HKSA)

　　無論背後原因如何，1922 年的大罷工對本港的運動曾經有相當大
的負面影響。童軍成員總數在 1921 年底時已升至三百七十多人，但
接著兩年卻顯著下降，到 1923 年年底時只剩下二百一十多人，兩年
內銳減超過 40%。

　　華德利在信函裡承認在這段時間有不少華裔男孩離開運動，不過
他是這樣解釋的：

> 當麻煩開始時，別有用心者恐嚇說香港將會
> 有可怕的大災難，有許多父母把童子軍送離
> 本殖民地，也有許多父母不允許他們參加志
> 願服務活動。

　　雖然總監認為大部分人離開是因為他們父母基於安全考慮把他們
留在家裡或送往廣州，相信亦有一些男孩可能是因為同情罷工華人而
停止參加童軍活動的。[7] 育才書社童軍團在 1923 年舉行一場音樂會，

會後他們相繼唱了英國和中國國歌，間接反映出當時本港許多華裔學生「雙重效忠」(dual loyalty) 的意識形態。[8]

華德利明白華裔童子軍的感受，私下亦承認這個問題的存在。在 1925 年的信裡華德利提及香港第 10 旅（聖保羅書院）正在「罷工」，但他接著就補充說「或者像其他的一些華人團一樣」，該旅只是「暫時停止活動」。

當時一位在廣州嶺南大學任職的美籍教授曾於公共場合聲稱「香港童子軍寧願離開運動也不願意發誓向英皇效忠」。華德利知道之後非常生氣，覺得這完全是針對英國的一派胡言。他說：

> 這顯然是個謊言，因為他們如果沒有宣誓，根本就無法加入運動，而且這當然不能被稱為發誓效忠。儘管可能有一兩個男孩會因為誤解民族主義而離開，我個人認為這個可能性不太高。

他聲稱大部分缺席大罷工服務的華裔童軍並非受愛國情操的驅動，只是因為父母擔心他們惹上麻煩而不准他們參加而已。

總監有可能低估華裔青少年內心的矛盾。香港大學教育系教授霍史德 (L. Forster) 一向支持運動，經常「努力地在大學的學系裡推動童子軍」，希望念教育的大學生能夠成為華人旅團的領袖。但華德利在 1926 年 5 月的信件裡承認霍史德亦說大多數大學裡的華裔同學「都覺得『對英皇盡責任』這個要求有困難」。換句話說，原來嶺南大學的美籍教授並非無的放矢，因為霍教授亦變相地肯定前者的說法，證實當時華人社會裡的「天之驕子」確實認為誓詞乃加入運動的一

8. Kua (2011), 141, 171-172.

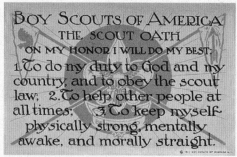

1913 年的美國童軍誓詞卡片

個障礙。[9]

在回顧香港總會如何面對童軍誓詞的本地化之前，我們可以先探討一下世界各地的經驗。其他國家在引進童軍運動時又是如何處理誓詞的問題以符合當地的政治、宗教和文化要求呢？

下面我們會參考幾個分別來自美洲、歐洲、亞洲和中國的實例，期望對誓詞這一個問題能有更多的體會，並透過他們的經歷得到一些提示。

美國童子軍總領袖西敦撰寫的《美國童子軍》在 1910 年刊行，當時的誓詞和英國的第二代版本基本相同，只是把「英皇」改為「國家」，以反映該國共和政府的政治制度。[10] 但一年後，美國總會出版的《美國童子軍：成員官方手冊》(*Boy Scouts of America: The Official Handbook for Boys*) 裡的誓詞卻相當不同，全文如下：

On my honor I will do my best : 1. To do my duty to God
and my country, and to obey the scout law; 2. To help

9. Waldegrave to Butterworth, Jun. 23, Sep. 29, 1925; May 31, 1926, *GA/SAHS*.
10. Seton & B-P (1910), 21..

other people at all times; 3. To keep myself physically strong, mentally awake, and morally straight.[11]

簡而言之，美國的誓詞把英國版本的第一點和第三點合而為一，第二點不變，再加上美國獨有的第三點。

基督教青年會含德智體的標誌

美國運動源自英國，但在 1911 年卻選擇明顯不同的誓詞，多了一個全新的第三點，要求成員「保持自己身體強壯、頭腦清醒和道德正直」。原來美國總會早期的關鍵人物包括創會的羅賓遜 (E. M. Robinson) 及擔任總幹事多年的韋斯 (J. E. West) 均來自基督教青年會，與後者有千絲萬縷的關係。身體、思想及靈性兼顧的第三點無疑是來自基督教青年會一貫標榜的宗旨。該會注重培養成員德 (Spirit)、智 (Mind) 及體 (Body) 之健全發展，曾把此概念融入它的紅色三角形標誌中。[12]

法國運動發展相當零散，從開始就有好幾個獨立組織，後來變本加厲，更演變成好幾十個之多。但一直以來，最重要的是 1920 年成立及成員最多的天主教童子軍總會 (Scouts de France) 及 1911 年創辦而人數排第二的跨宗派童子軍總會 (Éclaireurs de France)。兩會宗教背景不一，各自的誓詞自然不同。後者宗教意識薄弱，誓詞只有服務國家、幫助他人和遵守規則三項，而前者的全文如下：

Sur mon honneur, avec la grâce de Dieu, je m'engage:
à servir de mon mieux, Dieu, l'Église, ma patrie; à aider

11. Murray *et al* (1911), 14
12. Macleod (2004), 146-150;

法國天主教童軍總會含「平頭十字架」的舊徽章

mon prochain en toutes circonstances ; à observer
la Loi Scoute.[13]


　此誓言可譯為：「我以我的信譽，憑著神的恩典，承諾：竭盡所能服務神、教會及國家；在任何情況下幫助他人；遵守童子軍規律」。

　有不少人可能會覺得既然《聖經》教導信徒說「基督是教會的頭，教會是祂的身體」，應該沒有必要在誓詞裡把神和教會分別列出。但由施雲 (J. Sevin) 神父創辦的法國天主教童子軍總會不單只把所屬的天主「教會」放入誓詞，更把它擺在國家之前，體現出在不同的環境下童軍誓詞可以如何被「度身訂造」。[14]

　日本童子軍總會（ボーイスカウト日本連盟）在 1922 年成立，同年加入世界童軍運動組織 (World Organization of the Scout Movement, WOSM)。大正 14 年 (1925 年 ) 日本童子軍誓詞如下：


　　　私は神聖なる信仰に基き名誉にかけて次の三
　　　条を誓います。1. 神明を尊び、皇室を敬いま
　　　す。2. 人の為、世の為、国の為に尽くします。
　　　3. 少年団のおきてを守ります。[15]


　此誓言可譯為：「我基於神聖的信仰，以信譽發誓以下三條。1. 我會尊敬神明，敬重皇室。2. 我會為他人，為社會，為國家而盡我所能。3. 我會遵守童子軍規則」。

　「皇室」代替「英皇」，以反映該國以天皇為首的政治制度，理


---

13. Laneyrie (1985), 107.
14. *Ibid.*, 50-52, 64-69;《以弗所書》，1:23。
15. Scout Association of Japan (2005), v. I, 31.

所當然。「八咫鏡」(yata no kagami) 是日本神話中「三神器」之一，多年來代表天皇正統。時至今日，「八咫鏡」仍然是日本童子軍徽章的中心組成部分，彰顯皇室的重要象徵式地位。

1930 年代曾任世界童軍委員的二荒芳德 (Futara Yoshinori) 當時解讀「神明」為「主宰萬物之超然存在」（萬物を主宰する超越の存在）。[16] 多數日本人信奉神道和佛教，只有少數人為基督教徒或天主教徒。日本誓詞以比較通用的「神明」一詞代替基督教和天主教較常用的「神」（或「上帝」），十分聰明，因為這會讓大部分的國民覺得誓詞可以接受。

中國童軍運動最早期的一些旅團分別由武昌文華書院、漢口博學書院、上海聖約翰大學及廣州嶺南書院等主辦。由於這些學校均為英美傳教士創辦，基督教背景濃厚，它們的誓詞自然會與英美兩國的版本接近。

但早期中國運動裡的一些本土組織亦會對誓詞作出「適當」的修改。1917 年江蘇省童子軍協會的誓詞相當簡潔，全文如下：

> 某某誠心立願，盡國民之責任，隨時隨地扶助他人，遵守童子軍規律。[17]

首先，「竭盡所能」這句童子軍重要格言或類似的句子被刪掉，只剩下「誠心立願」。

當時中國童子軍採用有本土特色的新格言，即儒家標榜的「智、仁、勇」三達德。三達德需要努力培養，所謂「好學近乎知，力行近乎仁，知恥近乎勇」，雖然表面上看來與貝氏的「竭盡所能」完全不

16. 二荒芳德，《宣誓義解》，日本：c. 1926，3。
17. 范曉六 (1935)，15。

日本含「八咫鏡」的童軍徽章

左：1917 年江蘇省童子軍誓詞
右：1926 年「黨化」後的中國童子軍官方雜誌

同，其背後的精神其實有異曲同工之妙。[18] 此格言在後來北伐前後的
國民政府時代甚至滿洲國期間的童子軍運動裡仍然保留，今天在台灣
的童軍亦繼續使用，在中國運動裡歷久不衰。

同樣重要的是，可能協會的負責人本身沒有信仰，或是他們認為
中國人的宗教意識薄弱，誓詞連任何關於「神」或「神明」的字眼亦
省掉。類似的「無神」版本童軍誓詞當時在中國各地是頗流行的。

1925 年孫中山逝世後，廣州中華民國陸海軍大元帥大本營改組為
國民政府。翌年國府推動北伐，由蔣介石擔任總司令。至 1928 年北
伐統一全國後，由國民黨控制的國民政府終於成為中國唯一的合法政
府。蔣介石注重童軍訓練，他的兒子蔣緯國也曾加入運動，後來聲稱
「童子軍信條對他的人格有很深遠的影響」。[19]

在 1926 年，國民政府決定「黨化」中國童子軍，由中國國民黨

18.《中庸》，第二十章之四。
19. 高仕隱 (1990)，126-130。

童子軍委員會掌管運動,「務使其將本黨主義納諸內心而形諸事業」。黨化後的運動採用的新誓詞「與眾不同」,1926 年 5 月出版的《中國國民黨童子軍》第三期所刊登的誓詞全文如下:

> 童子軍誓必竭盡心力與各同志:一,遵奉總理遺囑完成國民革命。二,扶助農工及一切被壓迫民族。三,服從紀律。[20]

其時另一個版本與上述大同小異,主要只是在「遵奉總理遺囑」後加上「信仰三民主義」這一句。[21] 1920 年代末和 1930 年代初刊行的《黨童子軍世界》及《中國童子軍》這兩份官方雜誌均會在內頁的首頁刊登總理遺照和有提及三民主義的總理遺囑。[22]

這個童子軍誓詞面目全非,徒然得其皮毛,完全沒有原來的主要元素。它顯然不再是歷來各國通行的童軍誓詞,更像是國民黨少年團的承諾。

1930 年代初期,蔣介石委任戴傳賢為中國童子軍總會籌備主任,重組中國總會。1933 年 3 月出版的《中國童子軍總會籌備處彙報》第一期頒佈的中國童子軍誓詞明顯的比較接近國際運動的主流,全文如下:

> 誓遵奉　總理遺教確守中國童子軍之規律終身奉行下列三事:第一,勵行忠孝仁愛信義和平之教訓為中華民國忠誠之國民。第二,隨時

---

20.《中國國民黨童子軍》,第三期,1926 年 5 月。
21. 范曉六 (1935),42-43。
22.《黨童子軍世界》,第一期,1929 年 3 月;《中國童子軍》,第八期,1930 年 4 月,等。

隨地扶助他人服務公眾。第三，力求自己智識道德體格之健全。[23]

雖然這個版本的誓詞仍然有「總理遺教」，但黨化的影響已大大減少。注意第一條裡代替信仰的是有中國特色的「忠孝仁愛信義和平之教訓」。而「規律」搬去前面總理遺教之後，以便容納新的第三條「智識道德體格之健全」，則明顯反映出美國童子軍誓詞對中國運動的影響。

香港童軍誓詞的難題需要新思維方可解決，而這種新思維卻需要新人事。在 1925 年 11 月從錫蘭重回香港接任港督的金文泰爵士終於為問題帶來轉機。

金文泰於英屬印度坎普爾出生，畢業於牛津，曾在本港當過「官學生」及在政府各部門服務多年，1912 年調離時已是署理輔政司。在知悉金文泰即將上任後，華德利在信函裡說「我聽說他非常熱衷於童軍運動，而她（金文泰夫人）對女童軍亦如是，所以我們希望他未來能夠像司徒拔那樣地支持」運動。[24]

港督在 1926 年 5 月首次以總領袖身份在義勇軍總部檢閱二十個童子軍團和五支小狼隊。是次聚會充分表現出香港運動的民族包容性：金文泰的小兒子是小狼隊成員，海童軍團的華人與混血兒展示旗號，英華書院的華人表演救急，太古團的蘇格蘭孩子跳高地舞蹈，而日本童軍領袖則示範柔道和日本劍道。

金文泰沒有令華德利失望。事實證明他和前任同樣支持本港運動，尤其是促進了華裔男孩成為童子軍，上任後採取一系列的政策和手法，繼續鼓勵運動的本地化特別是華化趨勢。

海欲克在 1926 年 7 月赴英公幹時不幸去世，本港總會需要另

---

23.《中國童子軍總會籌備處彙報》，第一期，1933 年 3 月 31 日。
24. Waldegrave to Butterworth, Sep. 29, 1925, *GA/SAHS*.

1926 年金文泰於義勇軍總部觀賞童子軍表演 (HKSA)

擇會長。金文泰和華德利商討後決定邀請羅旭龢繼任。羅氏為混血
兒,然一向被視為華人社會代表。總監認為此委任背後的意義重
大,因為當時運動裡的成員大多數已是華人。港督亦公開表達類
似想法,在宣佈委任時說「運動如若成功就必須獲華人社區擁戴」,
所以在華人社會裡備受尊敬的立法局議員羅旭龢是理想的會長人
選。[25]

　　港府於 1927 年 12 月通過一條《童子軍總會條例》(Boy Scouts
Association Ordinance) 以保障總會在本港境內的權益,禁止總會以外
任何組織或個人使用「童子軍」稱謂或頒發童子軍徽章。[26] 律政司
只說立例是為預防本地童子軍被政治化或軍事化之組織利用,但明眼
人其實都看得出法例主要是針對當時已經被全盤黨化的中華民國童子
軍。為防止本港運動受中國干擾,港府訴諸立法手段保護香港總會,
只准華裔青少年加入英國版的童子軍運動。

25. *SCMP*, Dec. 15, 1926.
26. *Hong Kong Hansard*, Dec. 1, 1927.

與司徒拔不同，金文泰精通國、粵語，對中國文化和政治有較深入的了解。他當然比較明白華裔青少年對中國和香港的矛盾感受，能夠體諒本港的童子軍誓詞為何會是運動本地化的一個障礙。

但是，這個障礙卻是一個政治敏感和難以解決的問題。畢竟香港童子軍總會只不過是一個小小的英國殖民地裡的一個小小的英國總會海外分支。它並沒有像美國、法國、日本和中國等的總會所擁有之自由度，不可能隨意修改誓詞以符合當地的需要。困難來自兩方面。

首先，雖然英國總會會容忍對誓詞的一些合理的不同解讀，在1910年代的第二代誓詞推出後，它顯然不再會容許任何非必要的文字修改，更遑論為小小的香港而取消承諾裡對英皇效忠的要求。

退一步來說，就算英國總會有可能會同意，港督兼童子軍總領袖或香港殖民地政府的任何其他人根本不會也不敢提出此類「大逆不道」的要求。

那麼，怎麼辦呢？畢竟童軍誓詞對不少華裔青少年來說的確是一個很難跨越的心理障礙，導致他們不願意加入運動，或者在加入運動後再選擇離開。

華德利於 1926 年與金文泰商討誓詞的問題時，後者表示同情本港運動的處境。他們想出一個十分管用的折衷方案。當時華裔童子軍越來越多，已成為本港運動裡的主流，香港總會有責任考慮准許他們用自己的母語進行宣誓。換句話說，本港需要中文版本的童子軍誓詞之時機已到。

當然，把原來的英文誓詞翻譯為中文這種本地化的措施，英國方面無法勝任，必須由香港自己處理。折衷方案的巧妙就是保留來自英國的英文誓詞，及推出一個為香港「度身訂造」的中文誓詞。在 1926年 5 月的信裡總監透露：

> 金文泰完全贊成我們用中文的「國家元首」代替「英皇」……而且他已指示我悄悄地把此信

息傳遞給華裔領袖們，以允許他們用這種誓詞宣誓。關於此事不會有任何書面紀錄。

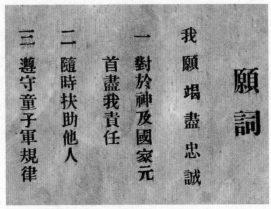

1926 年香港開始使用的童軍願詞 ( 誓詞 )

接著他說「司徒拔完全不了解華人，無論如何不能跟身為中文學者的金文泰相比」。最後，他更預言「你很快就會看到我們的人數大幅增加」。[27] 總監對兩位總領袖的評論中肯，相信很多對司徒拔和金文泰稍有認識的人都會同意。但他樂觀的預言卻有點出人意料之外。畢竟，不久之前他才說可能只有「一兩個男孩會因為誤解民族主義而離開」。

這個措施「悄悄地」執行數年後，香港總會終於公開承認關於誓詞的新政策。總會在 1931 年出版中英文對照的《童子軍規律》(The Scout Law)。該書由九龍區區總監咸斯同 ( 原譯名，E. A. Armstrong) 牧師和吳瑋璣共同編寫，確認當時本港官方訂定的中文誓詞是：

27. Waldegrave to Butterworth, May 31, 1926, GA/SAHS.

我願竭盡忠誠，對於神及國家元首盡我責任，
隨時扶助他人，遵守童子軍規律。

這本書更首次公開確認當時已離任的
金文泰在 1926 年曾以口頭形式允許上述修
改。中、英文兩個版本的誓詞之分歧繼續保
留，因為英文誓詞關於需要盡責任的對象仍
然是「神與英皇」。[28]

華德利 (HKSA)

驟眼看來，在 1926 年推出而於 1931 年
確認的中文誓詞並沒有甚麼特別──畢竟
「英皇」本來就是英國的「國家元首」。但
是，當時香港情況獨特，大多數殖民地華人仍視中國為他們的國家。
這個模稜兩可的「國家元首」可以達到一個重要目的，就是變相允許
華裔男孩把童軍宣誓理解為對英國國王及中華民國總統宣示「雙重效
忠」，甚至只對中國總統表示忠誠！

對比其他英國殖民地童軍運動，香港對誓詞的本地化政策在當時
可以說是相對大膽和進步的。[29] 當年英屬尼日利亞的很多童軍領袖
根本不知道可以用母語宣誓，以為「能講英語是參加童軍的先決條
件，因為否則根本不能宣誓！」。[30] 英屬南非的荷蘭籍移民在 1931 年
成立獨立於童軍的「跋涉者」(Voortrekkers) 運動，主要是因為南非
童軍總會不願意放棄英國國旗或對英皇效忠的要求。根據印度童軍
嘉丹 (K. N. Kadam) 的回憶，1930 年代末的印度童子軍在宣誓時仍沿用
「對神、英皇和國家盡責任」之字眼。[31]

注意在這個誓詞裡，「英皇」仍然保留，並沒有被「國家」（在
這裡無疑是指印度）取替，並且是在「國家」之前。香港不只允許華

28. E. A. Armstrong, 吳瑋璣，《童子軍規律》(*The Scout Law*) (Hong
　　Kong: the Boy Scouts Assn., Hong Kong Branch, 1931).
29. Kua (2011), 137-140.
30. Brown (1947), 39.
31. Kadam (1988), 288.

上海戰前的童子軍籌款章

1935 年上海市童子軍水災籌款總動員之優勝紀念章，由含國民黨黨徽的童軍徽和背後的「卐」字組成，設計與早期帶「卐」字的英國童子軍感謝章或功績章類似。

圖片由 Paul Kua 提供

裔童子軍以中文宣誓，甚至修改中文誓詞，變相把英文誓詞裡的「英皇」刪除，在一定程度上是為了回應當時中國童子軍的「威脅」。

這個時期中國童軍運動日漸政治化，幾乎完全受國民黨控制。國府繼 1926 年黨化童軍後，除採用很政治化和軍事化的誓詞外，更利用一個叫「力進社」的秘密組織（「力行社」的分支）在運動裡的重要職位裡安插許多成員，不斷加強對中國童子軍總會各項操作的控制。[32]

英國童子軍總會一向表明童子軍乃一個「非政治化」的運動，「與任何政治團體無關」。[33] 由於世界童軍運動組織從成立以來就秉承此非政治化的原則，中華民國童子軍總會要在 1930 年代改組及採用新誓詞後才終於成為此世界性組織的會員。

當時中國運動的情況對不斷擴展與華化的香港運動構成一定風險。為防止中國政治與民族主義的滲透，殖民當局亦曾訴諸英國和國際童軍運動既有的無政治立場政策，刻意疏離中國童子軍總會。

這個做法與當時的教育政策互相呼應。英國殖民部曾於 1930 年的內部文件裡承認香港「當地特殊情況導致關注 [中國的] 古文明比關注時事更為合適」，表明「我們不認為提高香港學生對政治和行政問題的興趣是可取的」。[34]

本港在誓詞上讓步，採用一個模稜兩可的中文誓詞，其實是希望透過修改，吸引華裔男孩加入運動，接受當局認為對社會穩定及有效管治有幫助的英式童軍訓練，免得他們受國民政府的黨化童子軍影響。

金文泰吩咐華德利在實施修訂時無須用書面通告，表明他意識到做法政治敏感，不想引起英國或其他殖民地注意或不必要的負面反應。華德利樂觀地預測執行此務實政策後，童軍人數會大幅度增長，再次反映他認同英文誓詞這個問題的嚴重性。

金文泰在處理童軍誓詞上的創舉對本港運動隨後的發展有長遠的重要性，不容忽視。此創舉有兩大違反傳統的「發明」。第一，容許

32. Kua (2011), 164-167; Wakeman (2003), 46, 76-77.
33. The *POR*, 1933, 6.
34. Sweeting (1991), 30-37.

香港的華裔童軍以自己的母語宣誓，不再堅持使用源自英國的英文誓詞。注意這個做法只適用於華裔族群，本港的葡萄牙人或其他族群仍然必須用英文的版本。第二，容許中文版的童軍誓詞採用適合當地需要的「翻譯」，將它與原來英文誓詞內的一些敏感詞彙脫鈎。注意這並非僅僅是在翻譯時選字及措辭的自由，而是准許在中文版裡使用與原文意義接近但不完全相同的詞彙。這兩個做法從此成為本港運動裡童子軍誓詞的既定常規，在英治年代多年來均繼續存在。

多年來香港一向只有中英文版本的誓詞，亦容許不同版本用意義不盡相同的詞彙來表達原文裡「神與英皇」這兩個敏感的詞彙。

英國總會的第二代誓詞自 1910 年代推出後就基本上不再修改，一直到今天仍然維持不變。但是源於英國而到 1970 年代仍然屬於英國總會的香港運動卻有相當不同的經歷。

二次大戰前本港的中英文誓詞再沒有任何其他的變動。但二次大戰後，如何演繹這兩個敏感的詞彙於 1950、1952、1955、1967、1987 及 2001 年再出現好幾次的變動，反映社會尤其是政治的情況。多次改動只有一次與「神」這信仰概念有關，其餘都是關於如何表達「英皇」這政治概念的。由此可見，政治問題在香港遠遠比信仰問題敏感而需要按當時的政治氣候調整。這些不同的中英文誓詞在後面的故事適當的段落裡會一一觸及。

司徒拔在 1920 年代初悄悄地取消童軍的英國國籍要求，金文泰於 1926 年悄悄地取消童軍誓詞裡對英皇盡責任的要求，但華德利對於成員急增的樂觀預言並沒有立刻實現。模稜兩可的中文誓詞要等到中日戰爭爆發後，才終於在華人社區裡完全發揮作用，促使本港運動的第一次高速成長。下一個故事會探討本港童子軍在備戰和二次大戰期間的情況。

第十章

# 備戰抗日

# 1937–1945

CHAPTER TEN

JAPANESE RESISTANCE

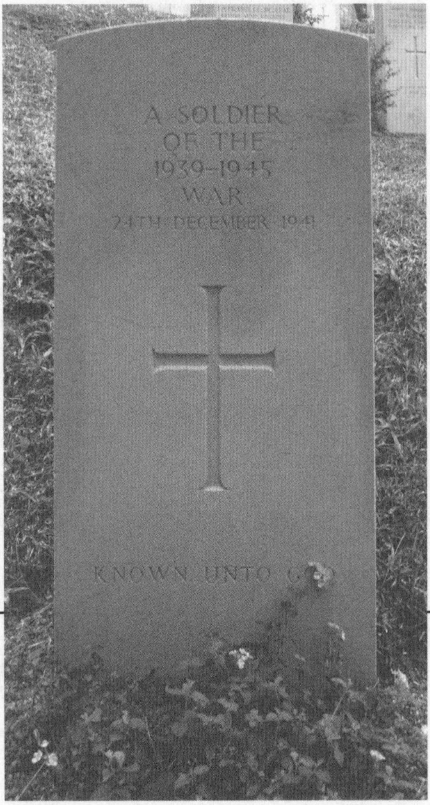

二次世界大戰期間，

香港已不能再像一次大戰時那樣幸免於難，

可以對各國的戰事作壁上觀。

1930 年代末，侵華日軍不斷向南推進，勢不可當，

雖未曾正式與英國開火，卻已導致香港難民滿佈，

戰爭迫在眉睫。接下來的幾年裡，

這個在中國南端的英國殖民地終於亦必須面對全面備戰、

殘酷戰爭和敵軍佔領的艱苦日子。

本故事探討在 1937 至 1945 年時，

本港童軍在當局的鼓勵和國內童軍的感染下，

於備戰和抗日各方面之參與。

日本於 1930 年代不斷蠶食中國領土。在 1931 年「九一八事變」後，她佔領東三省，建立滿洲國傀儡政權。於 1937 年「七七事變」時，日軍藉詞入侵華北，佔據平津地區。雖守軍英勇頑抗，上海亦在幾個月後淪陷。南京於同年 12 月失守，繼而發生目擊者形容為「令人難以置信的罪惡和恐怖事件」──南京大屠殺──幾十萬人無辜被殺，大部分為手無寸鐵的平民與婦孺。[1] 儘管日方曾遭遇如 1937 年的平型關和 1938 年的台兒莊戰役等幾次挫折，侵略大軍仍然繼續向前移動。

中國政府本著全面抗戰的精神，從一開始就催促童軍扮演支援角色。當局在 1937 年頒佈一套「中國童軍戰時服務團」的規定，鼓勵各省市設立服務團協助運輸、保安、宣傳、物流、偵察、急救、消防等戰爭輔助工作。

為配合抗戰，中國總會於同年 12 月開始發行《戰時童子軍》周刊，刊登服務團的規則、戰事消息及童子軍戰事服務的個案。創刊號裡有一則關於女童子軍楊惠敏的報導，講述她「冒槍林彈雨，於九死一生中」把一面國旗獻給「堅守閘北四行倉庫」的八百壯士之感人事蹟。[2] 她的英勇行為經中外媒體廣為宣傳後使她名噪一時，成為國內外華裔童子軍的偶像。

當鄰近的廣東在 1938 年 5、6 月間受到日軍無情轟炸時，「1,000 名童子軍參與廣州救濟工作」，目擊者比利時籍神父更讚揚童軍令人感動的紀律和勇氣。[3] 根據《每日雜報》1939 年的報導，在短短兩年間，超過一萬九千個中國童子軍加入一百多個服務團，參與危險的戰時服務。單單在上海，兩年內就有十二位在前線服務的童子軍陣亡。[4]

有些服務團來自海外，由東南亞各地的華僑童子軍組成。「星洲華僑戰地服務團決死〔敢死〕隊」一行十六位華裔男女童子軍於 1937 年 9 月回國，先在「東戰場隨軍擔任救護間諜通訊破壞等工作」，南

---

1. Timperley (1938), 20-21; 傷亡人數估計見 Eykholt (2000), 47.
2. 中國童子軍總會，《戰時童子軍》，1937 年 12 月，5、17-20。注意這份報導稱楊惠敏為楊渭敏，應是手民之誤。
3. *HKDP*, May 31, Jun. 6-8, Jun. 16, 1938.
4. *HKDP*, Sep. 11, 1939.

左：楊惠敏獻國旗給八百壯士
右：1938 年中國總會的《戰時童子軍》
周刊

京陷落後再赴「西戰場參加游擊隊」。一年後，服務團的傷亡數據令人側目：十四人陣亡，只剩下男女團員各一，即受槍傷和頭骨破裂的「模範童軍」吳志強及需要截斷右腿的鍾英德。[5]安南（越南舊稱）的童軍服務團五十餘人於同年由團長林鷺英領導歸國，加入「東江惠州之役」。他們同樣身先士卒，傷亡慘重，「失蹤者達三十人」。1938年 4 月，該團再接再厲，七十餘人在林團長等的帶領下，攜同大批藥品，「戴法國式鋼盔」，分批抵港再次出發往「東江一帶戰地服務」。[6]

在 1937 年，戰火迅速蔓延內地時，於牛津畢業和時任英屬圭亞那總督的羅富國（G. Northcote）爵士接任港督一職。為保住香港，他

5.《工商日報》，1938 年 8 月 2 日；*HKDP*, Jul. 20, 1938.
6.《工商日報》，1939 年 4 月 8、15 日。

到任後不久即宣佈香港中立。但敵軍大舉南下，勢不可當。到 1938
年末，廣東和漢口相繼淪陷。同年幾十萬難民湧入香港，很多露宿
街頭。對香港來說，戰爭已不再是遙遠的可能，而是遲早會發生的現
實。殖民地政府被迫設立多個臨時難民營，亦開始鼓勵港人積極備戰。

近代名畫家豐子愷曾於同年作了一幅題為《倉皇》的漫畫，以簡
單明快的筆法描繪一家四口帶著被鋪和簡單行李倉皇逃避戰火的苦
況，正是滯港以至全國眾多難民的寫照。雖然中國要幾年之後才加入
由英國與法國等組成的同盟國，但為了對抗包括日本的軸心國，國際
形勢已明顯地促使中英兩國站在同一條陣線上。

作為重要的青少年制服組織及管治當局支持的運動之一，香港童
子軍當然也無法置身事外。同仇敵愾，港府不再顧慮中國童軍對香
港運動的影響，開始容忍甚至鼓吹本地童軍效法前者，對中國和英
國「雙重效忠」，齊心合力對抗共同敵人日本。童軍總會於 1929 年
時已經把全港旅團按旅部的所在地分成香港和九龍（包含新界）兩個
區；更於 1938 年委任兩位華人柯昭璋及陳福康分別為維港兩岸的區
總監，創華裔領袖擔任此重要職位的先河。[7]

上海童軍領袖曾於同年來港動員支援和籌集資金，在基督教青年
會和各學校播放電影，宣傳童軍救護傷兵、慰勞難民、防空消防及楊
惠敏獻旗的故事等。當時本港青少年反應熱烈，觀眾「達六千人，深
為讚許」。香港總會在聖保羅女校安排相關聚會，公映上述影片。侯
利華 (N. V. Halward) 牧師曾參與一次大戰並獲頒英勇十字獎章，戰後
入劍橋大學修讀神學，成為聖公會牧師，調來香港後一直有參與童軍
活動。他於 1934 年華德利離任後成為香港童子軍總監，於備戰抗日
期間一直領導香港運動。《工商日報》說侯利華致詞時：

7. *Hong Kong Scouting Gazette*, Feb. 1941, 22.

對於滬上童軍服務戰區之忠勇工作，推許備至……謂必要時，希望本港童軍，能步滬上童軍後塵，不讓滬童軍專美。

歷史證明本地童軍沒有令總監失望，果然在「必要時」參加各種戰時服務，有不少更「不讓滬童軍專美」，為戰爭作出重大貢獻以至犧牲。透過報刊報導和中國服務團的宣傳訪問，香港運動成員對國內童軍戰爭服務印象深刻，許多亦參加本地的防禦服務，甚至返國加入抗戰。[8]

侯利華 (HKSA)

拔萃男校於 1937 年雙十節舉辦戰爭籌款音樂會時，該校的九龍第 6 旅在場負責服務。1939 年學校雜誌《集思》呼籲學生在戰雲密佈時踴躍參加各種備戰服務，包括童子軍活動。[9] 聖士提反書院 1939 年的《鐘聲報》報導侯總監曾到校宣傳抗戰，並聲稱已有多名學生回國參軍或從事各種輔助工作。[10] 1938 年當局於九龍中央英童學校裡開辦難民中心，接待來自上海的英婦和兒童，九龍男女童子軍順理成章地成為中心義工。[11]

隨著戰火在中國逐步擴散，國內學校亦陸續南移，在香港這個暫時相對安全的城市裡辦學。1936 年本港只有寥寥可數的六所私立中學。但一年後這類學校已然飆升至八十二間，1938 年底總數更超過一百多家。[12] 不久後，華人學校旅亦大幅增加。1938 年本港共有十七個學校男女童軍旅團，到翌年年底已增至二十九個，其中很多是由南遷的學校主辦。[13]

超過六百名童軍出席 1939 年的聖佐治日大會操，他們絕大多數

8. 《工商日報》，1938 年 1 月 10、14 日。
9. The Steps《集思》, Feb. 1939, 12.
10. The Chimes《鐘聲報》, 1939.
11. Hong Kong: Report of the Shanghai Refugees Commit-tee, 1938, 152.
12. HKAR, 1936, 1937, 1938, App. O.
13. HKAR, 1938, App. O, O17; 1939, App. O, O21.

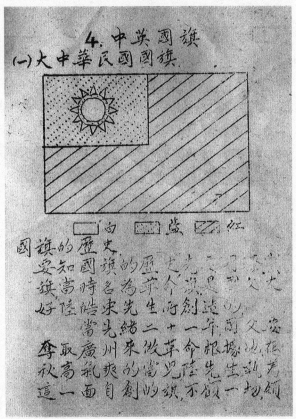

1941 年第 13 旅的《初級之路》(HKSA)

是華裔青少年人，包括來自耀揚、南粵、鑰智、耀英、培清、德明和大埔仔等漢文和農村學校的學生。總領袖羅富國到場後，英國的「聯合王國」國旗跟中國的「青天白日滿地紅」國旗同時徐徐升起。對明眼人來說，運動對英國和中國之雙重效忠立場毋庸置疑，香港的所謂中立只是一個不攻自破的假象。即使在傳統殖民地名校裡，童軍旅團亦仿效這種中英並重的立場。香港 13 旅（中央華人）在 1941 年刊行了《初級之路》的油印小冊子，介紹國旗的段落亦把中華民國國旗放在首位。聖保羅書院香港第 10 旅的謝炳奎指出在這個時期，該旅曾

「獲准在每週集會時輪流懸掛中英兩國國旗」。[14] 這項措施有重要的啟示性，因為 1930 年代初侯利華總監曾是該旅的旅長。

根據 1927 年通過的《童子軍總會條例》，童軍旅團必須在香港總會登記，但很多親中或遷港僑校的旅團都會同時在中國和香港總會註冊。此情況相當普遍，亦獲當局默許。侯利華在戰後初期的內部會議裡曾承認本港有不少旅團「於戰前曾同時在中國政府和英國童子軍總會香港支部登記」。[15] 成立於 1930 年代的德明中學是一個典型的例子。當時德明乃本港較大的贊助機構，有三個童軍旅團。它們在兩地均有登記，會慶祝中國童子軍節，但也會參加香港的活動，包括 1939 年的聖佐治日大會操。[16]

雖然當局對雙重註冊持寬容態度，不少華人學校仍選擇組織無須在香港登記的「少年團」，這些「中國童子軍化」的少年團數目顯然相當多。在 1938 年 3 月的中國童軍節當天，麗澤女子中學的少年團舉行宣誓，並合唱中華民國的「童軍歌」。[17] 養中中學 1939 年的校刊指出所有一、二年級的同學都必須加入少年團，聲稱「其訓練大綱，均與童軍等」，其座右銘則包括「準備」、「日行一善」和「人生以服務為目的」。[18] 在 1940 年 3 月，「數十」個少年團舉行大型聚會，接受中華民國政府中央教育委員會成員的檢閱。[19] 是次聚會場地裡並沒有任何港英標誌，只有國民黨黨旗、中華民國國旗和國父孫中山的畫像。

由於 1940 年港英當局開始疏散英裔婦孺，相對於 1939 年，1940 年本港童軍總人數並沒有增長，只維持於大約一千一百人左右。聖士提反、民生、閩僑、潮州及聖類斯等華人新旅團之成員（民生原於 1920 年代末開辦九龍第 17 旅，繼而於 1930 年代初停辦，在 1940 年以另外的旅號重組）只能夠抵銷赤柱、聖約翰及兩個兵房等英裔旅團流失的成員。

羅富國於 1941 年 9 月因健康問題任滿回英，畢業於劍橋和當時

14. 謝炳奎專訪，Oct. 26, 2004, *HKSA*.
15. Meeting minutes, Kowloon Scouters` meeting, 1947, *HKSA*.
16. *HKDP*, Apr. 12, 1939;《工商日報》，1939 年 4 月 23 日；*HKT*, Jul. 3, 1941.
17.《大公報》，1938 年 3 月 16 日。
18.《養中中學十五周年紀念特刊》(1939)，9、58。
19.《大公報》，1940 年 3 月 30 日。

上：1940 年的民生書院童子軍團 (HKSA)
下：1940 年喇沙書院九龍第 17 旅 (HKSA)

任坦噶尼喀地區總督的楊慕琦 (M. Young) 爵士接任為第二十一任香港總督。同年 11 月，總會召開戰前最後一次周年大會，楊慕琦首次以總領袖身份亮相。

1941 年香港運動重拾升軌，會員增長率高達 34%，使年底的總成員人數超過一千五百人。於 1941 年，由於新界旅團越來越多，終於把新界由九龍分拆出來，成為獨立的童軍區，由陳福康擔任總監，而李太尉則負責九龍區的工作。從 5 月 1 日開始，九龍第 10、18、19、

22、24 至 27 和 32 旅被改編為新界旅團，該區當時共有八個旅團。[20]

OGDEN'S CIGARETTES.

DISPATCH RIDING

童子軍戰時傳訊

在二次大戰前夕，香港運動開始衝破少數精英政府和教會學校的壟斷。新成立或重組的旅團有很多來自私立或新界學校，包括光華、中華、九江、仿林、民範、南華、明新、華南、大同、廣大附中、嶺東、鳳溪、永安、博文、育英和育賢等。

當時很多本港華人加入義勇軍，因「華人以與祖國聯防抗敵不啻保衛桑梓」。這些人裡有不少是童軍領袖和羅浮童軍。喇沙書院於 1937 年加入運動，獲頒發當時已無機構佔用的九龍第 17 旅的旅號。該旅旅務開展順利，人才鼎盛，1940 年的合照裡顯示後排大約二十位羅浮童軍（上頁下圖）。他們有好幾位都是義勇軍團的成員，包括馬基（原名馬群漢）及弟弟馬群傑、鍾耀文及林尚德等。

其他族裔的港人亦不甘後人，踴躍參與備戰。葡萄牙人和混血兒有各自的義勇軍連隊，其成員亦有不少是領袖和羅浮童軍。拔萃男校校長舒展（C. B. Sargent）在 1938 年重組該校童軍，由在天文台任職並曾在聖安德烈堂童軍旅團服務多年的希活（Graham S. P. Heywood）擔任副團長。該旅外籍或混血兒成員如希活、費沙（E. D. Fisher）、克拉理（D. Crary）、杜德（J. Dodd）、祖·李達（Joe Read）和馬修斯兄弟倆（Clifford & Eric Matthews）等都曾先後加入義勇軍。[21]

在 1937 年 11 月，應警務處長的要求，約一百五十名童子軍被指定為信息傳遞員。港府更於 1938 年初仿效英國，成立防空救護隊（Air Raid Precaution Corps, ARP），同時組織附屬的防空傳訊隊（ARP Despatch

20. *Hong Kong Scouting Gazette*, Jun. 1941, 6, 67-8. 注意其中原博文學校的九龍第 25 和 26 旅被合併改編為新界第 6 旅。

21. *The Memorial Booklet*《香港義勇軍光榮史》(Hong Kong, 1946); *The Steps*《集思》, Jul. 1935; Dec. 1935.

左：詹堅 (GA)
右：1941 年防空傳訊隊大會操 (HKSA)

Corps)。傳訊隊訓練能騎單車的青少年為傳訊員，按地區分組，由以童軍領袖為骨幹的督導員管理。到 1939 年 4 月，童軍副總監詹堅 (C. Champkin) 正式被委任為空襲巡邏總監 (Chief Air Raid Warden)，其時傳訊隊裡約有五百名成員，全為童軍。[22] 傳訊工作十分「經典」，正正是當年南非梅富根圍城戰役中貝登堡訓練當地孩子做的事。

傳訊隊於 1941 年 6 月舉行首次大會操，防空救護隊副領導在童軍領袖詹堅、陳福康和冼家榮等陪同下檢閱了六百多名成員。1941 年的《香港童軍月刊》(Hong Kong Scouting Gazette) 指出傳訊隊當時只有約三分之一所需人手，十九位高級傳訊隊督導有十八位是華人，差不多全為現役童軍領袖。

港府在 9 月於新界舉行空襲停電演習，在一片漆黑中，皇家空軍飛機模仿敵機空襲，防空傳訊隊成員則在各傳訊分站當值，演習防空傳訊。到年底，傳訊隊已有八個備用站，由受過訓練的童軍駐守。政

22. *Report on Air Raid Precautions for 1938*, 1938, P(1), 2; *HKGG*, Apr. 6, 1939, nr. 263, 364.

府當局亦向「[童軍]總監提供詳細資訊，以便童軍在緊急狀態時到指定地點報到」。[23]

到 1941 年 11 月，本港童軍幾乎「全民皆兵」。運動當時有大約一千五百人，而傳訊隊的人數則高達一千一百多人，另加約三百名有待培訓的「新丁」。第 10 旅的謝炳奎曾加入防空傳訊隊，值勤時穿著童軍制服，佩戴傳訊隊臂章及鋼盔。根據他的回憶：

> 防空護衛隊 [原文如此，傳訊隊] 的職務包括做晚上巡邏的工作，在燈火管制或演習時，就四出叫人關燈，勸諭用黑布掩著窗戶，不讓光透出來。那時有些晚上是指定宵禁時刻，主要是預防空襲，及測試防空的設備與措施。[24]

女童子軍沒有加入傳訊隊，但她們有參加其他支援工作，包括為難民營、露宿者和醫院提供服務。儘管防空傳訊隊迫切需要更多人手，港英當局並沒有要求女孩加入，此做法與英國本土男女童軍的分工原則一致。後來，當女童子軍總監金太太 (Mrs. King) 與其他英籍婦女一起撤退後，她們的活動亦受到一定程度的影響。

無論是對運動的參與和在戰時之服務，國內當局的態度都明顯與港府不同。南京國府自 1934 年已經規定「各省市公私立初級中學，一概以童子軍訓練為必修科」，全體男女學生均需加入運動，成為童軍。[25] 右頁有一張 1937 年上海某女子中學的畢業照，所有的畢業生均穿著童軍制服。更重要的是，在國難當前之際，中國女童子軍亦經常加入戰地服務團，參與各種抗戰服務，包括隨時有生命危險的前線

---

23. *HKAR*, 1939, P(1), 3.
24. 謝炳奎、關禮雄 (2011)，50。注意根據謝炳奎的回憶，他當時曾戴上 "ARP Di[e]spatch" 的臂章，而該組織的官方名稱應是防空傳訊隊，並非防空護衛隊。
25.《工商日報》，1934 年 7 月 4 日。

1937 年上海某女子中學的畢業生暨童子軍 (Paul Kua)

工作，巾幗不讓鬚眉。

　　至 1930 年代末，當局已預期日軍很可能會入侵香港。但其時駐港兵力卻遠遠不足以應付防禦的需要。在短暫的香港保衛戰中，許多義勇軍裡的童軍英勇作戰，超過一千名童軍負責防空傳訊。戰爭有時會使人性最好和最壞的都表露無遺。在保衛戰、淪陷和日佔期間，很多人英勇、忠誠、無私、慷慨，甚至願意犧牲生命；也不少人怯懦、自私、奸詐、背叛、殘忍，甚至肆意不人道。從這些事蹟我們可能看到人原來可以如此堅強，也可以如此脆弱；在面對命運安排的嚴峻試煉時，行為可以如此高尚，亦可以如此卑鄙。甚或我們可能會暗地裡感激上天沒有要求我們面對類似的試煉。

　　由於英軍設於本港的情報小組及盟軍的情報網經常截獲和成功解讀日方情報，日軍入侵殖民地的打算早已是當局的意料中事。但當時

許多港人對英國的震懾威信和港英的防衛能力有近乎盲目的信心，不認為香港會有太大的戰爭威脅，或者深信她可維持長時間的圍城局面。遲至 1941 年 12 月 1 日，疏散英裔人士的船舶開出時仍然有很多空位。相反地，大約四十位日本人卻已在前一天離開，只留下不到一百名可能另有目的的日商。12 月 4 日港督和很多上流社會人士出席何東爵士及其夫人的金婚紀念晚宴；兩晚後，殖民地的精英又在中國救濟籌款舞會中聚集。當時一位女傳教士如此形容學校在 12 月 5 日舉行的空襲演習：「學生認為演習是個大笑話，完全沒有必要」，畢竟，「人人都說日本人不敢開戰」；而且即使他們這樣做，「香港是銅牆鐵壁」，根本不可能被攻陷。[26]

其實本港在 1941 年的防禦力量相當薄弱，嚴重不足，根本無法應付她很可能需要面對的敵軍。當時香港駐軍只有約一萬四千人，由六個英軍步兵營、義勇軍團、炮兵隊、加拿大步兵營和少量海軍和空軍部隊組成。英裔步兵營來自蘇格蘭和密德塞克斯；印度步兵營由印度教的拉傑普特族人、穆斯林教的旁遮普族人和錫克教徒組成。義勇軍團有英國人、葡萄牙人、混血兒和華人連。英軍海軍和其他單位裡有一些英裔童軍成員，而義勇軍團的各單位裡大多是業餘士兵，有不少本港的童軍成員。加拿大營的成員則主要是剛入伍不久及 11 月才抵港的志願軍，他們均很年輕及缺乏實戰經驗，也有一些曾是加拿大童軍。

東京在 1941 年 12 月舉行秘密御前軍事會議時，陸軍參謀總長曾提及加拿大增援的部隊，但輕蔑地指出「這種規模的增兵〔對戰果〕將不會有任何影響」。[27]日軍當時打算從中國戰場遣派約六萬名身經百戰的士兵攻打香港，所以他滿不在乎的態度完全可以理解。港英由多民族多宗教組成的小型軍隊，雖然有一些驍勇善戰的士兵，但無論在作戰經驗或部隊人數方面均不可能有效地執行防衛香港的任務。

日方亦擅長於打心理戰，經常標榜發動戰爭是要協助被壓迫的亞

26. Lan and Hu (1944), 18.
27. Ike (1967), 280-281.

羅浮童軍帽章

圖片由 Paul Kua 提供

洲民族對抗白人至上的殖民主義。敵人一個宣傳口號是「亞洲人的亞洲」，呼籲亞洲人合力「把美國人和英國人驅出亞洲！」。他們也有針對不同族裔的呼籲，曾揚言「來吧，印度士兵，我們對你們特別好！」等。[28] 有不少亞洲人受宣傳影響，曾明裡暗裡為敵軍效力。當年由華人組成而親日本與汪精衛偽政府的「第五縱隊」在香港相當活躍，英軍內部以及社會各界的印度人與日軍合作也相當普遍。

當然，港英當局陣前頻頻易將，對防禦工作亦有一定影響。1941年底的政府和軍事領導人不少均才到任不久，其中一些簡直沒有時間充分了解香港的情況。況且，除了陸軍軍力薄弱之外，海、空軍的支援幾乎等於零，軍備亦十分貧乏。戰後初期的一份半官方的評論如此說：

> 我們在海上和空中的力量少得很可憐；我們的防空砲臺也很少，而我們少數的防空砲臺亦缺乏用於訓練的彈藥，我們沒有無線電定位設備；直到爆發戰爭之前我們的步兵連隊根本沒有敵人經常依賴的迫擊砲……[29]

在 1941 年 12 月 6 至 7 日，當本港的羅浮童軍在西貢清水灣道山頭舉行第二屆羅浮童子軍大會 (Rover Moot) 時，警報已不斷傳來。隸屬義勇軍的羅浮童軍在 7 日就收到總動員的通知，需要立刻向軍隊總部報到。根據希活的回憶，7 日星期天聖安德烈堂的羅浮童子軍團正在九龍的山頭上露營，他們很國際化，「有英國人、歐亞混血兒、華人、一個白俄羅斯人和一個挪威人，大家樂也融融」，「大約一半

28. Horne (2004), 69, 209.
29. *A Record of the actions of the Hong Kong Volunteer Defence Corps in the Battle for Hong Kong, December 1941* (Hong Kong: Ye Olde Printerie, 1953), 5.

1941 年的香港羅浮童軍大會 (HKSA)

是香港團隊裡的軍人」。但早上吃完早餐後，軍部派來了一個不速之客，通知他們必須立即回軍營報到。

　　　　　　　　　　軍人們趕緊拆掉他們的帳篷，整理他們的背包，遺憾地與其他人告別，並消失在路上。他們留下的一件東西是原來打算用於周日晚餐的一塊可口的牛排。他們把它塞進一個錫鍋裡，埋在營地的一個角落裡，渺茫地希望他們可以在下周末回來享受它。[30]

　　原來於 12 月 7 日，香港情報小組截獲日方的「東風雨，西風晴」(higashi no kaze, ame; nishi no kaze, hare) 的密碼信息，確認敵軍已然向英

30. Heywood (2015), 102. 原文是："The services men hurriedly struck their tents, packed their russacks, said good-bye regretfully and disappeared down the path. One thing they left behind was a lovely great piece of beefsteak, intended for Sunday dinner, which they stuffed into a billy and buried in a corner of the camp-site, in the folorn [sic] hope that they might come back next week-end and enjoy it."

美兩國開戰，香港自然亦無法倖免。[31] 8 日上午，日本大軍越過中港邊界向南開進，同時三十多架敵機突擊啟德機場，迅速摧毀皇家空軍原本就非常薄弱的戰鬥力量。同一天，皇家海軍艦隊居然被命令駛離香港前往新加坡，只留下五隻機動魚雷艇——從這件事上我們就可以知道英軍根本不看好香港，只希望保存海軍實力，以加強星馬之防禦工

羅斯 (HKSA)

事。在收到情報後，英軍的蘇格蘭、拉傑普特和旁遮普步兵營即時在新界設立所謂「醉酒灣防線」(Gin Drinkers' Line)，嘗試堵截南下的日軍。

在義勇軍各單位裡服役的本港童軍成員紛紛出動。米林頓兄弟 (Leslie & Harry Millington)、羅斯 (G. R. Ross) 及吉庭士分別往隸屬的義勇軍第一、第二及第四炮兵連戒備。祖雅士 (原譯名，A. E. Job) 屬第一步兵連；葛畢 (F. Crabb)、梅覺 (R. Maycock) 和柯卓 (W. D. Orchard) 屬第二步兵連；希路 (R. A. Hill) 屬主要負責運輸的軍團服務單位；李耀培、東尼‧布力架、克拉理及杜德則屬戰地救護隊，他們都紛紛回到各自的單位總部加入服務。

童軍成員鍾耀文、林尚德、林劍鏗、馬基及馬群傑兩兄弟、柯昭璋、馬修斯兩兄弟、費沙及李達等均隸屬第三步兵連。該連常被稱為「歐亞裔連」(the Eurasian company)，但其成員有不少並非混血兒，包括上述好幾位童軍。他們的連長是聖保羅書院校長兼童軍旅長史伊尹 (E. G. Stewart) 少校，而中尉安德遜 (D. J. Anderson) 也曾是童軍，所以被稱為「童軍連」亦不算過分。

戰爭爆發後，第三連部分隊員隨即被派往昂船洲參與防禦工事。由於日軍不斷炮轟，柯昭璋在此役中不幸腿部被擊中，嚴重受創。到 12 月 11 日，在缺乏空軍或海軍的支援下，原以為可苦守大約六個月

31. Kahn (1996), 31-33; Smith (2000), 4-5, 36, 56-57, 60-61, 100.

的醉酒灣防線已然支離破碎。指揮官莫德庇 (C. Maltby) 少將只好下令自新界和九龍撤退，軍方派出魚雷艇將第三連由昂船洲接回港島，遣派至黃泥涌繼續作戰。

12月8日早上警報響起後，防空傳訊隊隊員亦紛紛到各個地區指揮部報到及開展工作。可嘆「第五縱隊」對本港情報掌握準確，日軍知己知彼，總動員後不久傳訊隊總部即被敵軍炮轟，不得不改在聖約翰座堂的禮堂裡發施號令。傳訊隊員負責發放政府物資、配給食物、分發單車、傳遞消息、徵集新人和替從佔領區撤退的人員安排住所等。他們的工作由英皇書院童軍領袖鮑德漢統籌，而各區指揮部的區長也大都是童軍旅長。

港島區指揮部設於皇仁書院，由該校和培英中學的童軍領袖擔任區長。香港第 10 旅的謝炳奎為傳訊隊隊員，被分配至設於所屬聖保羅書院的救傷站，曾經需要引領救護車去中環市場附近，急救被轟炸後的傷者。該站隊員每天獲派發政府餐券，他亦「第一次使用公家餐卷吃飯，也是第一次進入聖斯酒店」。[32]

英皇書院香港第 7 旅的防空傳訊隊員黃炳康則被分派至灣仔街市的救傷站，比較接近日軍登陸的港島東北部，被轟炸的次數亦相對頻密。由於九龍迅速失陷，半島的童子軍只在傳訊隊裡服務了幾天。喇沙書院九龍第 17 旅的王昌雄曾在深水埗工作，直至傳訊隊被解散後才回家，更扔掉童軍制服，以免日軍日後追查。中華基督教青年會九龍第 21 旅的羅浮童子軍楊俊文較年長，參與電單車傳訊服務，傳訊隊解散後即回到他在港島的家。半島淪陷後，局勢日益混亂，戰火不斷蔓延，但港島傳訊隊的孩子們仍然「非常踴躍並盡一切可能把事情做好，常常在只有煤油燈的情況下工作至深夜」。[33]戰爭爆發後，有些童軍也參與一些其他的臨時性輔助服務。應政府要求，拔萃書院童軍曾由老師楊世爾 (J. L. Youngsaye) 帶領在九龍挨家挨戶探訪軍人家

32. 謝炳奎、關禮雄 (2011)，55。
33. Saunders (1949), 169.

義勇軍部分華裔成員接受訓練，柯昭璋在最右邊，馬基在前排最左 (HKSA)

屬，傳達政府協助他們撤退到港島的安排。[34]

　　當從九龍撤退的守衛軍渡過維港時，酒井隆 (Takashi Sakai) 中將已書面要求港英投降。當時英國期望本港能堅持抗爭，楊慕琦亦即時拒絕要求。事實上，英國政府對是否能夠堅守香港並非很有信心。遲至 1941 年 1 月，首相邱吉爾仍反對香港增兵，因為他相信「如果日本開戰⋯⋯ [英國] 根本沒有任何機會保住香港或替她解圍」。[35] 不過，他後來改變主意，批准遣派少量加拿大的增援部隊。當然，這可能只是個「政治正確」的姿態。換句話說，作為大英帝國的首相，他

34. HKMS, 88-1-305, 169, *PRO.*
35. Churchill (1966), 157.

日本刊行的黃泥涌高射炮陣地爭奪戰明信片

不可能在開戰前就表示打算放棄一個殖民地。在 12 月 13 日，邱吉爾向楊慕琦發出電報，電文充滿他典型的激勵人心之修辭。首相宣稱國民「每時每刻都關注你等固執地保衛香港的港口及堡壘」，而每天的抗爭將會幫助大英帝國「越來越接近我們必然會獲得的最後勝利」。[36]

12 月 15 日，日軍嘗試渡過維港，但沒有成功，給守軍一個喘息機會。12 月 17 日，楊再次拒絕日方招降。其時，義勇軍第三連繼續持守黃泥涌峽。安德遜中尉從戰壕寫信給他當過女童軍的妹妹凱薩琳說：「到目前為止我們仍沒有被炮擊或轟炸」，但有預感「我們的時刻肯定很快就會來臨」。[37] 他的預感沒錯，接著的幾個晚上日軍三個團共計七千五百名士兵在港島多處登陸，與守軍短兵相接、激烈搏鬥。

第三連英勇地捍衛陣地，但敵軍人數佔絕對優勢，黃泥涌峽於 12 月 19 日終告失守。上等兵馬群傑的九人小隊堅守崗位，雖然五位戰士陣亡，三位受傷，仍頑固死守，直至敵軍用刺刀衝鋒後才被攻克。費沙嘗試帶領一小隊人去增援傷亡慘重的據點，但不幸受重傷而

36. CO 967/70, *PRO*. 原文是：(In Britain all were) "watching day by day and hour by hour your stubborn defence of the port and fortress of Hong Kong," and that every day of resistance would bring Britain "nearer our certain final victory."

37 Symons (1996), 25.

英國傑出服務十字勳章

故。安德遜及他大部分的手下均在此戰役中捐軀。上等兵林劍鏗在被捕後被敵軍「踢至死亡」，林尚德亦於此役陣亡。史伊尹受傷後被迫撤退。馬基被日軍槍擊受傷，摔倒在山坡上，曾一度神志不清，後來被路過的英軍隊伍救起，轉送瑪麗醫院。在那裡他再次遇見柯昭璋，證實後者受傷後曾一度「不能進食」。[38]

根據 1960 年代加入童軍訓練隊的古匡昌回憶，馬氏戰後曾談及此事，說他仍在醫院時，弟弟馬群傑「攜帶平民衣服潛入醫院，在職員的協助下替他更衣，兩人繼而離開」。[39] 原來當時日軍並沒有打算把參加保衛戰的華人關進集中營，更何況醫療設施短缺，大概對他們也看管得不太嚴，相信柯昭璋亦是在這段時間離開醫院回家的。

義勇軍七個步兵連中第一至第三連傷亡較多，而第三連傷亡最慘重。香港歷史學家安德高指出「〔第三連〕英勇抗戰，付出沉重代價，戰士 80% 傷亡，可以說幾乎不復存在」。[40] 由童軍領導及有很多童軍成員的第三連在面對軍力強大多倍的敵人時仍頑固抵抗，日軍要歷盡艱辛才把它擊敗。戰後，第三連的指揮官史伊尹獲頒授傑出服務十字勳章，表揚他領導該連的卓越表現。在黃泥涌一役中，日軍亦傷亡慘重（根據日軍估計超過八百人），修二 (Shooji) 上校更被迫向指揮官道歉。[41]

砲兵連裡也有不少童軍，其中包括原屬聖安德烈堂童軍，兩位都是中士的米林頓兄弟。多年後，戰友回憶 1941 年聖誕夜兩兄弟各領機槍小隊一左一右地在聖士提反書院以南設防的往事。當時書院右翼受猛烈砲火攻擊，多人傷亡，左翼的哈里·米林頓勇敢地堅守陣地，直至前者傷員獲救為止。但戰果慘烈，「我們有 69 名士兵和 3 名軍官，只有 26 名兵員和 1 名軍官在戰役中倖免於難。這兩位中士均是出色的領袖」。[42]

至 12 月 20 日，日軍據點滿佈港島，增援士兵幾乎用之不竭。

38. Henry Ma Papers, *HKSA*.
39. Henry Ku, "Henry Ma at the Frontline," *Hong Kong Scouting*, Jan. 2016, 18.
40. Endacott (1978), 90.
41. Gandt (1982), 222.
42. Matthews C. *et al* (1998), 35-36. 該位戰友是麥肯西 (Norman Mackenzie).

21 日邱吉爾再次來電，敦促港人「絕對不能考慮投降。港島各處都須抗爭，給予敵人最頑固的反擊」；更說「如需要的話，激烈戰鬥必須挨家挨戶地堅持下去」。[43] 隨後兵力薄弱的港島守軍組織了幾次英勇的反擊，但不幸都損兵折將，無功而回。1941 年 12 月 25 日聖誕節，早上楊慕琦仍呼籲戰士們「為英皇和大英帝國繼續戰鬥」，莫德庇當天的命令亦是「堅守」。即使到了這最後的時刻，史伊尹秉承童軍竭盡所能的要求，仍然建議「從海軍基地東端到總部建立一條新的防線」。[44]

然而，根據當時的秘密通訊，港督已意識到「我們面對的問題不再是敵人能否佔據整個殖民地」，而殖民部亦已授權楊「在無可能繼續抵抗時行使酌情權〔投降〕」。[45] 當天稍後，莫將軍告知港督軍事形勢已然絕望，後者終於決定要求敵方停火。日軍堅持他們必須立即啟程往九龍區的日軍總部遞交投降書，否則將會再度發動攻勢。楊和莫只好渡過維港到半島酒店與酒井隆會面，正式投降。

多位目擊者證實保衛戰期間和投降後不久，許多日軍士兵都曾冷酷無情地掠奪、強姦和殺害守軍、醫護人員及手無寸鐵的香港平民。[46] 根據不完全的紀錄，保衛戰前幾天的死亡人數較少，但從 12 月 18 日開始，每天陣亡或被殺害的人數都大約有一百人或以上，其中最後一天即 12 月 25 日死亡人數近三百，而 12 月 19 日竟然犧牲了超過四百五十人。

12 月 19 日的陣亡名單裡包括近百名的拉傑普特士兵，加拿大步兵營、英軍砲兵部隊及義勇軍各約六十人（後者其中三十人來自第三連）、加拿大裔指揮官羅新 (J. K. Lawson) 準將及筲箕灣慈幼會醫療站裡被冷血殺戮的傷兵和醫療人員。12 月 25 日的名單裡包括近百名砲兵，密德塞克斯營和義勇軍各約五十人及小部分在赤柱聖士提反學校醫療站裡被殺害的人。目擊者報導在赤柱醫療站的大屠殺裡，超過

43. Churchill (1966), 563. 原文是："there must...be no thought of surrender. Every part of the island must be fought and the enemy resisted with the utmost stubbornness," "there must be vigorous fighting in the inner defences, and, if need be, from house to house."

44. Luft (1967), 146; *A Record of the actions of the Hong Kong Volunteer Defence Corps*, 58.

45. Sir Mark Young's Despatch, Dec. 28, 1941, HKRS 264-1-11, PRO.

46. Marsman (1943), 84-85; Roland (2001), 29-43.

五十名傷兵被日軍刺死，七位中外護士被姦殺及超過二十名醫護人員或聖約翰救傷隊員被殘殺。這些人的名字大多沒有紀錄，所以也不包括在每天死亡人數的名單裡。[47] 這種肆意殺戮戰俘、傷兵、醫務人員及平民的不人道行為絕對違反國際公法，但在當時侵華的日軍來說，卻十分普通。

即使到保衛戰末期，防空傳訊站仍繼續操作。在 12 月 17 日，鮑約翰等傳訊人員曾與登陸港島的日軍相遇，幸而逃脫。在 17 日後，「地區指揮部仍舊每天傳達當日報告和舉行檢閱」。[48] 後來義務秘書兼助理總監博臣 (D. A. Pockson) 曾讚揚傳訊隊的優異服務，防空護衛副署長亦證實所有傳訊站均在短時間內成立，獲當局「廣泛使用」，而「孩子們都熱衷和有效率地日夜長時間工作」。[49] 耶穌會教士萊恩 (T. F. Ryan) 曾目睹「穿著制服的傳訊隊員」服務，指出「孩子們的勇氣有時似乎……非常接近不顧一切」。[50]

香港淪陷後，童軍運動隨即被佔領軍嚴禁。這個做法明顯與日方當年在其他佔領地的策略不同。儘管如此，小規模的童軍活動仍秘密地在兩個集中營裡進行，不少成員亦繼續在本港或國內抗爭。

戰前由英國人控制的廣州沙面在被攻陷後即被移交給以汪精衛為首的傀儡中華民國政府，但日本卻決定保留「香港佔領地」，打算把她變成直屬日本的殖民地。磯谷廉介 (Rensuke Isogai) 將軍於 1942 年 2 月成為香港佔領地總督，一直留任至 1944 年 12 月。總督宣揚日本王道思想，更要求香港在「大東亞戰爭」中扮演新角色。數百名日本專家迅速地被調來香港，管理各政府部門。

理論上，本港華人和來自非盟國的外國人不會無故被日軍抓捕和禁錮。但透過各種有形無形的壓力、軟禁、監禁或毒打等，很多港人，包括大多數有地位的人士，都被迫屈服及與日軍合作。港人亦很快學會在見到日本士兵時必須鞠躬敬禮，不然「輕則給打幾下耳光，

47. Banham (2003), 143-164, 263-276, 306-317.
48. Saunders (1949), 169.
49. *HKSG*, Jan. 1946, 3.
50. Ryan (1944), 155-156. 原文是："the courage of the boys sometimes seemed to Fr. Kelly very close to reckless."

重則挨拳打腳踢」。[51] 姑勿論此做法是高層訂下的規矩或士兵自發的行為，它在一定程度上反映出一種嚴重和可悲的民族自大及自卑心態。這種侮辱當地人的做法比港英時代的種族歧視更變本加厲，亦是無知甚至可以說是愚蠢的。統治者根本不可能透過這種手段贏得港人的真正好感或尊敬。對日本佔領軍來說，「亞洲人的亞洲」這句口號似乎應該改為「日本人的亞洲」才較接近事實。

「香港佔領地政府」成立後，設立由羅旭龢及三位委員組成的「華民代表會」，及由周壽臣擔任主席、共有二十二位成員的「華民各界協議會」。表面上這是個「以華制華」的架構，但其實與港英時代的行政局和立法局不同，兩會均沒有實權。到 1942 年中，社會秩序逐漸恢復正常。大約 75% 的公務員重回崗位，警隊有兩千人，80% 是以前的警員，日本憲兵則接管宵禁期間的巡邏。但食品匱乏，當局被迫限量供應及採取寬鬆的遣返計劃，鼓勵港人返回內地，以減低對本港食物需求的壓力。遣返計劃相當成功，根據 1943 年 10 月的人口普查，香港當時的總人口只有八十五萬人，大約是二戰前的一半。

二次大戰期間，日軍曾在各佔領區內容許或鼓勵當地推行親日的童子軍活動。張鵬雲於 1938 年在偽滿洲國念書時曾經加入「協和少年團」（日本稱童子軍為少年團）。[52] 現存的舊童子軍皮帶扣顯示該國的少年團亦曾被稱呼為「滿洲國童子團」，更保留中國童子軍的「智仁勇」口號，顯然刻意強調中國童子軍而非日本少年團之傳統。1938年日軍在青島時曾容許當地中國傀儡政府成立「青島中國少年團」，目的是「使中國少年階級者脫離國民黨教育之弊害……而為中日敦睦之先驅」。[53] 建都於南京的偽中華民國政府在 1942 年亦成立新的中國童子軍，奉汪精衛為最高統帥。他們的誓詞要求成員「復興中華保衛東亞」及配合日本的所謂「大東亞共榮圈」政策，明顯冀望透過童軍訓練鞏固日治。[54] 日軍到太平洋戰爭晚期才控制法屬印度支那，

滿洲國童子軍皮帶扣

圖片由 Andrew Lai 提供

51. 謝炳奎、關禮雄 (2011)，59。
52. 張鵬雲 (2005)。
53. 王向遠 (2005)，第 28 章，4。
54. 中國童子軍總章 (1942)，3。

上：日治時期臺灣的「皇民化運動」
下：參與抗日的臺灣少年團

但仍然容許「保大帝」阮福晪 (Nguyễn Phúc Thiển) 的傀儡政府建立童子軍。曾於法治期間在西貢當過童軍的混血兒勃素 (Brocheux) 證實該政府有時會利用越南裔童子軍監控滯留當地的法國人。[55]

　　臺灣曾為日本殖民地多年，長期推行所謂「皇民化運動」，亦有類似日本本土的少年團。有點諷刺的是，從 1939 年起，一些來自臺灣的男孩卻在中國內地組織了一些「臺灣少年團」，參與抗戰。此組織沿用「少年團」稱號，應該沒有在中國童子軍總會登記，但亦再次

55. Bancel (2003), 46.

證明向殖民地青少年灌輸童子軍的愛國思想並不一定會給統治者帶來預期的效果。

日佔時期，雖然當局鼓勵學校發展，港人顯然無意接受日式教育，消極抵抗和積極逃避的情況相當普遍。戰前學生總數超過十萬人，但到 1943 年初，在學校裡就讀的只有三千多人。教育署採取各樣措施，包括提供獎學金甚至把彩票插入教科書裡等，仍然無法提高入學率。當局也曾透露有計劃組織青年團；不過，也許由於教育工作開展緩慢、有其他更迫切的需要或軍事形勢越來越嚴峻，香港在被佔領時期一直都沒有引進日本式的童子軍訓練。

跟本港很多機關的設施一樣，香港童軍位於下亞厘畢道旁的總部亦被日軍霸佔。總部裡的文件及其他東西均被毀壞或丟棄。謝炳奎曾於日佔初期路過總部，看見一些童子軍徽章和其他物件被棄置於街外，但由於路上有日軍看守，他不敢拾取。[56] 戰後博臣離開赤柱集中營後很快就回到總部，證實所有文件及記錄都已遺失，「甚至連地板也被掀起搬走」，以供其時物資已非常匱乏的日本本土之用。[57]

盟國的官兵和非華裔平民全被日軍集中拘留。北角的集中營主要有皇家英國海軍人員和加拿大士兵，包括海軍裡的深海童子軍和羅浮童子軍。深水埗營原先有所有其他的英國官兵，但軍官後來被轉移到亞皆老街營，而印度籍士兵則被搬去馬頭涌營。義勇軍裡的葡萄牙人、混血兒和其他非華裔成員也被拘留，但多數華裔士兵沒有入營或入營後不久即被釋放。

童軍領袖史伊尹、羅斯、希活、希路和吉庭士等均被拘留。參軍的年長童子軍們，包括九龍第 6 旅的克拉理、杜德、李達和馬修斯兄弟，也被拘留。希活被捕實在有點冤枉，因為當時他並沒有參加任何軍事行動，也沒有穿著軍服，只是奉天文台長的命令，和一位同事開私家車去元朗凹頭的氣象站拆走儀器，不幸碰上很快已經入城的日

56. 謝炳奎專訪 , Sep. 5, 2005, *HKSA*.
57. Pockson to Butterworth, Oct. 1945, *GA/SAHS*.

軍。[58] 義勇軍指揮部在投降後批准華裔士兵脫掉軍服回家，日軍亦沒有把他們關進集中營。「曾在九龍某童軍團活躍多年」及後來加入香港第1旅的李耀培是極少數的例外之一。[59] 他堅持留在部隊，被關進深水埗營。他義勇軍的上司兼救護隊指揮官賴廉仕 (L. Ride) 中校在集中營裡遇見他時曾問他為何入營，他回答說：

> 我想嘗試一下當戰俘的滋味，亦決定儘量繼續
> 跟隨指揮官。況且我感覺你應該會計劃逃走，
> 在營裡我可以提供協助。[60]

盟國非華裔平民和一些嫁給非華裔平民的華人最初被拘留在九龍酒店，然後從 1942 年 1 月起被關在赤柱集中營。無論於哪個集中營，被拘留者在日據年代都吃了很多苦，大部分人營養不良，有不少甚至在營中喪生。

在 1942 年 1 月，李耀培果然協助賴廉仕和兩位英裔海軍軍官逃離集中營，繼而潛回國內。李耀培戰前在香港大學任文職，其他三人則皆在學校裡任教。李是唯一的華人，在路上經常要負責聯絡及交涉。途中他們曾遇見日軍及汪偽的華人士兵，也曾得到港人和香港游擊隊（即東江縱隊）的協助。四位潛逃者歷盡艱辛後終於安全回到國內我軍控制的地區，成為本港成功逃脫的第一批戰俘，在國內繼續抗爭。按當時的日軍政策，華人不需要進入集中營，更可以安全和公開地回國。但李耀培卻選擇與幾位英裔戰俘同甘共苦，幫助他們到達目的地，充分體現出童軍勇敢不怕難和樂於助人的理想。

香港和國內的集中營裡都曾經有些小規模的童軍活動。高本 (J.

58. Heywood (2015), 41-47.
59. 根據他多年上司及摯友賴廉仕回憶，當 1930 年代他們剛認識的時候，李 "had already been for some years a very active member of a Kowloon troop of Boy Scouts," HKVDC Journal, 1967；戰後童軍月刊報導他獲授勳時表示他屬第一旅，*HKSG*, Feb. 1946.
60. Ride (1981), 17.

上：赤柱集中營部分戰俘於重光後攝
下：1942年初潛逃回中國後的賴廉仕及李耀培等

W. Cockburn) 是 1930 年代中期本港的童軍領袖，於 1939 年前往華北唐山，任循道會學校校長。1941 年戰事爆發後，他和其他盟國公民一起被關進附近的集中營，「雖然在缺乏制服與設備，以及地方與營裡紀律之嚴重困難之下，營裡仍然組織有男女童軍……由高本擔任男女童軍聯合委員會主席，並該旅童軍旅長」。[61] 戰後任香港總監的高本曾提及他在該團的經驗，認為如果成功是用「童軍訓練對孩子們的價值」來衡量，它是一個「最成功的童子軍團」。[62]

赤柱營裡有不少童軍領袖和支持者，包括詹堅、博臣、衛理、傅雷沙 (J. A. Fraser)、霍史德、李爾 (B. Lay) 及一些女童軍領袖。這是本港唯一有孩子的集中營，男女童軍活動都曾在營內進行，不過孩子們不能穿著制服，而集會亦只能秘密進行。拔萃男校九龍第 6 旅的童軍李達 (E. Read) 和小隊長韋菲爾 (R. Whitfield) 曾加入赤柱集中營裡的「地下」童子軍團。李爾原是拔萃舊生及第 6 旅副團長，相信應該有繼續參與領導。[63] 儘管經常給日本守衛打耳光和毆打、經歷闌尾炎手術甚至空襲，韋菲爾在營內熱心幫忙各種工作，通過工藝、游泳、救護、公共衛生等技能章測試。戰後他返回蘇格蘭，成為「京童子軍」，更獲英國總會頒發了一枚功績榮譽獎章。[64] 女童子軍也曾經在營內活動，每周改變集會場地。一張 1942 年使用過的考勤表內共有十五人簽署，顯示參加的女童子軍有一定的數量。

雖然深水埗營關的是軍人，沒有未成年的孩子，但該處依然有童軍活動。希活在營裡秘密組織了一個羅浮團，他當團長，史通牧師 (Rev. C. Strong) 當團牧，祈利弗‧馬修斯當副團長。根據該團的一份十分有歷史價值的手寫紀錄，它當時共有四十五個團員，來自保衛軍裡的不同單位。他們其中近三十人戰前已加入運動，包括十多位駐港英軍裡的「深海羅浮童軍」和羅浮海童軍、十一位分屬義勇軍或英軍單位的聖安德烈堂童軍和兩位分別來自英國和加拿大的童軍，即羅伯

---

61.《工商日報》，1954 年 12 月 25 日。
62. *SB*, Sep.-Oct. 1962, 2-3.
63. 注意此李達比較年幼，並非義勇軍裡的李達。
64. Saunders (1949), 170-1; The *Steps*《集思》, Jul. 1947, 51。

英國佐治十字英勇勳章

遜 (J. Robertson, 1st Edgeware [sic]) 及鄧祿普 (Robert Harold Dunlop, 8th Stratford)。團員身不由己，無法考核一百碼游泳和十六哩遠足之類的東西，亦有不少人於 1942 年開始被運往日本當苦工，但從 1942 到 1944 年都有人參加先鋒工程、手工藝、公民及露營技能等考核。[65]

大家可能還記得前面提過的聖安德烈堂羅浮童軍團 12 月 7 日的露營。深水埗營裏的伙食當然不會太好，「主要由米飯組成；肉是一種罕見的奢侈品」，被關在營裡的羅浮童軍們「常常想起那塊被埋在九龍山上沒有人可以吃到的可口的牛肉」。葡萄牙裔喇沙書院童軍奧沙利奧 (J. A. Ozorio) 在日佔時代曾避走中立而未被佔領的葡屬澳門，據說他亦「利用童軍技能生存」。當時食物短缺，生活艱難，他常常與朋友「乘坐一艘舢舨到氹仔，然後游到路環，停留一周，靠捕魚和露營」過日子。[66]

在這個時期，有些本港的青少年要在離港後才有機會參加運動。周埈年不願與日人合作，於 1943 年也走避中立的澳門。他的兒子及後來成為香港童軍總監的周湛燊曾加入當地的中國童子軍第 531 團，接受童軍訓練。念小學的盧觀榮在日據初期隨親人回國，在曲江念書時曾加入童子軍，並去過露營。[67]

當然，童子軍精神超乎集會和考章，應該透過個人的行為表現出來。廣州淪陷時，侯利華並無回港避難，卻留在該市為難民服務，所以不幸被押進當地的集中營，要到戰後才重回香江。集中營裡不少人曾分次被轉移到日本本土做苦工，代替當地缺乏的勞動力。其中一位是香港第 5 旅的領袖及何東的女婿吉庭士，他入集中營時已四十多歲，而其他被要求轉移到日本的戰俘都明顯比他年輕。當時朋友曾勸他用年齡大的原因要求免役，但他堅決拒絕，因他深信「如果我不去另一個人就必須補上，以達到 [ 日方 ] 需要的總人數」。[68]

在日本當苦工的童軍亦於逆境裡發揮積極的作用，幫助和鼓舞其

65. G. Heywood, "Hong Kong Prisoners of War Crew: Roll and Record," Heywood (2015), 99.
66. Heywood (2015), 102; Anne Ozorio to Kua, Feb. 2, 2013, *HKSA*.
67. 周湛燊專訪，Apr. 27, 2010, *HKSA*; 盧觀榮專訪，Feb. 20, 2012, *HKSA*.
68. Gittins (1982), 152.

他營友。一份回憶錄是這樣說的：

> 我們 32 人的房間有幸由萊斯利・米林頓領導，
> 並有祈利弗・馬修斯為成員。他輕鬆樂觀，大
> 大激勵了士氣……另一名成員祖・李達則盡量
> 偷來日本報紙，翻譯主要戰爭新聞，然後逐個
> 房間去跑，提供匯報，無懼嚴厲懲罰……我們
> 從戰鬥激烈的島嶼，猜想到盟國海軍已越來越
> 接近日本。[69]

　　經常鼓勵他人和令人印象深刻的三位營友米林頓、馬修斯和李達
有一個共通點：他們都是香港童軍運動成員。

　　赤柱集中營裡發生了不少欠缺公允、自私自利、以權謀私、暗中
操縱和背信棄義等事件，反映被關押的少數營友們人性醜惡和陰暗的
一面。但是，曾任《南華早報》經理及一向出錢出力支持童軍運動，
並曾獲頒授童軍感謝章的衛理，受營中上下人等尊重和信任，先後主
持營內的臨時委員會、住宿上訴處和賑災基金。[70]

　　曾任港府新界北區區長及香港第 21 旅創旅領袖的傅雷沙，協助
營友逃獄和組織秘密無線通訊與外界交換情報。在被捕後他受盡酷
刑仍拒絕背叛同伴，於 1943 年 10 月被日軍槍斃。他的英勇行為在戰
後獲得當局表揚，於 1946 年被追授英國僅次於維多利亞十字章的佐
治十字章。[71] 港大教授和運動支持者霍史德熱心主持營內的教育委員
會，更為營友們辦學和編輯教會雜誌。透過他的努力，集中營裡的孩
子沒有荒廢學業，很多出營後都能夠順利繼續求學。[72] 吉庭士的夫人

69. Matthews C. *et al* (1998), 185-186.
70. Streicker John, *Captive Colony: The Story of Stanley Camp, Hong Kong*. (typed manuscript, the Hong Kong Univ. Library, 1945), ch. IV, 1; ch. V, 17.
71. *3rd Supp., London Gazette*, issue 37771, Oct. 25, 1946, 1.
72. *The Church Review* (Stanley), Jul. 1942, 1, 14.

何文姿曾協助營內的學校工作，於回憶錄裡強調她當女童子軍時學會適應環境和自力更生，對她在拘留期間幫助很大。[73]

在佔領期間，部分童軍仍有參加抗戰。賴廉仕逃至國內後組織了英軍服務團 (British Army Aid Group, BAAG)，在香港和中國境內蒐集情報，協助戰俘逃亡及執行其他抗日支援工作。BAAG 得到國民政府首肯，亦經常與東江縱隊合作。李耀培從一開始就加入 BAAG，曾再度潛回香港，被日軍逮捕及嚴刑拷打仍不肯透露身份和任何情報，後幸獲 BAAG 透過中間人把他營救出來。曾於皇仁及劍橋肄業、任職聖保羅書院及擔任香港第 10 旅領袖的黃紹本就沒有那麼幸運。他戰前是後備警察高級幫辦，日佔期留港秘密參與 BAAG 的地下工作；後來不幸被日軍拘捕，於 1943 年 10 月 29 日被憲警處決，殉職時年五十七歲。[74]

香港第 1 旅領袖兼港島區總監柯昭璋回國後不久就加入英軍服務團，當過武器教練。雖然在保衛戰中腿部受創令他行動不便，柯氏在這段時期仍曾訓練很多回國港人，其中一些後來更參加了中印緬戰區的游擊戰。[75] 他持續在該組織裡服務，1944 年 6 月的 BAAG 人員名單上仍然有他的名字。喇沙書院第 17 旅的領袖馬基在離港回華後也去了英軍服務團工作，曾先後在桂林、澳門及廣州灣（湛江）服務。[76] 聖保羅書院第 10 旅的童軍謝炳奎當時比較年輕，回國初期進了大學修讀外文。但後來由於戰況嚴峻，學校相繼內遷，他只好去廣東梅縣，加入美國新聞處擔任翻譯員，幫忙筆錄及翻譯情報資料。

參加過防空傳訊隊的童子軍後來可獲頒英國童軍總會的「國防服務徽章」及英國的防衛勳章。曾在義勇軍裡服役的華洋童軍成員均獲頒發英國的二次大戰星章、防衛勳章和戰爭勳章等。鮑德漢因領導傳訊隊有功而獲頒授大英帝國勳章。李耀培因戰時表現突出，後獲頒發軍事勳章。

英軍服務團徽章

73. Gittins (1982), 39.
74. *In Memory of the Late Mr. David Loie K.P.M. and his helpers* (Hong Kong: n.d.).
75. *SCMP*, Aug. 27, 1965.
76. Stewart (2005), 93; Henry Ma Papers, *HKSA*.

由於童軍運動當時在加拿大很受歡迎，她派來香港的增援隊伍裡當然有不少童軍。深水埗營的羅浮團起碼有三個來自皇家加拿大步槍團 (Royal Canadian Rifles) 的成員，包括鄧祿普。在華參戰的美軍亦有很多童軍。飛虎隊指揮官史葛德 (R. L. Scott) 上校證實當時隊裡的飛行中隊指揮員「一律都是童子軍」，而他自己則是佐治亞州第 23 團的「鷹童軍」(Eagle Scout, 美國童軍之最高獎勵 )，曾考獲童子軍航空技能章等。[77] 1942 年 10 月，他率領及護送十架 P-40 戰機轟炸被日軍佔領的香港，並親自擊落了四架日本戰機。

很多童軍經歷大戰和日據而倖存，戰後有更好發展。李耀培一直在英軍服務團內工作，戰後初期已因功被委任為上尉。楊元洲和洪文超回國後加入中國空軍，後來成為國內機場氣象站的負責人。黃詹美 ( 譯名，Jimmy Wong) 則在國內成為飛行員。[78] 羅斯在被送往日本當苦工後倖存，戰後回港在商界非常成功，亦擔任很多公職。加拿大童軍鄧祿普亦於 1943 年 8 月離開營裡的羅浮團，被運去日本工作，吃了不少苦頭，勝利後才獲釋回國，2002 年去世。馬基回港後長時間在政府部門和高等法院服務。高本戰後從華北回港後繼續在教育界工作，後來當了教育局的高官。祈利弗・馬修斯戰後繼續學業，後來在北美成為大學教授，到 1990 年代初才退休。[79] 希活戰後當了天文台台長，至 1955 年才退休回英，繼續參加童軍活動，1969 年更獲英國總會頒發銀橡實獎章。[80] 二戰後，柯昭璋、羅斯、高本和馬基分別成為首位華人香港童軍總監、任期最長的總會會長、推動本港運動普及化的總監和領導香港童軍會獨立的總監。

但是，很遺憾地，亦有許多童軍運動裡的成員在保衛戰中或日佔時期犧牲。林劍鏗 (Lim Kim Huan，香港第 1 旅)、鍾耀文 (John Yew Mun Chong，九龍第 17 旅 )、林尚德 (Francis Seang Teik Lim，九龍第 17 旅 )、李安力 ( 譯音，Enrique Lee，九龍第 17 旅 )、楊文安 (Yeung Man

77. Townley (2007), 27.
78. Henry Ma Papers, *HKSA*.
79. Matthews *et al* (1998), 227.
80. Heywood (2015), 31.

On，香港第 7 旅）、安德遜（Donald James Anderson，香港第 5 旅）、吉庭士（William Minto Gittins，香港第 5 旅）、傅雷沙（John Alexander Fraser，香港第 21 旅／新界第 1 旅）、祖雅士（Arthur Ernest Job，香港第 19 旅／香港童子軍憲報英文編輯）、希路（Robert Ashton Hill，香港第 12 旅／九龍第 1 旅）、梁兆元（Leung Xiu Yuen，香港第 13 旅）、黃亨利（Henry Wong，九龍第 1 旅）、李太尉（David Lee，九龍第 15 旅／九龍區區總監）、趙甘霖（Chiu Kam Lam，九龍第 21 旅）、費沙（E. D. Fisher）、雷利（E. Rapley，九龍第 6 旅）和黃紹本（Preston Wong Shiu-pun，香港第 10 旅）等均在這個時期喪生，他們大多是在保衛戰中戰死、日佔時被處死或死於戰俘營裡。1930 年代在拔萃書院念書及於九龍第 6 旅任童軍小隊長的達理（James Dudley）後來加入英國皇家空軍，在北非服務。但不幸地他卻於 1942 年在利比亞喪生，曾獲頒空軍英勇十字勳章。[81] 這些童軍兄弟均無法佩戴戰後才頒發，他們最得之無愧的童軍戰時服務章。

鑒於很多戰時陣亡人士的童軍身份不能確認、佔領期間缺乏資訊和不少人在回國後失去聯絡，要整理出齊全的本港童軍二次大戰的死亡清單根本不可能。我們相信上述名單只是完整清單的一部分，有更多的童子軍運動成員在抗戰及日據時期為香港付出最沉重的代價，亦希望在未來的日子裡能夠繼續補充有關資料。

安德遜、林劍鏗、林尚德、鍾耀文、費沙和祖雅士均被列於官方的義勇軍「陣亡或死於傷口」人員清單；黃紹本及傅雷沙屬 BAAG 的殉職人員。陣亡的費沙和被日軍處決的黃紹本和傅雷沙被埋葬於赤柱軍事墳場。陣亡的安德遜被葬在西灣國殤紀念墳場，而林劍鏗、林尚德、鍾耀文和祖雅士的名字亦刻在那裡的紀念碑上。希路和吉庭士死於日本，屬「死於戰俘營中」的義勇軍人員，被埋葬在橫濱。

很多在保衛戰或日佔時的犧牲者根本沒留下姓名，違論有標

---

81. The *Steps*《集思》, Dec. 1935; Jul. 1948.

上：西灣國殤墳場正門 (Paul Kua)
下：西灣及赤柱墳場內從左至右分別為費沙、無名英雄及黃紹本的墓碑
(Paul Kua)

記的墳墓，我們只能夠在各個軍事墳場裡的無名英雄之墓碑（上刻
"KNOWN UNTO GOD" /「為神所知」）前憑弔他們。香港特區政府至
今仍每年在大會堂紀念花園舉行「為保衛香港而捐軀之人士」紀念儀
式，通常由特首主持，邀請有關人士和組織出席。香港童軍總會每年
都有派代表參加此簡單而隆重的儀式，莊嚴地代表所有會員獻上花
牌，表示不會忘記為保衛香港而犧牲生命之港人，尤其是運動裡有名
無名的童軍兄弟們，更不會忘記他們無私貢獻的精神。

第十一章

# 劫後重建

# 1945-1954

CHAPTER ELEVEN

# POST-WAR RECONSTRUCTION

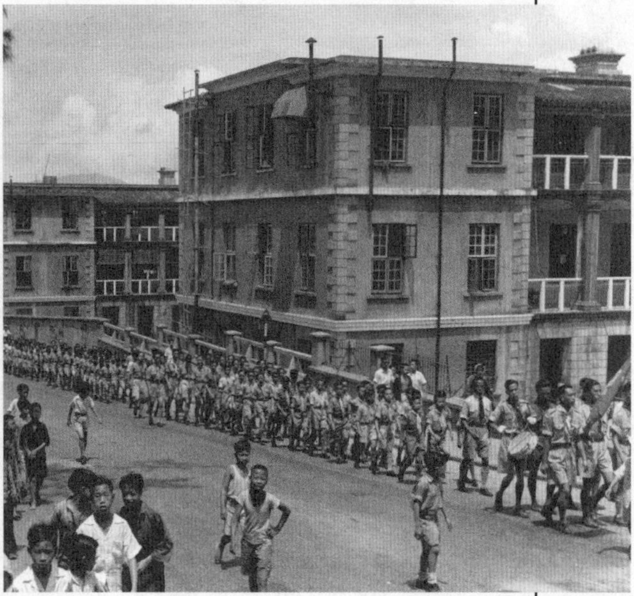

歷史家通常認為二次世界大戰始於 1939 年 9 月 1 日，

終於 1945 年 9 月 2 日，是一場長達六年零一天的戰爭。

但是，歐洲的戰火於 1945 年 5 月德國投降時已然熄滅；

而日本早於 1937 年 7 月已對華宣戰，

於 1945 年 8 月才投降。所以，對亞洲尤其是中國來說，

大戰比歐洲早了兩年有多開始，亦比歐洲遲了幾個月結束。

迎來和平後，被敵軍佔據了三年零八個月的香港

終於重獲自由，可以開始建構百廢待興的新社會。

雖然當時港人疲憊不堪、各項物資貧乏，

日據時代完全被禁止活動的童子軍們卻於戰後短短的

十年內，齊心合力地重新打造出一個比戰前更強大、

更華化的青少年運動。

綽號「小男孩」和「大胖子」兩個原子彈分別在廣島和長崎投下後，日本終於在 1945 年 8 月 15 日宣佈無條件投降。《南華早報》於 8 月 30 日刊登 1941 年 12 月以來港英政府的首份公報，宣佈英軍艦隊即將接管香港。海軍少將夏愨 (Cecil Harcourt，1945 年底封爵，翌年初升中將) 在 9 月 1 日成立臨時軍政府，香港再度成為英國殖民地。[1]

在大戰期間，蔣介石與美國總統羅斯福曾一度想中國在戰後於香港恢復行使主權，英國雖然不樂意見到這個局面，其殖民部亦曾暗地裡承認可能需要接受此安排。所以，英方對最終能夠重回香港，應該感到十分慶幸。[2] 日本投降後，身為盟軍中國戰區（包括香港）總司令的蔣介石最初甚至反對由英軍接受投降。最終，英方通過外交渠道的溝通，建議夏愨在投降書上簽署兩次，其中一次代表蔣總司令，才解決了這小小的外交風波。所以，在 1945 年 9 月的重光典禮上，中、英兩國國旗同時懸掛於會場中央，象徵當時中國在收回香港這件事上的角色。

根據重光後英籍童軍總監博臣於 1945 年 10 月之報導，當時：

> 本殖民地陷入一片可怕的混亂。日本人沒有做過任何修理或維護工作，他們只會操作一切，直到它們發生故障，然後就放棄。但公共事業已迅速地投入服務，這個地方亦正被清理。

幾個月後，他接著說社會各界正全面重建，努力克服敵軍留下的「流離失所及肆意破壞」狀況。[3]

在恢復控制香港後，港英當局對所謂「漢奸」和曾於日據時代與

1. *SCMP*, Aug. 30, 1945; Endacott (1978), 232-3, 261.
2. Louis (1997), 1052-1084.
3. Pockson to Butterworth, Oct. 15, 1945; Pockson to Chief Scout, Feb. 26, 1946, *GA/SAHS*.

日方合作者一般採取較寬容的態度，並沒有大規模的捕抓或審判。畢竟，在投降後港英高層的確曾授權一些華人社區領袖採取合作態度，況且事實上有大量華人，包括很多的公務員和警察等，在日佔時期都不能避免為佔領政府服務或與它來往，而香港戰後的有效管治仍需要當地華人繼續合作。

在一定程度上，這種態度可以說是反映當時本港社會的共識。多數人似乎覺得在日據時代與日方合作是無可奈何的，在大部分情況下不見得需要深究。正如香港歷史家高馬可（J. M. Carroll）所說：香港華人資產階級與英國殖民者或日本佔領者合作，「不只是考慮簡單的經濟利益，也是因為需要在動盪的時代裡儘量維護他們的香港」，而此做法往往是雙贏的，因為不同階級的港人都會直接或間接受惠。[4]

亞洲在太平洋戰爭裡損失慘重，各國人民經歷很多苦難；但日本人的口號「亞洲人的亞洲」和針對殖民地「白人至上」的政策亦導致戰後許多亞洲殖民地裡的民族主義逐漸湧現，要求平等待遇的聲音不斷高漲。

香港也不例外：由於英軍被擊敗、香港被佔領及中國位居五大戰勝國之一，殖民地裡統治者和被統治者之間的關係在戰後起了一些微妙但根本的轉變。在華人社會裡，中華民族主義抬頭，「雙重效忠」意識普遍，要求當局重視華人的聲音亦越來越多。

羅文錦爵士曾呼籲港英政府要「保障整個殖民地社會而不是某族群的利益」，夏愨亦聲稱居港歐人要有全新的「1946 年之世界觀」（"a 1946 outlook"），考慮華人的民族自豪感，摒除以前的種族歧視，把重要職位逐步移交給本地華人。[5]

楊慕琦於 1946 年 5 月回港續任港督，重建港英殖民地社會。秉承「1946 年之世界觀」的精神，楊慕琦回港後不久就提出政治改革建議，旨在給予港人一定程度的民主及民選的市政局。國民政府亦獲

4. Carroll (2007b), 188.
5. Welsh (1993), 434; Horne (2004), 283.
6. Horne (2004), 283.

上：1945 年 9 月香港重光典禮中
英國旗同時懸掛
下：香港發行的重光紀念郵票

准委任駐港專員，處理居港華人事務，儼然是本港小小的第二個權力
中心。

　　畢業於桑赫斯特皇家軍事學院和劍橋大學，曾於戰前在本港
輔政司署任職多年及時任斐濟總督兼西太平洋高級專員的葛量洪
(Alexander Grantham) 爵士於 1947 年 7 月接任港督。他初期仍繼續探
討政治改革，容忍社會上的「雙重效忠」現象。

　　儘管葛量洪首先推遲、繼而取消楊慕琦的改革建議，他亦了解需
要給予華人較重要的角色，曾明言：「一些歐洲人對亞洲人的囂張氣
焰 [ 曾導致 ] 比建立殖民地和領管地同樣多，甚至更多的怨氣」。[6]

　　楊慕琦和葛量洪兩人上任後均積極鼓勵本港童軍運動的復甦和重

建。在戰後初期，他們亦接受如戰前一般親中的本地運動特色。

在 1945 年底，香港重光後不久，童軍活動就開始出現。上一個故事曾略略提及助理總監兼義務秘書博臣於戰後向英國總會提交的第一份報告。該份報告一共有六頁，由博臣於 10 月 18 日親筆撰寫，現藏英國總會的基維爾檔案館，前段是這樣說的：

我給你們的最後一封信是在 1941 年 12 月 7 日寫的，但當天晚上戰爭已然爆發，該信無法寄出。幾個星期後，我的房子和我們的總部都給日本人接管了。當我上個月從赤柱 [ 集中營 ] 回到港島時，我發現這兩個地方所有的東西都被剝奪──總部甚至連地板也被掀起搬走了！我們所有的記錄文件都已遺失，但很幸運地，我們許多領袖仍然在這裡⋯⋯已曾經兩次召集他們 [ 開會 ]。[7]

為開始重整總部紀錄，博臣在信後要求英國寄來一些最基本的文件，包括英國的《政策、組織及規條》、香港的《童子軍總會條例》及財務報表的副本等。

日據時期佔領軍對香港社會很多方面造成破壞，但由於這些大多是題外話，本故事不會詳談。國際法長久以來明文規定戰勝國不許肆意破壞戰敗國的歷史文物和文化遺產，把這種行為定性為戰爭罪行。《利伯法典》(Lieber Code) 甚至不容許在有軍事理由的情況下作出這種破壞，[8] 但日軍在香港有很多這種行為。

7. Pockson to Butterworth, Oct. 15, 1945, GA/SAHS.
8. Ehlert (2014), 19-20.

日軍佔用位於下亞厘畢道的總部小房子，在戰爭時期無可厚非。不過，童軍雖然歷史不算太悠久，畢竟是個頗成功的世界性青少年組織，亦是獲日本皇室支持及社會歡迎的運動。日軍有關人員把本港總部裡的所有文件、書刊、紀錄、報表、照片、徽章及其他東西全數毀壞或丟棄，實在是一種絕對無軍事必要兼且十分野蠻的行為，亦造成香港童軍運動的一場檔案浩劫。近年來雖然總會多方努力，亦慶幸每年或多或少都有一些收穫，但相信我們永遠無法完全彌補這方面的損失。

英國總會於 11 月 2 日回信，寄上所需文件，並通知博臣英國已然派出童軍國際援助服務隊前往香港。原來總會於大戰後期成立「童軍國際援助服務隊」(Scout International Relief Service，曾譯為童軍萬國救濟會)，為各國提供戰後各項社會服務。從 1945 年 11 月至 1946 年 4 月，由童軍領袖馬發 (L. A. Muffet) 領導的第八組被調來香港，參與戰後社會重建。由於當時香港運動缺乏全職專業領袖，總會來函裡曾建議香港考慮由馬發擔任「未來的童軍組織總監」(Organising Commissioner) 一職。[9] 但可能是因為當時總會資源有限，無法支付有關費用，此建議終於沒有成事，總會要到好幾年後才設立這個職位。

童軍總會前會長羅旭龢於日佔時期是最重要的華人代表之一。當時的署理輔政司羅傅 (R. A. C. North) 證實在淪陷初期當局曾授意羅氏等人與日方合作，以保護平民和儘快恢復社會秩序。最後，雖然當局認為羅氏「犯了判斷錯誤」之罪，他沒有因為在日佔時期的行為被審判。不過，當局亦不再容許他參與政府或社會服務，他被迫黯然引退。[10]

相反地，童軍總會前副會長兼司庫周埈年卻在日佔初期即避居中立地澳門，是少數沒有加入佔領地政府及「完全清白」的重要華人領袖。在戰後，周繼續服務社會並擔任總會副會長一職，在 1953 年被委任為本港行政會議首席非官方議員，並於 1956 年被封為爵士。[11]

重光初期，臨時軍政府掌管所有軍政機構，「基本上每個 [ 曾被

9.  Muffet to Int'l Relief Service, Dec. 2, 15, 1945, *GA/SAHS*.
10. "Sir Robert Kotewall, 1945," CO 968/120/1, *NA*.
11. *Ibid*. 原文是：" to have entirely clean hands."

關在集中營裡的英國]人都會被送走一段時間」。[12] 童軍總會外籍領導如詹堅、希活和戰前負責小狼隊的布克 (F.E.E. Booker) 夫人等很快就離港回英休息。於 1945 年底的頭兩次本港童軍聚會裡，唯一能夠出席的外籍領袖是博臣。正職是警察的他當時需要重整警務，暫時延遲離港，但次年 4 月份終於亦返回老家。侯利華原在廣州的集中營，回港

周埈年爵士 (Chau Cham-son)

後，剛好趕上 10 月份的第三次會議。不過，他在 12 月也離港取道美國回英述職及度假。

柯昭璋戰前曾任港島區的區總監，是華人童軍領袖裡最資深的成員之一。他從中國內地回港後，迅速被任命為署理副總監，進入總會領導高層，而鮑德漢則被委任為署理區總監。[13]

由於「許多領袖仍然在這裡」，運動很快就已復甦。香港第 13（中央華人）、第 7 及第 16 旅（聖類斯工藝學校，後改稱聖類斯中學）均在 1945 年年底率先恢復活動。根據博臣的報導，在黃溢雄的領導下，第 13 旅「在我們 [ 指英籍總監 ] 從赤柱集中營中獲釋之前，已設法弄到一個新旅部，重新啟動他們的童子軍團和羅浮童軍團」。在翌年元旦日，該旅於旅部舉行慶祝，拍了一張有歷史價值的合照，當時已有「羅浮三隊童軍四隊小狼五隊」。第 16 旅由署理團長王天龍帶領，於 9 月份開始集會。第 7 旅戰前屬英皇書院，但由於該校仍未復校，此時乃一公開旅，由鮑德漢任童軍團團長。該旅於 11 月份恢復集會，不久之後已有六個八人小隊，需要暫停招收新人。

至 1946 年 1 月，除了上述旅團外，第 1 海童軍旅在副旅長趙叔明和團長冼家榮的領導下亦開始集會；而香港第 1（聖若瑟書院）、第 12 旅（皇仁書院）、九龍第 11（九龍華仁書院）、第 16（公開華人）及第

12. Pockson to Butterworth, Oct. 15, 1945, *GA/SAHS*.
13. Muffet to Int'l Relief Service, Dec. 2, 15, 1945, UK to Pockson, Nov. 2, 1945, *GA/SAHS*.

1947 年華仁書院童軍旅合照 (William Kwan)

21 旅（九龍基督教青年會）等也紛紛重新活躍。[14]

到了 1946 年 9 月，已共有二十二個旅團完成重新註冊的手續，它們來自「精英」學校如聖保羅、聖若瑟、皇仁、華仁和喇沙，教堂如聖母無原罪主教座堂、玫瑰堂、聖瑪加利大堂和基督教基督堂，以及中文學校如德明、培英、景新及仿林等。[15]

戰後初期個別旅團的設施和物資亦非常短缺。英皇書院日佔時曾被改成馬房，建築結構受到嚴重破壞，香港第 7 旅被迫臨時改在灣仔一家學校集會。聖若瑟書院日佔時期曾被用作醫療訓練基地，仍沒有重開，香港第 1 旅只能在領袖家裡聚集。九龍基督教青年會總部當時仍為當局徵用，第 21 旅只好把總部設於港島的青年會。港九兩家德明中學的旅團均需在九龍校舍集會，因為港島的學校仍未復校。1946 年 4 月九龍第 21 旅（喇沙書院）羅浮童軍首次集會在嘉道理學校舉行，因為喇沙校舍從戰爭開始時就被政府徵用，到當年夏天才獲歸還。[16] 香港第 10 旅（聖保羅書院）剛恢復集會時，「幾乎沒有任何訓練設備」。[17]

14. Pockson to Chief Scout, Feb. 26, 1946, *GA/SAHS*；《香港童軍月刊》，1946 年 1 月。注意此雜誌英文名稱是 *Hong Kong Scouting Gazette*，與戰前後期的總會期刊同名，通常有中英文篇幅，為求簡潔，註文只會提及一個名稱。
15. Kua (2011), 229.
16.《香港童軍月刊》，1946 年 1、2 月；Kua (2011), 230.
17. Tse Ping Fui, "The College Scout Troop," *Wayfarer* (1957-58), 59.

圖片由 Yau Yu-kai 提供

戰前（上）及戰後（下）的機繡版香港章

　　因為白色布料昂貴，海童軍初期需要穿卡其色的制服。1946 年初的童軍大多沒有佩戴徽章，但當時顯然有些未經批准的徽章製造活動。總會 6 月的通告重申「童軍不得在外購買私自製造之童軍徽章」。[18] 從 1946 年 1 月香港第 13 旅華人公開旅的合照裡，我們可以看到雖然大部分成員均有整齊制服和旅巾或領帶，他們幾乎都沒有任何童軍徽章。

　　雖然在 1920 年代後期有些本港童軍曾佩戴一個繡上 Hong Kong 兩個英文字的長方形布章，總會要到 1930 年代中期才推出第一枚有香港特色的地方章。該章以白色絲質布料做底，中心採用殖民地紋章圖案，上下方分別繡有「香港」及「童子軍」幾個中文字。戰前的這一款香港地方章可以被稱為第一代第一種，製作精美，但可能成本較高，佩戴的成員並不多，加上日佔時代童軍徽章絕大多數被毀，此章十分罕有，是本港童軍徽章的極品。

　　由於物資貧乏，戰後早期成員佩戴的幾種香港章的設計基本上仍然屬第一代，但卻是些易褪色的印刷章或粗糙和每個略有不同的手繡章，後來才推出簡單但標準化的機繡章。這幾種第一代的香港地方章設計大致相似，但戰前的第一種精細機繡章比戰後的第二、第三和第四種印刷章、手繡章和簡單機繡章的質量明顯好得多。

　　前面幾章已經介紹過英國總會分別在 1909、1927 和 1933 年推出的所謂第一、第二和第三代的徽章。但第三代徽章採用長條絲帶底料，徽章被切成長方或四方形，不甚美觀，不太受歡迎。兩年後英國再推出改良的第四代徽章（woven & bound），仍用絲帶底料，但重新按章的形狀切成圓形、欖形、楊桃形或皇冠形等，再加上鑲邊的線繡。戰時物料（尤其是棉線）短缺，英國總會在徽章存貨用罄重製時採用彩印（printed）代替線繡，至大戰後才停止，是為第五代徽章。大部分的各代徽章均採用卡其色底料，部分適用於海童軍的徽章採用深藍

18.《香港童軍月刊》，1946 年 6 月。

色料子，而救護章則一直沿用較突出的白色底料。由於不是每種徽章都有彩印版本，而卡其色的第四代徽章存貨較多，故而彩印章種類尤其少，收藏者特別喜歡珍藏（下頁圖）。

小狼隊徽章也同樣有第一至第五代，但系統較簡單。初級章有一狼頭，有進度後可獲頒發一星及二星；技能章只有十多個，按種類分紅、黃、綠、藍四個底色，亦從第二代開始加繡 "BOY SCOUTS" 兩個英文字。[19] 運動戰後重建期間，香港絕大部分的成員均佩戴 1935 年已開始推出的第四代徽章，當然也有少數資歷比較深的成員會有一些戰前發行過一段時期的第五代即彩印徽章。第四代徽章在戰後沿用多年，直至 1960 年代才被所謂「新制」徽章代替，後者在下面的故事裡會介紹。

總會於 1946 年 1 月恢復出版《香港童軍月刊》，分別由鮑德漢和黃溢雄擔任英文和中文編輯，及由聖類斯學校承印，每本售價 3 角。初期的月刊紙張劣，頁數少而無圖片，遠遠比不上戰前的童軍刊物如《銀狼》、《童子軍》和《香港童軍月刊》等。

此時全港童軍物資緊絀，但卻有一個例外：聖類斯的童子軍團在舉行戰後首次宣誓禮時，所有童子軍都穿著完整的制服及佩戴適合之徽章！原來在日佔期間，學校裡來自中立國家的神父沒被拘留，決定冒險把所有童軍制服和設備偷偷地藏在自己房間裡。這些物資在戰後終於「重見天日」，在學校童子軍復旅時大派用場。[20]

早期重新活躍的旅團大多來自學校，其中不少仍與中國童子軍總會維持密切關係。從某些角度來看，中國對香港運動的影響甚至比戰前更大，而戰後初期政府的權宜之計則是容忍「雙重效忠」的現象在童軍裡繼續存在。在 1940 年代，中國民族主義在本港學界和童軍運動裡都相當明顯，亦似乎獲得當局默許。拔萃男校 1946/47 年度的學校年曆列明所有學校假期，包括雙十節、蔣介石生日及孫中山生

19. *Annual Report*, 1935-36 (London: Boy Scouts Assn., 1937), 78; 柯保羅 (2012), 61-62, 100-102.
20. *Scouts Int'l Relief Service: A record of the Work Done, 1944-1946* (London, 1946), 6; the *Piokelde Post*, Feb. 1946.

圖片由 Paul Kua 提供

第五代童軍彩印章（下）

第四代線繡童軍章（上）、海童軍章（中）和

日。[21]1946 年 2 月的《香港童軍月刊》有介紹中國國旗史的文章。當年九龍第 17 旅的內部文件列出英國國旗的基本知識為初級章的要求之一，但亦明言華人可以用中國國旗的知識代替。[22]

1946 年 4 月，香港童軍在植物公園 (Botanical Garden，俗稱兵頭花園，1970 年代改稱動植物公園) 舉行戰後首次聖佐治日大會操，由副總監柯昭璋等陪同曾是童軍的費斯廷 (F. W. Festing) 將軍檢閱六百六十多名童軍兄弟。場地裡中、英國旗同時懸掛，而誓詞亦用中、英文複述。[23]從前面的故事裡，讀者應該記得其時本港的中文誓詞相當曖昧，並無英文誓詞裡的「英皇」兩字，只要求華裔童軍對「國家元首」盡責任，而當時很多成員會把後者解讀為對中華民國總統負責。

大會操當天，穿著制服的童子軍在街上列成長長的隊伍，由海旁沿花園道操往植物公園，頗為壯觀。很多在日據時代裡從沒見過童軍的街童都很好奇，不禁地駐足觀看。這個情景剛好由訪港的美國海軍記者攝下，使我們多年後的人亦可以感受一下這個歷史時刻的情況。

由馬發領導的童軍國際援助服務隊在援助社會重建之餘，亦趁機協助本港童軍運動復甦。駐港皇家海軍和商船服務隊伍裡有不少前英國童軍，他們於此時重組的深海羅浮童軍團亦如是。他們曾支援剛剛復旅的華人公開旅香港第 13 旅的訓練和活動，也曾在設於舊大會堂的臨時童軍總部裡組織訓練班，培訓本地領袖。後者更秉承羅浮童軍的優良傳統，負責京士柏孤兒院之建設和基督教青年會裡的貧兒會。[24]

楊慕琦於 1946 年 8 月出席在銅鑼灣舉行的大會操，會見八百多名童子軍，參觀展示，並頒授銀質十字英勇勳章給海童軍第 1 旅的副團長黃啟忠。黃君是戰後首位獲英勇獎勵的領袖，他 1920 年代加入海童軍第 1 旅，於 1941 年在燈塔當值時冒生命危險游過常有鯊魚出沒的橫瀾海峽，救起因舢舨被日軍擊沉而溺水的華人。[25]是次大會操

21. HKMS 85-1-55, *PRO*.
22. Circular on the Tenderfoot test, Apr. 18, 1946 (17th Kowloon Group), *HKSA*.
23. *CM*, Apr. 29, 1946.
24. Muffet to Int'l Relief Service, Dec. 2, 15, 1945, *GA/SAHS*; The *Piokelde Post*, Apr.-Jul. 1946.
25. *Boy Scouts Roll of Honour*, v. 24, *GA/SAHS*.

1946 年 4 月童軍操往兵頭花園參加戰後首次聖佐治日大會操 (U. S. Navy)

是當年的第二次，顯然是為 5 月才重新上任的港督兼童軍總領袖而特意安排的。對楊慕琦來說，這可以算是遲來的歡迎儀式，因為他 1941 年上任時並不曾參與過任何的童軍大會操。根據報導，楊進場時「中英國旗隨之上升」，再次顯示當時中英並重的態度。[26]

在 1946 年 12 月，一千名童軍在柯副總監的領導下於喇沙書院舉行盛大的營火會，歡迎剛在英國被冊封為教區副主教的侯利華會督兼童軍總監回港。當晚大家盡情唱歌表演，其中最令人印象深刻的節目據說是「由盧君 (Francis X. Loo) 率領九龍第 17 旅羅浮童軍演出的完整廣播節目」。[27]

楊慕琦於 1947 年 4 月「冒大雨」出席任內第一次也是最後一次的聖佐治日大會操。當侯利華總監陪同港督進場後，中英國旗即按慣例在國歌演奏時徐徐升起。當天他亦頒發童軍功績獎章 (Merit Medal) 給布克夫人及京童軍／榮譽童軍獎章給五位華裔童軍，後者是戰後首批考獲該榮耀的成員。[28]

港督葛量洪於接任總領袖一職後不久，就決定委任摩士 (Arthur Morse，後獲封為爵士) 為童軍總會會長。摩士乃滙豐銀行大班，對推動童軍運動不遺餘力，是戰後本港童軍迅速重建的主要功臣之一。

1948 年的聖佐治日大會操因天氣緣故延遲至 5 月底舉行，由柯昭璋陪同葛量洪檢閱大約一千五百名童子軍。雖然運動其時已經復甦兩年有多，有些物資仍然欠奉，副總監在演講時承認有些出席者沒有穿著整齊制服，因為「童軍帽現時缺貨」。

1949 年 1 月，十五個六人小隊在柴灣營地參加戰後首次太子錦標露營比賽，他們來自海童軍第 1 旅、香港第 1、第 7、第 13 至第 16、第 23 旅（羅富國師範附屬學校）、九龍第 8、第 13、第 16、第 17、第 25（德明中學）及第 40 旅（嶺東中學）等。葛量洪和摩士親臨視察比賽，負責人為戰後首任領袖訓練主任 (Deputy Camp Chief) 田家騰

一九三五年開始頒行的童子軍功績獎章

英國童子軍總會於 1935 年取締早期帶「卐」字的感謝章及功績章，以免被誤會跟納粹黨有任何瓜葛。圖為 1935 至 1967 年通用的童子軍功績章。

圖片由 Paul Kua 提供

26.《工商日報》，1946 年 8 月 17 日。
27. *CM*, Dec. 9, 1946.
28.《工商日報》，1947 年 4 月 20 日；*SCMP*, Apr. 20, 1947.

(Captain Carlton W. Tinn，曾譯為田悟）及外籍的深海童軍。該次露營比賽冠軍為香港第13 旅，但連同較早完成的技術比賽成績計算後，戰後首次太子錦標賽得獎者為九龍第17旅（喇沙書院）。[29]

摩士爵士

葛量洪和摩士於 1949 年 4 月的聖佐治日檢閱一千五百名童軍。與其他戰後早期的童軍集會一樣，港督到達時即「舉行升旗禮，中英國旗隨風飄揚」。葛量洪於是次聚會頒發鍍金十字獎章給港島第 15 旅（華仁書院）的旅長余子洲，嘉許他去年於火場裡救出婦孺，並說「余深知汝等許多如處身在同一處境中必將與其同樣勇敢效力」。[30]

在下亞厘畢道旁的舊總部在戰後殘舊不堪，其時已然拆毀，總會計劃在山頂纜車下站附近軍營的地皮上興建一個新總部。1949 年11 月，摩士伉儷主持新總部的奠基禮，共三十多個港九旅團派代表出席，十分熱鬧。[31]

中國童軍對香港運動的影響並不局限於只有象徵性價值的國旗和國歌，亦伸延至有實際價值的管理和培訓。港九僑校校長在 1946 年9 月開會通過設立與中國童子軍總會掛鈎的香港童軍委員會。1947 年12 月，「港九中國童子軍聯絡專員」施安甫由國內到訪時，多位港九僑校的童軍領袖曾出席會議商討海外童子軍事宜，並推選「中國童子軍僑港服務員總報到委員會」之成員。

1948 年 1 月，這些領袖開始向領島中學或德明中學的代表報到並進行註冊。中國童子軍在本港的活動明顯違反本地法例，無視香港童子軍總會為唯一合法的童子軍註冊機構。同年的 3 月份，一千五百名華人在一家戲院裡舉行七十二烈士紀念大會，活動由國民黨駐港代表

29. *SCMP*, May 23, 1948, Jan. 9, 1949；《工商日報》，1949 年 1 月9 日。
30. 《工商日報》，1949 年 4 月 24 日；*HKSH*, Apr. 24, 1949; Honour Roll, *GA/SAHS*. 基維爾檔案館內的授獎文件及當年的英文報章均報導「一位婦人及一位小童」獲救，中文報章的所謂「婦人及小童多名」被救應是誤報。
31. *SCMP*, Nov. 13, 1949.

主持，親中男女童子軍在場參與，並於「戲院入口處當值」。[32]

同年刊行的《香港童軍月刊》內的「安樂汽水」廣告再次顯示中國童子軍的影響：廣告的主角是穿著中國童子軍制服而非香港童子軍制服的女童子軍，背景裡的小帳蓬上更有一支中國國旗迎風飄揚。[33]位於九龍彌敦道上的啟明書店曾在 1949 年的童軍雜誌裡刊登廣告推銷中華民國教育部批准的《童子軍初級課程》，證明中國童軍訓練教材亦有滲透本港學界。

1948 年香港童軍刊物裡的汽水廣告

在 1940 年代後期，香港顯然有很多同時隸屬於香港和中國總會的旅團。中文學校如中華、德明、振寰、嶺東、選南、粵南、興仁和英才的童子軍曾於 1949 年 5 月參加兩個本港童軍比賽，顯示他們

32.《工商日報》，1948 年 1 月 9 日；*SCMP*, Mar. 30, 1948.
33.《香港童軍會刊》，1948 年，第三期。

都是香港總會成員。[34] 但這些學校既在香港教育司署登記，也獲中國教育當局認可，學校裡的童子軍旅團，很多同時亦在中國總會註冊。和戰前一樣，有些旅團根本沒在香港登記。南華附中的校刊聲稱在 1946 年成立童子軍團，但照片裡的學生穿著美式中國童子軍制服，不是英式香港童子軍制服，總會當年之清單亦不包括該校的旅團。[35]

香港總會和政府當局有時會循法律途徑去制裁這些「非法」旅團。總會曾於 1946 年 10 月在中文報章刊登通告，「凡在香港九龍及新界各學校及社團等，欲組織童軍團者，必須向香港童軍總會接洽，正式登記，以符法規」。[36] 教育司也曾在 1948 年 1 月致函所有學校，聲明任何童子軍旅團都必須在香港總會註冊，否則學校當局將會面對嚴厲處分。這些行動重申本港法例，亦間接反映出當時應該有不少沒在香港登記的童子軍旅團。

戰後，鮑德漢很快地重組了童子軍傳訊隊，參與社會服務。原來香港人耳熟能詳的民安隊亦跟童軍有一定的淵源。和戰前的情況相同，傳訊隊主要由童軍成員組成。盧觀榮回港後加入香港第 10 旅（聖保羅書院），亦成為傳訊隊隊員。不久童軍傳訊隊被正式納入政府編制，後來更演變為「民眾安全服務隊」（Civil Aid Service，簡稱民安隊 CAS），由當局資助及接管，服務範圍亦擴大至和平時期社會各種危急服務。早期民安隊成員大多是曾受過適當訓練的童軍。前民安隊少年團總監羅永鈞原是童軍，根據他的回憶：

> 1953 年⋯⋯民安隊⋯⋯派員⋯⋯向學生講解⋯⋯工作，並向童軍招手，希望可以利用童軍已有的傳訊知識⋯⋯身為童軍一份子，我義不容辭隨即於同年九月簽署成為民安隊隊員之一。[37]

34.《工商日報》，1949 年 5 月 5、9 日。
35.《南華附中特刊》(香港，1946)，4、13。
36.《工商日報》，1946 年 10 月 15 日。
37.《民安隊季刊》，2012 年 1 月。

於 1950 年，葛量洪首次嘗試華化香港童軍總會的最高領導層。儘管當時殖民地很多機構均由外籍人士領導，1950 年代初期，兩位華人相繼被任命為香港總監。在柯昭璋及他的繼承者陸榮生的領導下，本港運動在短短幾年內有很好的發展。可惜，在 1954 年此本地化政策沒有繼續下去，英國人再次被任命為總監，華人要在十年後才能重新掌舵。

柯昭璋 (Steven Quah)

一次大戰後，越來越多華裔男孩加入運動，但總會的最高領導層仍由英國人包辦。按照英國殖民地慣例，除總領袖一直由港督擔任外，最主要的兩位領導人是會長及總監。從運動引進到當時為止，香港總會一共有六位會長，即梅含理夫人、海欲克、羅旭龢、柯克 (Edward Cock)、梳利士 (C. G. Sollis) 和摩士。

他們之中只有羅旭龢勉強算是華人，因為他是混血兒及華人代表，而他的任期是大罷工後很需要華人支持的時刻。由一次大戰前到二次大戰後初期，香港共有四位總監，即安史德、寶雲、華德利和侯利華，他們清一色是英國人。

做了多年副總監的詹堅和曾被任命為助理總監的季時均 (C. G. H. Christian)、史域 (S. A. Sweet)、博臣、布克夫人、賈羅德 (Alan Grad)、侯利華和希活也全是英國人。最接近前線的總監職位是區總監，即使這些亦一向都是歐洲人如咸斯同、史域和杜馬 (Ralph Dormer) 等包辦。區總監的華化始於 1930 年代末，當時柯昭璋及陳福康同時被委此職，分掌港島和九龍兩區。

在戰後的前幾年，運動內缺乏歐洲人，社會亦期望給華人更多責任，總會領導層開始出現根本性的變化。雖然摩士被委任為會長，侯利華繼續擔任總監，柯昭璋很快地成為首位華人副總監。況且，戰後侯利華在廣州沙面負責教務，無暇兼顧童軍運動，柯氏很多時間需要替他執行總監職務。起初，他尚儘量抽時間到港短期逗留，但從

1950 年代在摩士小屋舉行的領袖訓練班 (HKSA)

1950 年開始,「當新政權上台時,它們(指訪港活動)不得不完全停止」。[38] 其時,柯氏已經常以署理總監身份出席各種大小童軍活動,下面是當年的一些實例。

在 1 月底,柯昭璋和摩士爵士一同出席於花園道馬利操場舉行的大型「賣物遊藝會」,來賓多達萬人,周壽臣也出席捧場,共「募得善款二萬餘元」。這筆款項在 1950 年代初相當可觀,足夠應付從 2 月份開始使用的新總部之需要,會長功不可沒。香港總會戰後的第一個總部位於「花園道山頂纜車站東北方」,順理成章地被命名為「摩士[小]屋」(Morse Hut)。[39]

4 月初,香港區在赤柱聖士提反球場舉行復活節大露營,有十四個旅團共二百多人參加,是為本港戰後的首次大露營,蒙「柯副總監

38. *Hong Kong Scouting Gazette*, no. 1, 1951, 36.
39.《工商日報》,1950 年 1 月 10 日。

銀橡實獎章

英國童子軍總會於 1935
至 1950 年使用的第二代
附童軍徽的胸綬銀橡實
獎章，以代替第一代無
童軍徽的獎章。1950 年
後期該章由胸綬改為領
綬，但獎章式樣至 1967
年維持不變。

圖片由 Paul Kua 提供

蒞臨檢閱」。4 月底，總會照往年慣例舉行聖佐治日大會操，「全體
童軍雖值陣雨，依然精神抖擻」，出席這個假植物公園舉行的周年盛
會。摩士於致詞時曾謂侯利華「離港多時，希望能早日歸來」，更公
開感謝副總監此時期替總監執行了「多種職責」。當日陪同港督及會
長入場的總監仍是柯氏，他更獲前者頒授一枚僅次於銀狼獎章的銀橡
實獎章 (Silver Acorn)。當天典禮的安排明顯與往年不同，不再中、英
並重，只「奏英國國歌升旗」，再沒有中華民國的影子。這個做法是
可以理解的，因為英國已在當年 1 月份正式承認剛成立不久的中華人
民共和國，港英政府當然不願意在此時引起中方的反感。[40]

於 6 月份，柯昭璋和摩士同赴港督府見證葛量洪頒授榮譽童軍證書
給十二位童子軍，其中十一個是華人。雖然在此之前已經有不少人考
獲榮譽童軍的稱號，本港首次頒授榮譽童軍證書 (the Royal Certificate)
應該是在上述儀式。榮譽童軍證書與修改過的考驗標準均「新鮮出
爐」，由新任英聯邦總領袖羅華倫勛爵 (Lord Rowallan，曾譯為羅雲禮)
推動，附佐治六世簽名。[41] 1953 年伊利沙伯二世登基後榮譽童軍的英
文名字改為 Queen's Scout，證書其他內容沒有更改。證書早期只有英
文內容，後來童軍總會在刊行雙語證書時所採用的官方意譯如下：

> 某君立志為榮譽童軍服務人群盡忠神明充分
> 表現崇高的友愛精神謹祝人生旅途愉快事事
> 如意。

值得注意的是該證書內文的前瞻性：榮譽童軍乃是一個起點，並
非一個終點。考獲此稱號者不外「立志」（原文乃「已然做好準備」）

---

40.《工商日報》，1950 年 4 月 4、8、13、23 日；*SCMP*, Apr. 13,
    14, 1950; *CM*, Apr. 13, 1950; *HKSH*, Apr. 23, 1950.
41. Rowallan (1976), 136-7.

以服務為己任及人生目標；不應覺得已達到目的，只需享受稱號所帶來的尊敬及羨慕。經過多年，這段文字已經不復見於簡化了的榮譽童軍證書，筆者曾於 2009 年在《香港童軍》裡撰文感嘆「1997 年以後的榮譽童軍當然仍然注重服務，但不幸地，榮譽童軍證書已不再有服務的字眼」。2012 年總會認為文字背後的信息歷久彌新，值得所有榮譽童軍深思，才再把上述文字重新加入近期簽發的證書。[42]

柯氏於 7 月份代表總會出席一個派對、一場婚禮及一個葬禮。他先後參加了軍隊羅浮童軍團員畢顧豪 (Beaglehole) 之歡送派對，葡萄牙裔區長奧沙利奧（後升任九龍區區總監）充滿童軍特色的婚禮，及隊副余仲光的童軍葬禮。奧沙利奧於戰前已加入喇沙書院的童軍旅團，上一個故事已經提及他避往澳門的情況。他回港後再度加入運動，雖然因年輕時的腳患行動不便，仍相當活躍，「幾乎每個周末都會經沙田坳徒步遠足前往西貢」。余君隸屬香港第 15 旅（華仁書院），雖長時間在醫院裡與頑疾搏鬥，仍堅持參與童軍活動和保持童軍的堅忍樂觀態度，經香港總會推薦，成為首位獲頒康韋爾童軍獎章 (Cornwell Scout Badge) 的本港童軍。[43]

面對戰後社會的期望，加上自己已經無法經常回港，侯利華決定推薦柯昭璋接任總監，葛量洪與羅華倫亦表示同意，在 1950 年 8 月委任柯氏為童軍總會的首位華裔香港總監。侯會督一直熱心為南方華人服務，於戰前曾委任本港的首兩位華裔區總監，於戰後再創先河推薦其中一位華人作為繼任者，使人聯想起他聖公會裡的上司何明華 (Ronald Owen Hall) 會督。後者一向關懷內地與香港華人福祉，更曾於 1945 年按立聖公會第一位華裔女牧師李添嬡。

華人總監的委任符合當時的政治氣候：在 1946 年，有效多年的山頂條例終於被廢除，華人開始可以移居山頂；同年，楊慕琦宣佈當地公務員將會有機會「升任公共服務裡之最高職位和履行其最重

42. 原文："AS A KING'S [QUEEN'S] SCOUT you have prepared yourself for service to God and your fellowmen, and have shown yourself a worthy member of the great SCOUT BROTHERHOOD. I wish you God-speed on your journey through life; may it prove for you a joyous adventure;" 柯保羅，〈童軍運動之服務傳統〉，《香港童軍》，2009 年 2 月，13; SAHK C. C. Council Meeting Minutes, 236th, 237th, Apr. 10, May 7, 2012, HKSA.

43. CM, Jul. 7, Aug. 5, 7, 1950; C. C. Quah Logbook, 1950s, HKSA; Anne Ozorio to Kua, Feb. 2, 2013, HKSA.

要職責」。[44]

　　無論是從當局或運動本身的角度考慮，如果香港童軍可由華人領導，柯氏似乎是個較理想的選擇。他在 1920 年代曾於馬來亞（後改稱馬來西亞）檳城的天主教學校裡當過小狼及童子軍，1930 年代來港後在聖若瑟書院任教，隨即加入本地運動。多年來，他歷任前線領袖、首位華裔區總監和首位華裔副香港總監。同樣重要的是，他曾參加義勇軍，在香港保衛戰役中受傷；並加入英軍服務團，在日據時期繼續抗爭，充份證明他的忠誠。[45]

　　從很多方面來看，1950 年代初運動的發展確實令人滿意。總會在 1950 年組織兩場「童軍大匯演」（Gang Show），替香港防癆會及保護兒童會籌款。停辦約一年的童軍雜誌於 1951 年初以全新面貌和更多篇幅再度出現。同年總會委任盧孟煊為首位華裔領袖訓練主任，成立由華裔領袖組成的領袖訓練隊，經常在摩士小屋裡舉行訓練班，培訓各級領袖。[46]

　　1951 年 5 月銅鑼灣山人煙稠密的寮屋區發生嚴重火災，港島第 15 旅深資童軍陳國澤和隊長何兆熙果然如港督兩年前所說，效法他們的旅長余子洲，「同樣勇敢效力」，冒險救災。陳君「獨力拆除木屋兩間」，以免火勢蔓延，何君則冒生命危險進入寮屋，「再三搜尋，卒之在一木屋內僅距火焰十碼之地點」救出一名孩童。兩人獲頒鍍金十字獎章，是戰後首兩位獲英勇獎勵的青少年。[47]

　　在 1951 年 8 月，總會派遣由團長韓志海及七位從港島和九龍區裡挑選出來的男孩組成的華人代表團，參加第七屆世界大露營，為本港華裔童軍首次參加世界大露營。雖然露營期間曾有暴雨，「滿地積水，高達兩吋」，營友興致不減，更認為「收穫美滿」。根據其中一位幸運兒黎玉樞的回憶，該團乘搭郵輪先去英國參觀才到奧地利露營，旅途長達四個月，畢生難忘。由於當年來往歐洲旅費昂貴，港人

康韋爾童軍獎章

圖片由 Paul Kua 提供

44. Lau Siu-kai (1984), 52.
45. *Hong Kong Scouting Gazette*, no. 1, 1951, 2, 6.
46.《工商日報》，1950 年 9 月 21 日；*CM*, Sep. 22, 1950; *SCMP*,
　　Sep. 22, 1950; *Hong Kong Scouting Gazette*, no. 1, 1951, 3; Report
　　of Dahl's visit, Jan. 1950, *HKSA*.
47.《工商日報》，1951 年 10 月 7 日；*The Hong Kong Scout*, Jan.
　　1952, 29.

上：1950 年奧沙利奧及其夫人的童軍婚禮 (HKSA)

下：1950 年余仲光的童軍葬禮 (HKSA)

收入有限，孩子們的費用全由總會籌款支付。[48]

　　赤柱感化院於同年 9 月份為院童組織港島第 8 旅童軍，使所謂「問題」青少年亦能夠接受童軍訓練。監獄處長出席該旅的成立典禮，頒授一支藍銀雙色的旅旗，並把初級章頒發給二十多位新成員。

48.《工商日報》，1951 年 7 月 15 日、8 月 20 日、11 月 2 日；
　　Lai Yuk-shu folder, 1950s, *HKSA*.

當時社會上很多人會歧視這類年輕人，經常用有色眼鏡看他們，甚至不願意與他們接觸。香港總會卻願意秉承童軍的理想，克服社會偏見，歡迎這些青少年加入運動。這個先例為本港運動建立令人自豪的包容傳統，一直延續至今天。[49]

全港性比賽的覆蓋面亦在 1951 年擴大：威爾斯太子錦標賽被改為深資童軍的比賽，而嘉爾頓錦標賽（以捐贈者田家騰的名字 Carlton 命名）則成為童軍的嶄新比賽項目。是年，公開旅九龍第 8 旅成為第一屆嘉爾頓錦標賽的優勝者；而九龍第 17 旅則自海童軍第 1 旅手上重奪太子錦標。[50]

本故事前段提及英國總會曾建議香港跟其他英國殖民地看齊，由政府出資聘請一位全職的「組織總監」，協助義務人士執行日益繁重的童軍推廣及協調工作。這個建議在葛量洪任內終於得到當局的首肯，在 1951 年底開始把該職位的費用納入政府周年預算裡。此做法顯示當局認同童軍訓練對公民教育的價值，並為政府資助童軍總會經常費用開了先例。[51] 本港首任組織總監克臣 (Jim A. Hudson) 於 1952 年 11 月由英抵港履新，兼領 1950 年代的領袖訓練，對本港運動發展有一定貢獻。可惜他不諳華語，效率打了個折扣。而且，作為一個已婚外籍高層，他一家數口在港的生活費頗高，亦使總會無法長久負擔。

在 1952 年 5 月，柯氏在陸榮生和馬基陪同下帶領約九十名羅浮童軍乘坐佛山號輪船赴澳門，舉行第五屆羅浮童軍大會，刷新該聚會參加人數的紀錄。他們在澳門時，曾獲澳督接見和檢閱。同月，聖佐治日大會操在跑馬地香港防衛軍總部舉行。當天港督照常蒞臨主禮，頒授嘉爾頓及太子錦標賽等獎項，並欣賞海童軍表演旗號通訊、救傷、搭架和柔道等。據報當日「參加典禮官紳名流甚眾」，包括摩士爵士、郭贊、鄧肇堅和余達之等。[52]

49. *SCMP*, Sep. 1, 14, 1951.

50.《工商日報》，1951 年 4 月 29 日、8 月 31 日，1952 年 5 月

    3 日；*The Hong Kong Scout*, Jan. 1952, 3-4, 57.

51. "Boy Scout and Girl Guide Movement in the High Commissioner

    Territories, 1936," DO 35/487/3, *NA*; Grantham to Heywood, Dec.

    15, 1951, *HKSA*.

52.《工商日報》，1952 年 5 月 3 日；Ma to Gover, May 21, 1952,

    *HKSA*.

第七屆世界大露營參加者徽章

1951 年香港童軍第七屆世界大露營代表團 (HKSA)

　　十位童軍於 1952 年 8 月被派往吉隆坡出席遠東大露營，其中劉姓領隊和四位成員來自私立的文華中學，證明即使在早期亦有些精英學校外的男孩參與難得的海外交流機會。[53] 1952 年底，余子洲帶領二十六個童軍參加在澳洲舉行的泛太平洋大露營，港督在會長和總監的陪同下在港督府接見代表團並親授團旗。雖然當時已有噴氣式飛機，但多數長途旅行仍依靠歷史悠久的輪船。據香港 35 旅（嶺英中學）的李鉅能回憶，他們獲當地家庭熱情款待，大露營多姿多彩，十分難忘；但海上之旅並不容易，所乘的長沙號船身較小，浪大時搖晃得很厲害，除了一位海童軍外，所有人都嚴重暈船，吃了不少苦。[54]

　　運動不斷成長，超過兩千人出席 1953 年的聖佐治日大會操。《工

---

53.《工商日報》，1952 年 8 月 3 日。
54. Interview with Solomon Kui-nang Lee, Oct. 30, 2010, *HKSA*;《工商日報》, Nov. 28, 1952.

1950 年代童軍領袖訓練班在摩士大廈外合照 (HKSA)

商日報》於港聞版頭條兼大篇幅詳細報導，圖文並茂。會操開始時，
仍然與往年一樣，「首先奏英國國歌」，然後由柯昭璋陪同葛量洪檢
閱童軍，繼而頒授各項獎勵和觀賞童軍表演用架梯衝上臨時搭成的棚
樓救火等。報導標題聲稱港督「盛讚童軍精神，預言本港童軍將有良
好發展」。[55]

　　鑒於港島總部小屋實在太小，總會建議在九龍覺士道興建新大
樓。葛量洪會同行政局迅速批出地皮，賽馬會同意出資建造被命名

55.《工商日報》，1953 年 4 月 26 日。

為摩士大廈（Morse House）的新總部。根據 1953 年 8 月的報導，即將興建的摩士大廈「將為世界最現代化童軍［總］部」。總部大樓共高兩層，內有工作室、圖書館、講授室、童軍商店、展示室、休息室及宿舍等，另有可供煮食、更衣和儲物的地下室，可容納八百人的大禮堂，寬敞的小食店，及附健身室及沐浴設備的側樓。大樓前方是一塊面積頗大的草坪，可作童軍戶外活動和訓練之用。[56]

柯昭璋於同月完成任期，功成身退，被委任為香港童軍總會的榮譽總監。總會義務秘書兼總部總監陸榮生隨即被委任為本港第二位華人總監，任期亦是三年。和柯氏一樣，陸氏亦被視為另一個「天主教」領袖。不幸的是，他上任後初期的一些活動亦似乎不能摒除別人在這方面的疑慮。菲律賓童子軍總會主席於 1953 年 9 月到訪，陸榮生和克臣率領天主教華仁書院的童子軍往機場歡迎他。同月聖母無原罪主教座堂慶祝該堂香港第 2 旅原旅長陸氏榮陞，座堂神父與副神父在場主禮，來自港九華仁書院、德信中學、玫瑰堂及聖瑪加利大堂的天主教旅團童子軍均被邀出席，公教童軍濟濟一堂，陸氏訓話時謂「公教童軍⋯⋯務應加強團結」。11 月份九龍區的大會操亦於華仁校內舉行。[57]

無論如何，陸氏繼續鼓勵運動包容弱勢社群，曾出席赤柱懲教中心童軍復旅儀式，並在聖伯多祿福利中心開辦專為貧困男孩而設的童軍旅。1953 年 10 月的監獄處季報聲稱「季內有十四名童犯參加童子軍，其初級訓練已完成泰半」。[58] 在 1953 年的聖誕夜，石硤尾木屋區發生嚴重火災，陸氏率領剛好在聚會的百名童軍趕到現場，協助滅火、傳遞信息、疏散居民和挽救財物，再次肯定消防為童軍實用的「公民」技能之一。根據官方委任的救濟委員會的報告，事後「警察，童子軍和民安隊成員負責維持救濟營裡的秩序」。[59]

葛量洪於 1954 年的聖佐治日大會操時讚揚「童軍工作有驚人發

56. "Boy Scouts Association Headquarters (K.I. L. 6248), Application for site at Cox's Road, Kowloon⋯," ENV 8/576/52, HKRS 156-1-3444, PRO;《工商日報》, Aug. 19, 1953.
57.《工商日報》，1953 年 9 月 16、18、23 日、11 月 15 日；CM, Sep. 17, 1953.
58.《工商日報》，1953 年 10 月 18 日。
59. Report of Sham Shui Po Shek Kip Mei Six Villages Fire Relief Committee (Hong Kong: Sham Shui Po Shek Kip Mei Six Villages Fire Relief Committee, 1954), 1.

展」，運動成員年增長率近 30%；同時頒發
證書給三十二位榮譽童軍 —— 兩者均為戰
後的新紀錄。到該年年底，香港童軍成員
人數再增 25%，總數高達三千七百多人，是
1941 年戰前高峰一千五百人的一倍有多。[60]

摩士大廈總部的工程歷時八個月才竣
工，於 1954 年 6 月由港督主持「啟鑰典
禮」。據報「新廈之外表，極為美觀，為世
界上最新式之童軍總部」。隨後，總會於
7、8、11 和 12 月分別舉辦了全港領袖會
議、領袖訓練班、區大露營及慈善餐舞會，充分
利用新總部的各項出色的設施。[61] 英聯邦總

童軍消防章及火場救人圖

領袖羅華倫 10 月到訪，欣賞二千餘名童軍在「表演總指揮」陸總監
的領導下於晚上表演醒獅、火炬和操旗等，與五千餘市民同樂，亦不
禁讚揚本港的「華人童子軍發展良好」。[62]

雖然運動發展勢頭顯然不錯，陸氏在 1954 年聖誕節當天卻突然
宣佈提早辭職。官方公告只簡單地說港督兼總領袖對陸氏「因事務繁
忙而辭職，感到遺憾」，亦已接受請辭。[63]

在 1950 年代初期的香港，童軍最高領導的華化可以說是個大膽
嘗試。畢竟，鼓勵華人參與運動完全不同於委任華人成為童軍最高領
導。當華人「掌舵」時，這個運動再不能被視為純粹是洋人「給予」
和華人「接受」的外來運動，華洋關係亦變得有點複雜。

本港童軍總會在 1950 年任命華人總監，顯然比較先進。儘管當
時新加坡已經開始推行政治改革，旨在最終實現政治獨立，其時當地
仍然是由歐洲人擔任童軍總監。新加坡要到 1957 年才委任首位混血
兒擔任此職，而第一位華裔總監則要到 1969 年才上任。同樣地，香

---

60.《工商日報》，1954 年 4 月 24 日；Kua (2010), 428.
61.《工商日報》，1954 年 6 月 23、25 日、8 月 27 日、10 月 8
　　日、11 月 5 日、12 月 7 日。
62.《工商日報》，1954 年 10 月 8 日；Rowallan (1976), 160.
63.《工商日報》，1954 年 12 月 25 日；*Headquarters Bulletin*, No. 3,
　　Jan. 11, 1955.

1954 年陸榮生陪同羅華倫出席童軍表演大會 (HKSA)

港女童子軍總會的最高領導亦一直是英裔婦女，到 1966 年才委任首位華裔助理總監，1980 年才有首位華裔總監。[64]

　　柯氏的任期相對較短，而陸氏甚至只做了一年總監，不能完成任期，一定程度上反映了當時在殖民地進行本地化的困難。柯昭璋是早期香港童軍本地化的成功例子，類似徐家祥是本港殖民地高級公務員本地化的「樣板」。[65] 但從後來事態的發展可見，他的委任亦曾使運動的種族平等理想和當局的華化政策受到一些挑戰。

　　儘管有徐家祥的先例，公務員隊伍的華化一樣是個艱辛漫長的過程：至 1956 年，港府內的五十七位政務官 (Administrative Officer) 只有三位華人，佔總數的 5%；甚至在 1962 年，本地的政務官也只不過是總數的 15%。況且，到了 1950 年代，所謂「1946 年之世界觀」亦開始有點不合時宜。在 1952 年，兩局非官守議員甚至反對葛量洪大打折扣後的政制改革，拒絕推行有限度的民主化。同時，由於國內內戰，中國難民大量湧入，港英當局也變得更加自信，認為即使無任何

64. Tan & Wan (2002), 116, 146, 269; *Annual Report, 1966-67* (Hong Kong: Girl Guides Association, 1967), 12.
65. 徐也曾在日據時期加入英軍服務團，戰後加入政府服務，屢次被提升，是首位華裔高級公務員。見 Tsang (2007), 115-120.

政治改革亦可以繼續香港的殖民地管治。[66]

甚至童軍圈內亦有人對委任與天主教教會關係密切的華人當總監有意見。柯氏因公離港往歐時委任駐港英國皇家海軍之隨軍牧師葛華 (T. E. Gover) 為署理總監。後者於 1951 年 10 月致函英國總會巡迴總監戴爾 (Travelling Commissioner, F. H. J. Dahl)，透露葛量洪曾問及誰可在柯氏任滿後繼任。他當時建議港督起用「不屬於任何本地派系」及「堅強獨立的領袖」，「一位顯赫的歐洲人」；更說香港童軍總會無論如何不應「落入華人之手，或變成羅馬天主教的部門」。[67]

多元化的童軍運動擴展迅速，成員來自不同宗教、種族或社會背景，不同意見是無法避免的。但葛華的評論似乎與運動超越種族、宗教及政治的崇高理想相差太遠，亦暴露了一些童軍高層的種族偏見或宗派意識。葛華的意見顯然有點不公平。本港童軍運動從一次大戰後就幾乎全盤本地化，很大程度上已是個華人運動，然而華裔領袖卻要在二次大戰後才較多被委任為總監。天主教在運動裡影響較大，主要是因為它從早年就堅定不移地支持運動，亦透過多個傳統天主教名校童軍「勁旅」培養了大量的優秀領袖。最後，儘管本港童軍很少是英國人或基督教徒，兩位英裔牧師曾長期掌管運動，但大家從沒有因為兩位總監的種族或宗教背景而抹殺他們多年來對童軍的貢獻。

客觀地看，在華裔總監的領導下，戰後亟需重建的運動在十年左右的時間裡取得了驕人的成績，絕對值得肯定。無奈的是，當局似乎主觀地認為童軍領導層的華化操之過急，是個錯誤的政策。按常理，柯氏可以在任滿後像他之前的總監一樣，繼續連任。畢竟，在當時英人主導和充滿歧視的殖民地社會，第一位華裔總監並非易為。如能留任，在積累經驗和建立網絡後，他應該可以發揮得更好。即使陸氏除了「事務繁忙」外，另有隱情或其他的充分理由，不容許他完成三年的任期，港督仍然可以另覓一位經驗豐富的華人代替，因為當時總會

66. Kua (2011), 245.
67. Gover to Dahl, Oct. 20, 1951, *GA*.

裡亦有好幾位華裔總監。但無論背後原因如何，葛量洪卻改變初衷，於 1955 年委任一位英裔領袖重掌總會，運動要到 1960 年代初期才再由華人領導。

第十二章

有教無類

1950-
1970

CHAPTER TWELVE

SCOUTING FOR ALL

從 1950 年代起，在當局的鼓勵和童軍總會的配合下，

香港童軍逐漸跨越殖民地社會裡有形無形的階級障礙，

大規模地吸納偏遠地區及弱勢群體的孩子們。

新界學生、貧窮少年、難民子弟、孤兒街童、殘障人士、

痲瘋病人及少年罪犯等紛紛加入運動，成為童軍。

這些措施體現運動不問出處及「有教無類」的理想，

也為本港童軍帶來新活力，終於使其成為真正普及的運動。

總會的做法與政府之教育及房屋政策互相呼應，

積極面對戰後人口急升的挑戰，亦協助鞏固港英當局的管治。

貝登堡說童軍訓練的重點不在「個人教育」(education of self)，乃在「服務教育」(education for service)，引述他人對運動的稱譽：「據我所知，童軍運動是唯一一家教導服務為人生首要之道的學校」。從一開始，理論上童軍運動就是不應該有種族、階級或宗教歧視的。貝登堡聲稱「印裔和英裔、貴族學校和貧民窟及所有宗教的男孩」，都是童軍運動這「美好兄弟同盟裡的平等夥伴」。[1]

孔子提倡「有教無類」，簡潔的四個字可以有豐富的詮釋。《呂氏春秋》的說法是「故師之教也不爭輕重尊卑貧富」；朱熹《論語集注》的解釋是「人性皆善，而其類有善惡之殊者，氣習之染也。故君子有教，則人皆可以復於善，而不當復論其類之惡矣」；而明代的內閣首輔高拱則認為「類是族類，言教之所施，不分族類」。[2] 很明顯地，在服務對象方面，童軍運動理想和儒家教學理想不謀而合，有異曲同工之妙。

英國總會從早年就試圖去體現這個理想，使童軍成為一個真正沒有歧視的運動。在一次大戰前，英國已有為殘障男孩而設的特殊旅團及專責總監。在 1920 年代，英國的「弱能」童軍支部 (Handicapped Scout Branch，按現代標準，當年的中英文官方名稱均可能會被視為有標籤性質，不太妥當) 已有一百多個為有各種身心障礙的男孩服務之旅團。此外，在可行的情況下，總會亦容許這些孩子參加普通旅團，與其他成員一齊活動；更提供較合適的測試標準，鼓勵他們考取各種徽章，包括最高獎章。[3]

但是，理想與實踐之間仍頗有差距。根據一些研究童軍歷史學者的觀察，即使在比較富裕的國家如英國和美國，運動成員也大多來自中產家庭，很少低下階層的孩子。彭斐德 (D. Pomfret) 承認英國運動期望包容貧窮兒童，但「童子軍成員所涉及的費用在很大程度上阻礙了其成就」。麥當奴 (R. MacDonald) 聲稱在英國的運動裡，因為參

---

1. *The Scouter*, January 1924. 原文："...the only school I know that teaches service as a first rule of life is the Boy Scout Movement;" B-P (1929). 原文："the Indian boy and the British boy, the public school boy and the slum boy and boys of every religion (are all) equal partners in this wonderful brotherhood." 注意 "public school" 是指英國收費昂貴的私立寄宿學校，並非其他國家的政府或公立學校。

2.《論語・衛靈公》，《呂氏春秋・勸學》，朱熹《論語集注》，高拱《問辨錄》。

3. Kua (2011), 265-266.

加童軍需要花費及閒暇,「大多數的男孩都來自中產階級或低中產階級」。麥理奧(D. MacLeod)研究美國童軍運動,他的結論是:「主辦模式和住宅群集使大部分旅團裡均無流氓惡棍之流」。[4]

　　同樣地,二次大戰前後香港的童軍亦大多來自中上家庭,雖然也有少數新界兒童,卻基本上沒有清貧子弟或有各種障礙的孩子。其實,受到內地多年戰亂的影響,當時本港已有不少無家可歸的街童和大量住在灣仔、上環、油麻地和旺角等寮屋區的窮困孩子。但由於其時運動才開始滲透中產家庭,當局期望吸納有助於管治的精英學生,再加上全面備戰或戰後重建弄得大家疲於奔命,政府和總會均無力兼顧偏遠地區和弱勢群體的孩子們。偶然有個別童軍單位會負責一些所謂「貧兒會」,定期為窮困及流落街頭的孩子提供活動,但它們的目的乃行善服務,非招納成員。這類活動雖然有一定意義,但並沒有把貧窮孩子納入運動。[5]在那個年代,除極少數的例外,童軍是個中產階級的玩意。

　　這個時期的香港總監是於 1950 年上任的柯昭璋、1953 年底接任的陸榮生、1955 至 1963 年在任的高本及 1963 年繼任的羅徵勤。他們都有參與領導香港運動在這些年間貫徹「有教無類」的理想,但高本可以說是本港運動刻意普及化的主要推動者。柯、陸兩總監前面故事介紹過,此處不贅,下一個故事會再提及羅總監。英人高本(James Wilfred Cockburn)原是本港學校老師,於 1939 年曾前往華北當教會學校校長,戰後再度回港任教,後來更成為教育司署高官。高本自 1930 年代中期已加入運動,有多年童軍經驗,戰後曾是英皇佐治五世學校九龍第 4 旅和皇仁書院香港第 12 旅的旅長,在 1951 年初被委任為助理總監,負責深資童軍(當年譯為「先進」童軍)支部的活動,於 1955 年 1 月接任香港總監一職。與兩位英裔前任華德利和侯利華不同,他並非牧師,卻是教育司署官員,自然而然地會比較理解

4. Pomfret (2001), 420; MacDonald (1993), 153-154; Macleod (2004), 216.

5. *Annual Report, The Boys' and Girls' Clubs Association, 1936, 1938* (Hong Kong: The Boys' and Girls' Clubs Association).

六十年代新界地方徽章

此章應橫行佩載

和配合當局的教育政策。[6]

高本 (HKSA)

從英國總會到訪的高層亦有參與推動運動的普及化。1951 年初訪港的總會巡迴總監戴爾指出香港有大約十萬名適齡的青少年，但只有兩千多個童軍，明言本地運動仍然有「很大的擴展空間」。他訪問了十二個港九旅團，亦曾到新界各校視察，與「幾個」旅團接觸。事後，他建議一系列的改革，包括「推動區會組織」（分拆童軍區、把旅團開發的權力下放）和「向較貧窮的兒童推介此運動」等。總會會務委員開會後，決議採納大部分有關建議，逐步執行。[7]於 1960 年，新任巡迴總監衛徹爾 (G. F. Witchell) 到港視察時曾由新界區總監廖爵榮陪同赴元朗參觀比賽，在訪問後提出十五項建議，其中有五項與弱勢群體和新界地區有關，再次反映出英國對這些拓展措施的重視。[8]

柯昭璋及陸榮生當總監時，本港童軍的服務對象已漸普及，使偏遠地區和弱勢群體的孩子有漸多的機會參加運動。高本上任後，普及化措施更加有系統地執行，逐漸使運動越來越全面地「分佈至以前[童軍]不曾滲透的不同人口群」。[9]羅徵勤接任後，這些措施根深蒂固，他亦繼續執行。下文會順序探討總會如何在 1950 至 1960 年代鼓勵新界偏遠地區的兒童及全港弱勢群體的孩子參與童軍，使本港運動比較全面地普及化。

首先探討一下香港童軍總會在這個時期於新界地區裡推動運動的情況。當年香港各區的發展並不平均。最先進繁榮的地區是港島，其次是九龍，而新界則相對偏遠，交通和經濟均比較落後。童軍運動在地區的開發和青少年人口裡的滲透率也如是，新界遠遠比不上港九兩地。

6.《工商日報》，1954 年 12 月 25 日。
7. Dahl Report, 1951, *HKSA*.
8. Witchell Report, Jun. 18, 1960, *HKSA*.
9. Ma to Steele, Dec. 13, 1955, *HKSA*.

大戰前後期間，新界人口遠少於港九市區人口，根據 1931 和 1961 年的人口統計（香港在 1941 和 1951 年均無進行人口普查）分別為 98,200 和 409,900 人，佔當年香港總人口的 12% 和 13%。[10] 這個時期該區的新增人口大多是由擁擠的市區裡搬來的新移民，其中不乏不久之前才從內地來的同胞。

雖然新界早在 1941 年已成為有九個旅團的獨立童軍區，它戰後初期的重建明顯落後。本港童軍人數至 1946 年底有大約二千四百人，比 1941 年的一千五百人增長了頗多。但新界到 1947 年 8 月時卻只有六個旅團，仍然低於戰前的水平。即使假定每個旅團有二、三十人，新界當時也只有一百二十至一百八十名童軍，只是總體成員的 5-7%，也遠低於該區的人口比率。

當時新界區運動的落後情況亦可以從重要活動裡看出一些端倪。1947 年中和 1948 年初，總會召開兩次全港領袖會議，前者有三十二個旅團出席，其中有一位新界代表；後者有三十個旅團參加，無一來自新界。十八個童軍團參加 1948 年的威爾斯太子錦標賽，其中新界只有一個。到 1949 年，共十四個團參與是項賽事，全部來自港九兩地。1952 年香港派代表團參加世界大露營，團裡八個孩子，沒有一個是新界旅團的成員。[11]

根據戴爾的建議，柯昭璋於 1951 年不但重新把新界劃成獨立於九龍的童軍區，更將其劃分為南約及北約兩區，「南約分會所轄地區為屏山至荃灣一帶，北約則沿鐵路線至新田一帶」。雖然長洲屬新界，由於鄰近港島，從 1951 年起亦按戴爾的建議改由維城區支援。[12] 於 1950 至 1960 年代，在總會的催谷下，運動在新界北約、南約和長洲的成長令人滿意。

北約區在 1951 年成立時有六個旅團，借用大埔商會作為總部。該區於 1952 年首次舉行小隊長訓練班，至 1954 年中，「總人數共達

10. Fan (1974), 22, 25.
11. Minutes of the Colony Scouters' Meeting, Jun. 9, 1947, Jan 5, 1948, *HKSA*; *HKSG*, no. 3, 1948, 1949; *KSYP*, Jun. 1, 9, 1951.
12.《工商日報》, Jul. 17, 1951 年 7 月 17 日。

1950 年代新界童軍的元朗聚會 (HKSA)

三百六十人」。翌年 5 月份兩百名北約童軍在沙田運動場舉行周年露營，高本曾親臨參觀。在 1957 年初的年會上，會長宣佈港府已撥出「粉嶺車站附近」的地段供該會興建總部。於 1958 年初，該區共有「深資童軍一團，童軍十三團」，包括烏溪沙兒童新村中學的新旅團。該區童軍曾於 1959 年暑假在大埔林村舉行年度大露營，共有十個單位兩百多人參加。[13]

南約區獲區會長鄧乾新撥出私地，在元朗大馬路旁興建了一座附網球及籃球場的會所，於 1952 年底，由會長摩士開幕，新界民政署長啟鑰。當日「典禮儀式隆重，各界名流紳商被邀觀禮甚眾」，包括大埔及元朗理民官、社會局長、滅火局長、警察總監、海軍司令、農林漁業司等，在在顯示建制對新界童軍之重視。其時該區有「童軍團二十五個，小狼團六個，先進團一個，羅浮團一個，合共三百餘人」。1954 年，區總部更獲美國資助，添加一棟藏書萬冊的尼克遜圖書館。1956 年，該區在屏山舉行大露營；同年荃灣官立學校和大澳學

13. Form A-NT, North, Apr. 1, 1952, *HKSA*;《工商日報》，1953 年 1 月 18 日；Aug. 20, 1954; May 29, 1955, Mar. 24, 1957, Mar. 24, 1958; Aug. 24, 1959.

校則分別開辦了當地的首個童軍團。[14]

英聯邦總領袖羅華倫於 1954 年底再次訪港，特意分別到新界北約和南約檢閱童軍，並在南約總部（同樂戲院對面）欣賞表演，當日參觀的「鄉紳坊眾等凡千餘眾，四周均被包圍得水洩不通」。在 1957 年初，港督葛量洪亦在百忙中抽空到南約總部參加該區童軍的大型聚會，《南華早報》刊登了一張由小狼隊員代表區總部向他致送紀念品的照片，再次向公眾表明總會和政府對新界的重視和對發展該區童軍運動的背書。[15]

長洲於 1951 年改屬港島維城區後，長洲書院的新界第 2 旅亦改稱長洲第 1 旅。翌年，在南約理民府的協調下，當局撥出南氹地方，由「各童軍合力開山闢石」，建成長洲童軍營地，並於營地舉行授旗禮和首次露營。1957 年底該旅籌建旅部，高本開始探討設立以長洲為中心的「離島」區，支援「感受到同樣的地理隔離」之幾個離島上的旅團。1958 年，海童軍公開旅、長洲國民學校和慈光學校的旅團相繼成立，高本亦親自出席位於東灣右邊山上的長洲童軍總部開幕禮。[16]

在 1950 年代中後期，新界童軍在參與活動時已不甘後人。1955 年總會舉辦「童軍周」大型社區活動，是高本上任當年的創新活動，第一天是北約日，童軍在大埔墟主辦營火會招待貧窮兒童；第六天是南約日，於區總部舉行樂隊表演和營火會與街坊同樂。[17] 在 1957 年，羅君福帶領三位領袖和九位童軍參加在英國薩頓公園（Sutton Park）舉行的第九屆世界大露營，新界有一位領袖及三位童軍代表，包括最年輕的蘇南（譯音，So Nam）。蘇南待人接物樂觀積極，很受歡迎，「成為代表團的象徵代表」，曾與團長一起覲見英女皇。[18] 第十屆世界大露營於 1959 年在菲律賓舉行，因為較接近香港，謝炳奎帶領六十二位童軍參加，為香港創下新紀錄。可口可樂公司資助七個童軍區各一位代表，新界於 1958 年被劃分為北約、元朗和荃灣三

14.《工商日報》，1952 年 6 月 10 日、11 月 2 日；1954 年 10 月 5 日；1955 年 5 月 15 日；1956 年 12 月 22 日；*SCMP*, Nov. 1, 1952, Apr. 13, Dec. 22, 1956.

15.《工商日報》，1954 年 11 月 24 日；1957 年 1 月 21 日。

16.《工商日報》，1952 年 8 月 10 日、11 日；1958 年 1 月 16 日、7 月 28 日；*SCMP*, Dec. 16, 1953; Cockburn to 1st Cheung Chau, Oct. 30, 1957, *HKSA*.

17.《工商日報》，1955 年 4 月 23 日、9 月 12 日；《童軍周紀念特刊》，1955 年 9 月 12-1 日。

1950 年代新界南約區全區大露營 (HKSA)

區，亦獲得三個名額。[19]

　　與此同時，新界童軍在救人和比賽方面亦嶄露頭角。在 1953 年，長洲第 1 旅的黃振光因早前「奮不顧身」在長洲西灣海面救起失足墮海小童，獲港督頒授鍍金十字章。救人時黃君年僅十二歲，乃首位獲英勇獎章的新界童軍。[20] 於 1955 年，新界再下一城：南約第 7 旅贏得太子錦標，使該區終於打進「督憲團」這個童軍精英俱樂部。1958 年，剛上任不久的港督兼童軍總領袖柏立基 (Robert Black) 爵士頒授銀十字章予新界童軍潘興傑，表揚他於錦田救助兩名被水災所困的農民的英勇行為。[21]

　　總會於 1958 年把南約區劃分成荃灣及元朗區，和北約區同屬新界地方，由廖爵榮擔任地方總監。在 1961 年，童軍總會決定把權力再度下放，重組香港為港島、九龍、新界三個地方共十八個區，其中

18.《香港童子軍總會報告書》，1957，10。
19.《工商日報》，1959 年 5 月 15 日、6 月 21 日、25 日、7 月 15 日。
20.《工商日報》，1953 年 4 月 25 日。
21. *The Bulletin*, May-Jun. 1958.

新界地方由北約、元朗、荃灣及青山四區組成，仍由廖總監負責。港島地方亦於此時分為六區，包括獨立的長洲區。於 1960 年代，新界四區和長洲繼續 1950 年代的增長趨勢，依然取得可觀的發展。至 1963 年底高本退休之際，新界地方四區加上港島長洲區的六十六個旅團一共有二千五百人，即 1940 年代末的十幾二十倍之多。[22]

因「新界童子軍人數日多」，當局在鄧乾新借出位於元朗坳頭博愛醫院側二萬餘呎的地皮上，興建新界童軍訓練中心，於 1965 年 8 月由羅徵勤總監主持開幕。[23] 於 1967 年，總會又一次重組地區組織，把全港分成二十四個童軍區，由八個地方負責管理，再由港島、九龍、新界三個地域統籌，其中新界地域由大埔、元朗和荃灣三個地方共七個區組成。廖爵榮繼續領導新界地域至 1972 年為止，在任十五年內「不遺餘力地推廣童軍運動」，對該區的發展貢獻很大。[24]

根據 1970 年總會的統計，新界地域（不包括長洲）總人數高達三千七百多人，比戰後初期增加了大約二、三十倍。在二十年間，新界童軍成員佔全港成員的百分比已由戰後的 5-7% 大幅提升至 18% 左右；而新界人口在 1971 年時是 665,700 人，佔總人口的 17%。換句話說，新界運動的滲透率在當時已超越該區的人口比率。[25] 與此同時，新界童軍佔榮譽童軍總數的比率亦不斷進步，在 1954 至 1959 年期間只有 7%，於 1960 到 1964 年間倍增至 14%，在 1965 至 1969 年時更上一層樓，共有九十四位，竟佔了這個時期全港榮譽童軍總數的 19.5%，甚至高於新界童軍對比全港童軍人數的百分率。[26]

以上種種都顯示在短短的二十年裡，新界在旅團開發、區部設施、救急比賽、獎章考核，以至本港和國際童軍活動的參與等均取得長足進步，足以證明新界在本港運動裡已經不再是個落後的「小弟弟」，而是個可以與港九童軍區域平起平坐的地方。

22. *Annual Report of the Boy Scouts Assn., Hong Kong Branch, 1963/64* (Hong Kong, 1964).
23. 《華僑日報》，1965 年 8 月 1 日。
24. *Annual Report of the Scouts Assn., Hong Kong Branch, 1968/69* (Hong Kong, 1969)；《香港童軍》，第 73 期，1990 年 4 月，3。
25. *Annual Report of the Scouts Assn., New Territories Region, 1970/71* (Hong Kong, 1971), stenciled report, *HKSA*. 新界總人數為 3,724；Fan (1974), 25.
26. 盧偉誠 (2000)，21-52。
27. Ippolito et al (2015), 1.

1957 年世界大露營香港代表 (HKSA)

　　繼而討論香港總會在 1950 至 1960 年代於全港各種弱勢群體裡開發運動的狀況。由於不同原因，在二次大戰前，本港運動基本上對這些群體裡的孩子不是「視而不見」就是「敬而遠之」，沒有嘗試主動地把他們引進運動。換句話說，在戰前，總會只有選擇性地在新界地區開發童軍，但根本沒有去開發弱勢群體。

　　弱勢群體或弱勢社群 (vulnerable groups) 是一個人權法及社福界裡常見的概念，專家定義其成員為：

　　　　　　　　由於年齡、性別、身體或精神狀態，或因為社會、經濟、種族或文化背景，難以充分行使其權利的人……以下因素均可構成弱勢：年齡、殘障、屬土著 / 少數民族、遭受傷害、移民 / 流離失所、貧困、性別和喪失自由。[27]

根據此定義，弱勢群體種類複雜，各自的特殊需要亦多樣化。（其實，若不拘泥於此定義，我們甚至不妨把「地理」加進上述因素，把當年住在相對落後的新界的孩子們視為弱勢群體之一，將上一段關於新界居民與本段關於弱勢群體的種種開發措施視為同樣的普及化行為。）

本段會依次討論總會如何在這個時期把童軍活動帶入三個弱勢群體，即一小撮在行為上出了「差錯」而被當局羈留的青少年，一些身體上或智力上有各種障礙的兒童和大量市區裡居住條件惡劣及經濟環境差勁的孩子們。

上一個故事已提過 1951 年在赤柱兒童感化院成立，由政府提供制服及設施的童軍團，即香港第 8 旅。當時監獄處長薄達 (J. T. Burdett) 在致輔政司的內部報告裡聲稱該團的成立，乃「本院短暫歷史中之大事⋯⋯足以證明在培養這些孩子成為有用公民方面所取得的明顯進步」。當局亦積極配合此措施，在 1952 年修改當年的《感化院條例》，容許加入旅團的院童在非監獄處職員的童軍領袖之監管下，暫時離院參加露營活動等。該旅團當然是考驗有教無類這個理想能否實現的嚴峻「石蕊測試」(Litmus Test)，因為多數青少年機構為免麻煩，對這些孩子都會敬而遠之，不願主動招納。

薄達通情達理，用心良苦，對孩子們期望甚高。他甚至鼓勵他們在離院後繼續參加童軍，為他們爭取保留制服的權利。他在致上司的備忘錄裡是這樣說的：

> 如果一個男孩要成為童子軍團的成員，他就必須擁有制服，與其他成員的衣著一致，否則他會很礙眼，可能會被嘲笑。雖然童子軍不應該有這種不友善的行為，但他們只是孩子，因此我們必須允許他們有缺陷。一些院童的父母或監護人太窮了，無法為他們的孩子提供童軍

制服。因此，我要求當局允許行為良好及家
庭窮困的童子軍成員［在離院後］保留制服
的特權。

　　處長自己不一定曉得，但他與朱子的信念接近，認為人「其類有
善惡之殊者，氣習之染也」，相信在適當的教導後，「人皆可以復於
善」。本港有如此胸襟的監獄處長，亦可謂犯了過錯的青少年之福。
不久之後，「該［感化］院改組為兒童教導所」，而舊成員亦被遷往由
救世軍 (Salvation Army) 管理的青山兒童院。但該旅並未停辦，只是在
兒童教導所裡重組，由鄭子超擔任團長，繼續為所裡的男孩服務。[28]
　　其他專為「問題」青少年而設的新童軍團於隨後幾年內陸續成
立。於 1955 年中，赤柱東頭灣中童教養所的海童軍第 43 旅經過一段
籌備培訓期後，正式宣告成立，為「本港童軍歷史……增加一頁」。
輔政司、監獄處長、高本及克臣總監親臨觀禮，見證旅長伊覺 (T.
Ecob) 替十二名男童宣誓加入運動，期望能「改造童犯訓練其良好品
格」。高本在致詞時語重心長地說：

你們剛剛作出一個莊嚴的承諾，或許有點害怕
可能無法履行此承諾。我的確希望你們有點害
怕，因為我肯定只有那些害怕的人才能做出偉
大而英勇的事蹟。他們只不過是征服他們的恐
懼，世人才尊稱他們為英雄。[29]

28. "Stanley Reformatory School," Secretariat 10/33711, 1951, HKRS
　　41-1-6799; "Boys in Stanley Reformatory School," Secretariat
　　2/289/52, HKRS 41-1-7360, 1952, *PRO*; *SCMP*, Feb. 2, 1952；《工
　　商日報》，1953 年 11 月 2 日。
29.《工商日報》，1955 年 6 月 29 日；*SCMP*, Jul. 4, Nov. 28, 1955.

社會局兒童羈留所亦於 1957 年引進童軍訓練，於年底聖誕節期間在所內舉行成立典禮，替十二位兒童宣誓入團。當天社會局副局長蒞臨檢閱，馬基副總監等代表總會出席觀禮，典禮後有童軍比賽、舞獅和茶會，並有聖誕老人派發禮物，「七時許各童軍始盡歡而散」。[30] 童軍的正面形象深入民心，當年香港民間流行的一句諺語是「多一個童軍，少一個飛仔」。為所謂「問題青年」提供童軍訓練從 1950 年代初開始後，一直都維持下來，相當成功，成為本港運動的優良傳統之一，亦是此粵語諺語的有力例證。

專為殘障人士服務的所謂「弱能」童軍活動亦在此時期於本港開始萌芽，更在總會投入相當資源後於短短的幾年內茁壯成長。

首先誕生的弱能童子軍團與戰後的大型移民潮息息相關。1950 年代初期，由於新移民裡痲瘋病人頗多，總部設於倫敦的痲瘋病差會 (Leprosy Mission) 決定與港英政府合作，在荒島上建立命名為喜靈洲痲瘋院的福音醫療所。差會乃基督教組織，荒島改名喜靈洲，取其音近英文 "healing" 一字，寓意患者將會病癒，也取其中文二字有「靈魂喜樂」之意。早於 1920 年代，基督少年軍已曾在印度為不幸染上痲瘋病的孩子開辦團隊，當時這些「印度教徒、穆斯林教徒、『賤民』(Outcasters) 和基督徒」的成員衝破根深蒂固的傳統，一起吃飯，共同作息。

痲瘋院於 1954 年由葛量洪主持開幕，童軍總會亦不甘後人，跟隨早期基督少年軍在印度的先例，於翌年 11 月在那裡成立本港的第一個弱能童子軍旅，有十位樂行童軍及十二位童軍，由澳洲裔領袖巴頓 (Donald Barton) 和港人葉錦發共同領導。院內負責醫生在致詞時感謝總監和「花自己時間定期訪問該島做自願無償工作的童軍領袖」，而高本在歡迎孩子加入運動時亦特別強調「這個童軍旅團基本上與所有其他的童軍旅團相同」，團員們會獲得同樣的訓練。該旅的旅巾採

30.《工商日報》，1957 年 12 月 21 日。
31. Dermott (1938), 73; *SCMP*, Dec. 22, 1955; May 2, 1957; Ma to Jnr. Chamber of Commerce, Oct. 18, 1955, *HKSA*; Kua (2010), 267, 270.

1950 年代的喜靈洲痲瘋院童軍旅 (HKSA)

納痲瘋院標誌上的「景教」（基督教早期的支派之一）十字架，應該是世界上極罕見附有這古老的基督教符號之旅巾。1957 年港督再度到訪，頒發一批出院證明，同時檢閱該旅童軍，更說「令我印象深刻的是，他們都看起來很開心」。[31]

　　痲瘋病在醫學領域裡稱為漢生病或韓森氏病 (Hansen's Disease)。漢生病侵犯皮膚、神經和黏膜，症狀可以相當嚴重和可怕。古代的病患者往往被視為「不潔」或被「天譴」，遭社會唾棄及殘酷對待。它是一種慢性傳染病，現代專家認為傳染性不太高，主要靠飛沫傳染，潛伏期可達五至二十年。既然是傳染病，顧名思義就有一定風險。當時的童軍領袖「花自己時間定期訪問該島做自願無償工作」，經常與島上的青少年及其他居民接觸，那種充滿愛心的無私奉獻精神值得敬重！

大戰前後大量同胞湧入香港，多數曾在抗日或內戰期間經歷過一段或長或短的顛沛流離，來自各個階層和不同背景，可以說是內地社會的一個縮影。在這些新移民裡，除了漢生病患者之外，其中亦有極少數不幸有各種身心障礙者，需要社會有心人士和政府當局提供不同的治療設施及特殊教育資源，亦挑戰童軍總會積極回應。

為了更好地支援弱能童軍團的拓展，總部於 1956 年正式成立弱能童子軍輔助團 (Handicapped Auxiliaries, HANDIA)。在輔助團的協助下，總會於 1957 年開辦了四個弱能童軍單位，據說當時是「遠東弱能童軍發展最快最蓬勃的地方」。當時青年商會是這類活動的夥伴之一，由 1955 年開始就資助弱能童子軍的拓展。

位於鑽石山的真鐸啟喑學校在 1957 年 1 月成立第一個聾童團，即九龍第 7 旅，由有聽障的學生組成。該旅有十八位小狼隊員，在青商會的協助下開辦。同年 3 月，大口環兒童康復院為長期院童成立小狼隊，即港島第 55 旅。隊員「佩著紅黑的領巾，胸前佩著一條橫帶代表制服」，在集會時能走動的孩子坐在椅上，行動不便的躺在床上，再次體現總會對規定靈活處理的態度。但是，大家仍然如其他小狼隊一般圍成圓圈集會，同樣高聲叫出狼呼「亞基拉！我們要努力！」，令在場者十分感動。[32] 一個月後，當局在北角香港平民教養院為有視障的男孩開辦港島第 31 旅，本港的第一個盲童團。該團共有十四個童子軍，在籌備期間總會曾長時間派人支援。高本親臨主持其成立典禮，致詞時說：

> 童軍活動並非一套必須嚴格遵守的規定，而是一套生活規則，其詳細應用可以因特定孩子的需要而調整……許多平常的童軍活動必須

弱能童子軍輔助團團章

32. The *Bulletin*, No. 1-5, 1957;《工商日報》，1957 年 1 月 20 日；
    *SCMP*, Apr. 16, 1957.

1957 年荔枝角醫院小狼隊 (HKSA)

　　修改以適應你們的需要⋯⋯但這對你們成為
好童軍並無影響⋯⋯我們都可以對上帝盡責
任⋯⋯我們都可以幫助他人。

　　於 1957 年 5 月，剛成立不久的弱能童子軍支部主辦全港領袖會
議，推廣弱能童子軍活動，更把此訂定為每年一度的活動。11 月，總
會在荔枝角醫院成立九龍第 34 旅，為九位行動不方便的骨科留院兒
童舉行小狼隊入團儀式，「其中有臥於床上舉行宣誓」者。高本和青
商會代表均再次出席，顯示對這類活動的支持。33

　　接下來的兩年，視障和聽障團再有一些突破。位於北角道的香港
華僑聲啞學校、社會福利署位於舊贊育醫院的贊育盲人福利會和薄扶
林的香港心光盲人院分別於 1958 年 12 月、1959 年 1 月及 5 月為自己
的服務對象成立香港第 59、40 和 58 旅。總會更在摩士大廈設立一個

33.《工商日報》，1957 年 11 月 11 日。

為聽障孩子服務的「特別組」。1958 年 12 月，華僑學校聾啞團舉行成立典禮，高本偕同弱能童子軍部總監梁永耀及一向大力支持該支部拓展的弱能童子軍委員會主席楊永麻及「全體委員二十餘人」一同出席觀禮，大家更當場合唱一首「一家親」。[34]

　　於 1960 年代，弱能童軍繼續成長。支部於 1960 及 1961 年分別在土瓜灣的九龍華僑聾啞學校及社會福利署黃大仙社會服務中心開辦九龍第 59 和 79 旅，兩者均為聽障兒童團。到 1960 年代初，除了支援旅團及佩戴綠色旅巾的總會弱能童子軍輔助團之外，本港已有十一個弱能童子軍單位，為眾多有聽障、視障、殘障和漢生病患的孩子服務。[35]

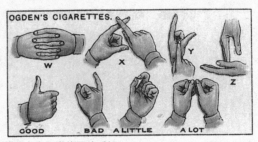

聾啞人士經常使用的手語

　　隨著下一個故事會詳細介紹的「新制」改革的推動，弱能支部於 1967 年更名為「特能」支部 (Extension Scout Branch)，改名後的支部委員會仍然由楊永麻擔任主席。1968 年夏天，一百多名特能童軍參加在飛鵝山基維爾營地舉行的第二屆特能童軍大露營。1969 年初的年報聲稱該年支部總人數達 244 人，比往年多了 40%。來自十個特能團的一百五十名的童軍在當年的夏天參加了第三屆的露營，超過

34.《工商日報》，1958 年 12 月 17 日。
35. Folder on "Handicapped Scouting"，1957/63, HKSA;《弱能童子軍活動》(Hong Kong: the Boy Scouts Association, c.1962), 10.

1957 年視障童軍團參加大露營 (HKSA)

三百名成員則出席了 12 月底在九龍斧山道聾啞學校裡舉行的聖誕燒烤聯歡會。[36]

當然，暫時喪失自由或有身心障礙的孩子人數其實不多，從數字的角度來看可以說是不值一哂，很容易被人忘掉。但是，使這區區的幾百人可以與社會上其他的孩子們有同樣的機會成為童軍和參與活動，對運動來說是個關乎質而非關乎量的問題。在有胸襟和肯擔當的人之領導下，1950 至 1960 年代是本港這類孩子加入運動的黃金期。總會一改以前的態度，開始積極鼓勵為他們開辦適合其獨特需要的旅團，安排度身訂造的活動及考核，使他們可以毫無障礙地參與各種活動，漸漸融入香港童軍的大家庭，與其他孩子們一樣成為此「美好兄弟同盟裡的平等夥伴」。

於同一個時期，在當局的鼓勵和支援下，總會亦積極面對一個更大的挑戰，就是如何服務當時數目龐大，滿佈港九的「市區貧民」(urban poor) 裡的孩子。市區貧民這個概念對生活在今天相對富

36. *Annual Report of the Scouts Assn., Hong Kong Branch, 1967/68; 1968/69, 1969/70* (Hong Kong, 1968, 1969. 1970).

裕的香港社會裡的讀者可能會有點陌生，不太容易了解。但我們需要記住港九市區人口在大戰前後時曾經歷過翻天覆地的變化。根據 1931、1961 和 1971 年的統計，港島和九龍的市區人口分別為 672,200、2,582,900 和 3,191,000 人，佔當年總人口的 80%、83% 和 81%。值得注意的是，市區人口增長最厲害的地方是 1937 年才劃歸九龍市區的「新九龍」（即界限街以北，獅子山、筆架山、大老山及飛鵝山以南的區域），它的人口從 1931 年區區的 22,600 急增至 1961 年的 852,800 及 1971 年的 1,478,500，其總人口比率亦由 3% 急升至 27% 和 38%。[37]

新移民裡當然不乏少數富貴人家，但絕大多數仍是普通平民，不少更是一貧如洗、無瓦遮頭或孤兒寡婦之輩，亟需私人或政府福利機構伸出援手。這些不折不扣的市區貧民數目龐大，分佈各區，但大部分滯留九龍，尤其是比較多空間的新九龍地區。早期這些貧窮的新移民大多居住於市區邊緣和山邊建造的所謂寮屋區裡。寮屋區 (squatter area) 基本上是非法佔地而建成的臨時住宅區，通常有大量簡陋的鐵皮屋及木屋，人口稠密、環境擠逼、設施欠奉、衛生惡劣而火災頻繁，絕對不是理想家園。

總會執行委員會於 1952 年 3 月的周年會議裡清楚表達它在這方面的態度。《南華早報》的標題說：「香港童軍召開年會：強調需要把貧窮［孩子］納入運動」，聲稱「香港童軍運動目前主要局限於那些父母相當富裕的學生」，令人失望。年報表示：

> 此運動幾乎仍然沒有開始接觸迫切需要它提供培訓和機會的成千上萬的貧困孩子。我們誠懇地希望，隨著更多領袖挺身而出，我們可以在本市較貧困的地區裡開辦更多的童軍旅團。

37. Fan (1974), 22, 25.

在場的港督兼總領袖對年報的建議表達「最積極的支持」(most active support)，並宣佈政府會在來年大幅提高對總會的資助，以便它聘請一位經驗豐富的外籍組織總監，協助香港總監開發運動。[38]

在 1950 年代前期，總會開始配合當局和其他組織，為部分市區貧民的孩子提供童軍訓練與活動。早期這些工作主要是透過與個別福利或慈善機構合作，為機構裡的窮困兒童或孤兒開辦旅團。這類開發活動的先鋒是 1952 年由政府社會福利部門主辦的香港第 3 旅和由華仁貧兒會成員組成的香港第 24 旅。後者於 4 月在華仁書院內成立，摩士爵士親臨觀禮以示支持。首批成員來自貧兒會，只足夠組成一個七人小隊，但摩士呼籲他們全部成為「招募隊長」(recruiting sergeants)，帶領更多的貧窮孩子加入。[39]

小童群益會和救世軍也在京士柏及荃灣等地的寮屋區裡開辦旅團。1952 年 11 月，京士柏救世軍之家裡的十至十四歲的童子軍及小狼隊員等曾被美國海軍邀請登上貝菲爾德 (Bayfield) 號上參觀軍艦、欣賞電影、享受雪糕及曲奇餅等，這些孤兒亦禮尚往來，「唱了幾首中文讚美詩歌」回應，賓主共同度過愉快的一天。[40] 1953 年初的年報說總會「已為擦鞋童組建一支童軍團」。[41]

1950 年代中後期位於粉嶺的信愛兒童院、港島的香港兒童安置所、九龍兒童習藝所及在馬鞍山的兒童新村都先後為孤兒開辦童軍團。[42] 1955 年底，何文田天主教瑪利諾福利會開辦九龍第 14 旅，成員全來自京士柏寮屋區。[43] 1959 年社會福利署屬下的荃灣兒童會亦開辦了童軍團，共有兩個小隊，成員均是兒童會的會員，高本和助理社會福利署署長均有出席典禮及致詞。[44]

在 1957 年，總共二十個分別由小童群益會、救世軍、赤柱教導所、孤兒院和特殊學校等主辦的所謂「特殊童子軍旅」曾舉行一次聯合會議，商討未來發展方向。這些單位並不包括亦是普及化對象的新

---

38. *SCMP*, Mar. 22, 1952.
39. *SCMP*, Apr. 2, 1952.
40. *SCMP*, Nov. 7, 1952.
41. *SCMP*, Mar. 27, 1953.
42. 《童聲》(Hong Kong: the Christian Children's Fund, 1955), Dec. 1955, May 1958, Nov. 1960; *Annual Report*, 1957 (Hong Kong: Boy Scouts Association, 1957), 3-4.
43. *SCMP*, Dec. 22, 1955.
44. 《工商日報》，1959 年 5 月 9 日。

界旅團，但已是該年本港 134 個旅團的 15%。[45]

1950 年代本港難民僭建的寮屋佔據市區大量空間，環境擠擁，欠缺防火設施，曾發生多次嚴重火災，導致很多難民流離失所。1953 年 12 月 25 日聖誕節於石硤尾寮屋區的大火一夜裡令到五萬名木屋居民無家可歸，亦促使當局痛下決心，重新檢視房屋政策，催生了香港的徙置區，即第一代的公共房屋。

在 1959 年，已有近二十萬人被安置在徙置區裡；到了 1964 年，徙置區的人口更超過五十萬人。但由於新難民不斷來港，當時的寮屋居民估計仍然有五十萬人之多。1954 至 1961 年蓋好的第一、二型徙置區共十二個，分別位於黃大仙（四個）、石硤尾（兩個）、觀塘、荃灣、深水埗、佐敦谷、紅磡及唯一在港島的柴灣區。1962 至 1969 年落成的第三至五型徙置區共十九個，除四個在柴灣和香港仔外，其餘的均是位於九龍或新界。如果按徙置區座數來分地區，則九龍佔了 77%，新界和港島只分別佔了 12% 和 11%。所以，籠統點來說，徙置區主要分佈在九龍各區。[46]

早期的徙置區雖然比寮屋區進步，但區內人口密度高，住房條件差，亦衍生了很多社會問題。特別值得一提的是 1956 年的「雙十事件」。當時很多聚居於徙置區的新移民比較親國民黨，習慣在「雙十節」高調慶祝國慶。根據市政局的指引，徙置事務處職員在當年 10 月 10 日時移除懸掛在李鄭屋徙置區之國旗及雙十徽牌，引發罷工、示威和毆打公務員，繼而蔓延至其他徙置區，演變為嚴重暴亂、縱火和燒車等。最終當局要出動英軍，才能平定，釀成一起「記錄在案的傷亡人數為 443 人，其中 59 人死亡，後者大多為槍擊所致」之慘劇。[47]

即使 1966 年因天星小輪加價而引發的騷動，開始的遊行也是在經過兩個徙置區後才聚集更多的年輕人，需要警察以武力驅散。當時

深水埗區章（上）及李鄭屋區章（下）

45.《香港童子軍總會報告書》，1958，1。
46. http://www.hk-place.com/view.php?id=203 (accessed Oct. 10, 2018).
47. *Report on the Riots in Kowloon and Tsuen Wan, October 10th to 12th, 1956...to the Secretary of State for the Colonies* (Hong Kong: Government of Hong Kong, 1956), p. 7, 15, 44-45, 54.

1960 年代總會徙置區兒童活動 (HKSA)

政府委任的調查委員包括羅徵勤總監，他們的結論是家庭住房擠逼、休閒空間不足、學校學位短缺及品格訓練欠奉等為主要原因，並建議當局提供更多「道德品格培訓」及「健康娛樂設施」。[48] 雖然調查報告沒有直接提及，但童軍訓練和活動卻已呼之欲出。

從 1950 年代後期開始，隨著社會環境的變遷，童軍總會在滲透弱勢群體的工作重點亦逐漸轉移至人口眾多而服務需求龐大的徙置區。把童軍活動帶進徙置區是總會當年配合當局的重要政策之一，雙方經常緊密合作以推動是項工作。當局通常會第一時間與總會分享徙置區的發展計劃，並於 1961 年開始提供特殊補貼以便聘請全職人士培訓領袖和支付孩子的制服和活動費用。

1960 年代一些童軍區由於包含徙置區及其他公共屋邨的關係，發展得特別快。於 1962 年九龍地方分區完成後成立的深水埗區是個典型的例子。該區範圍包括深水埗、大坑東、石硤尾、李鄭屋村、蘇

48. *Kowloon Disturbances 1966; Report of the Commissioner of Inquiry* (Hong Kong: the Government Press, 1966), pp. 136-147.

屋村、長沙灣、蝴蝶谷衛民村、荔枝角等，區內人煙稠密，有多個公共屋邨，是當年運動普及化的重點區域。

深水埗區會成立短短一年之內，旅團數由十二個急增至二十個，主辦機構包括小童群益會、街坊福利會、基督教青年會、聾童會、荔枝角殘廢兒童病院及多家徙置區和公共屋邨學校，其中有兩個弱能旅；單單石硤尾就有三個旅，而李鄭屋村則有四個旅。後來，李鄭屋村發展得更快，曾一度成為獨立的童軍區。[49]

在1960年代，總會透過與社區中心、徙置區學校、小童群益會和救世軍等合作，在黃大仙、竹園、白田、石硤尾、大圍、何文田、李鄭屋、老虎岩、荃灣及觀塘徙置區裡成立了多個童軍旅。到1963年已有二十四個徙置區旅，在1966年時總數更增加至三十六個，佔當年全港旅團總數的11%。[50]

特殊旅團及徙置區旅的總數當然還不包括總部設於徙置區附近但經常招募區內兒童的公開旅，或總部設於區外學校但吸納校內居住於徙置區的學生之學校旅。聖公會聖巴拿巴堂的（東）九龍第159旅是個好例子。該堂坐落於觀塘市區，1960年代的首任旅長劉允牧師曾於救世軍裡服務多年，開辦時第一批童軍順理成章地主要來自位於觀塘徙置區裡的聖巴拿巴小學，而該校的校長林柏秀亦成為早期觀塘童軍區會的執行委員。[51]

雖然越來越多弱勢群體的孩子加入運動，與其他市區及中產家庭的孩子比較，他們早期的參與仍然不太全面。1959年香港共有六十多位成員有幸參加世界大露營，其中有七位獲可口可樂分銷商贊助，包括兩名孤兒。但代表團內沒有任何其他特殊旅團的弱勢群體成員。相反地，雖然當時本港絕少英裔童軍，代表團裡卻有四位來自石崗軍營的英裔男孩；而十五位深資童軍參加者共有六位是聖若瑟書院香港第1旅的成員。

49. 深水埗童子軍區區分會會刊 (1963)，5。
50. K. F. Law, "Resettlement Scouting," April 28, 1966, *HKSA; Annual Report of the Scouts Assn., Hong Kong Branch, 1966/67* (Hong Kong, 1967), 5, 當年全港旅團總數是315個。
51. Kua (2011), 273; 成立典禮專刊（香港：觀塘區會，1967）。

嗰喀區章

同樣地，特殊童軍亦很少考取榮譽童軍獎章。1957 年特殊旅團佔旅團總數大約 15%，但它們的榮譽童軍只佔 1954 至 1959 年間的總數不到 1%。[52]

不過，特殊童軍旅團裡有一個很明顯的例外，就是香港航海學校的香港第 3 海童軍旅。當時航海學校的學生大多是孤兒、貧窮兒童或有輕微過犯的孩子。該旅的首位榮譽童軍是編號「M13」的林志超，他於 1963 年考獲此運動裡的殊榮。學校當局公開表揚林君令人羨慕的童軍獎項後，激勵了同團的很多夥伴。從 1964 至 1968 年，該旅再產生了一共十七位榮譽童軍，使第 3 海童軍旅成為當年相當有名的「勁旅」。[53]該旅的經歷提醒大家，只要有適當的環境及正面的鼓勵，弱勢群體的孩子包括所謂「問題」青少年仍可在運動裡取得很好成績，出人頭地，一點不見得會比本港的傳統名校旅團差勁。

本章前面提過明朝的高拱，他認為有教無類指的是「不分族類」。於 1960 年代初，本港運動終於在這方面亦有了突破。在 1962 年，於威菲路軍營 (Whitfield Barracks，俗稱摩囉兵營，位於現在的九龍公園) 裡服務的軍官為營內啹喀兵團的尼泊爾裔孩子開辦了九龍第 80 旅，開創運動為本港英裔以外之少數民族服務的先河。[54]

到目前為止，本章的討論集中在童軍總會如何把新界地區和弱勢群體裡的男孩子納入運動，因為在 1950 至 1960 年代，只有女童軍總會才會招收女性成員。但此時期女童軍總會同樣有滲透偏遠地方和弱勢社群的工作，下面補充一下這方面的資料。

真鐸啟喑學校於 1950 年代初開辦由七名聾啞女生所編成的女童子軍團，並於 1952 年 5 月由女童子軍總領袖葛量洪夫人於港島花園道的總部為該團舉行宣誓。當時女童子軍總監自豪的宣佈：「聾啞兒童童軍之組織，本港有史以來尚為首例，頗堪紀念」。[55]女童軍總會在開發聽障旅團方面的確是走在童軍總會前面，比後者快了幾年。

52. 香港童子軍總會一九五七年度報告書 ( 香港，1958)，5，當年全港旅團總數是 143 個；盧偉誠 (2000)，21-27。
53. Peter Wood, "Training for a New Life," in HKRS 365-1-86-1-10, PRO; *The Hong Kong Sea School: Scout Report, March 1962; The School Magazine, March 1962* (Hong Kong Sea School, 1962).
54. *Annual Report, Tsim Sha Tsui Local Association, 1961-1962*, 3, 12.
55. *Hong Kong School for the Deaf, the Principal's Report, 1950-1951* (Hong Kong: Hong Kong School for the Deaf, 1951).《工商日報》，1952 年 5 月 22、24 日。

1950 年代中期，女童軍亦開辦了盲童團及喜靈洲痲瘋院團。貝登堡夫人在 1958 年訪港時曾「由港督夫人陪同前往喜靈洲，主持瘋人村［原文如此］女童軍新會所開幕典禮」，檢閱成員並參觀她們簇新的旅部。[56]

女童軍總會亦有在新界區和其他弱勢群體裡拓展運動。於 1955 年 3 月，它在長洲成立首個女童軍團，該團三十人「全部為長洲官校女學生」。[57] 可能是因為新界社會比較傳統和重男輕女，在這方面女童軍總會顯然比童軍總會落後，因為後者在 1930 年代已經在長洲成立了旅團。[58] 1950 年代後期，幾所新界學校亦相繼組織了女童軍。到 1959 年，小童群益會已有三個女童軍團和兩個小女童軍團，成員多為經濟較差的女孩。烏溪沙兒童新村在 1960 年 7 月在禮堂裡舉行女童軍團成立典禮，為村裡的孤兒服務，由「代總監主持授旗」。[59]

在 1960 年 3 月，女童軍馮巧珍因「住所被劫時奮不顧身追捕匪徒，表現童子軍傳統的勇敢無畏精神」，替本港女童軍運動填補了一個空白，成為首位獲頒女童軍英勇十字章的本港女孩。[60] 她並非來自「精英」旅團，而是救世軍九龍第 3 隊的成員。貝登堡夫人於 1962 年再次訪港，與兩千多名男女童軍在營火會上見面，亦預留時間去喜靈洲再次探望她的老朋友。注意女童子軍總會是一個獨立機構，有自己的成員統計，上述的旅團及成員數據均沒有包括在本章童軍總會的統計數字裡。

重光後不過數年，港英的前景已變得很不明朗。當時中國國共內戰激烈，國民黨軍隊節節失利，解放軍在 1949 年 10 月已進駐廣州，下一個目標可以是香港。其時中英雙方摩拳擦掌，隨時可能開戰，而英國外交大臣畢文 (E. Bevin) 更承諾增加駐軍，揚言必要時會把香港變成東方的「柏林」。[61] 不過，不久之後，英國左傾的工黨政府率先承認中華人民共和國，兩國關係轉趨溫和；後者亦覺得香港作為殖民

56.《工商日報》，1958 年 3 月 29 日。
57.《工商日報》，1955 年 3 月 7 日。
58. HKDP, Nov. 8, 1934.
59.《工商日報》，1960 年 7 月 11 日。
60.《工商日報》，1960 年 7 月 23 日。
61. Welsh (1993), 443.

地有一定的經濟價值，沒有堅持收回，局勢才再次回穩。

無論如何，國內嚴峻的軍事形勢已使 1950 至 1960 年代的香港需要面對很大的挑戰。英國殖民部曾預言香港將會有「大批個別或與戰敗國軍同行的難民湧入」。[62] 果然，人口在幾年間迅速增長，由 1945 年的六十萬人變成 1950 年的二百多萬人，其中除了回流的港人外，有很多無家可歸的內地難民，在市區各處大量興建非法寮屋。

當年經港回國服務的歐亞混血兒作家韓素音（Han Suyin，原名周光瑚）曾形容 1949 年時的香港為一個擠滿「過客」的城市、大型「難民營」、「寮屋僭建者的殖民地」。她說當地「人們來來往往，亦明白他們在這裡［的生活］實在比地球上任何其他地方更加短暫與無常」。[63] 同年，史學家錢穆以難民身份到港，創辦新亞書院。他當年撰寫的校歌裡有這幾句話：「手空空、無一物、路遙遙、無止境」，正好表達本港這些「過客」的心境。

1950 年代末至 1960 年代初，國內發動反右運動和大躍進後，不少地區饑荒嚴重，大批難民同胞湧入香港，其中 1957 和 1962 年兩次「大逃港」尤其嚴重，本港新移民人口再次急增。

絕大多數這些年間抵達香港的「過客」最終沒法前往更理想的他鄉，需要港英當局安置，他們的孩子亦必須有適當的教育機會和健康的課外活動。

在 1950 和 1960 年代，香港童軍總會就是在這個大環境下回應了政府政策和社會訴求，開始積極吸納傳統中產階級以外的孩子，包括來自新界的居民、剛剛到港的難民、住在寮屋區或者徙置區的港人、街童、孤兒、殘障人士和「問題」青少年等。在這段時期，運動裡上下諸君並沒有辜負運動有教無類的理想，不分彼此及齊心合力地面對時代的挑戰，包容甚至歡迎以前無緣加入運動的港人，亦嘗試替新移民的孩子塑造新家，使他們不再覺得自己是本港的「過客」。

62. CO 537/5024, *NA*.
63. Han Suyin (1961), 29. 原文是 "[a city of] transients...refugee camp...squatters' colony...where people come and go and know themselves more impermanent than anywhere else on earth."

**成員總數佔青少年人口比率** / 1931-1971

| 普查年度 | 男孩 10-19 歲 | 童軍總數 | 百分比 % |
|---|---|---|---|
| 1931 | 102,035 | 569 | 0.6% |
| 1961 | 276,124 | 7,273 | 2.6% |
| 1966 | 437,630 | 13,216 | 3.0% |
| 1971 | 487,328 | 23,049 | 4.7% |

註:童軍數據來自香港童軍總會之歷年成員統計,男孩數據來自香港人口統計,1931-1971。

　　在這個時期,通過與其他志願組織和政府當局的密切夥伴關係,童軍總會積極推行有教無類的政策,運動於是日益普及。在這些年來,本港童軍成員總數一直持續成長,從 1950 年戰後低位的 1,848 人到 1955 年的 3,796 人、1960 年的 7,033 人、1965 年的 12,322 人以至 1970 年的 21,137 人。同樣重要的是,正如上表所顯示,雖然當時香港人口不斷高速增長,成員總數佔目標人口的百分比亦同樣錄得健康的增幅。

　　這個時期童軍只招收男孩子,而大部分的成員均是大約十到十九歲的青少年。在當局有進行人口普查的有關年份裡,童軍總數佔這個人口群的百分比持續上升,從 1931 年戰前的 0.6% 到 1961 年的 2.6%、1966 年的 3.0% 以至 1971 年的 4.7%。在戰後短短的二十年間,香港童軍運動終於擺脫了中產階級的標籤,貫徹了有教無類的理想,成為一個真正本地化和普及化的青少年運動。

# 第十三章

# 改革獨立

## 1966-1977

## CHAPTER THIRTEEN

# REFORM AND INDEPENDENCE

1960 年代初，英國童軍運動開始停滯不前，
英國總會經過內部檢討後決心推行運動始創以來
最全面的改革。作為當時最重要的海外分支，
香港總會亦步亦趨，在 1960 年代後期採納多項
來自英國的改革建議，促使運動在短短數年間全盤現代化。
引進改革後不久，香港總會於凝聚共識後，
採取措施推動本港運動脫離英國，於 1970 年代末開始直屬
世界童軍運動組織（WOSM）。經歷改革和脫英過程的香港童軍
終於成為一個與時代掛鈎而獨立自主的青少年運動，
準備就緒，可以從容面對接下來幾十年裡的各種挑戰，
創出持續成長的佳績。

畢業於劍橋大學耶穌學院、曾於二次大戰時參與所羅門群島防衛戰並獲頒英軍十字勳章的戴麟趾 (David Trench) 於戰後退役，在 1950 年加入港府服務。在 1964 年，戴麟趾爵士繼任為港督，在任期間與財政司郭伯偉 (John Cowperthwaite) 透過「積極不干預政策」促進經濟迅速增長，把重心從傳統的貿易及製造業轉移至現代的金融和服務業，使香港終於晉身為「已發展」地區，人均收入甚至超越「祖家」英國的水平。當時港府每年的預算均錄得盈餘，積累大量儲備，但也曾被批評在教育、醫療、福利等花得太少，與社會真正需要脫節。[1]

　　畢業於牛津大學貝利奧爾學院及多年來在殖民地部與外交部任職的麥理浩 (Murray MacLehose) 爵士在 1971 年接任港督，至 1982 年才卸任，為任期最長的港督，留任時間比排第二的葛量洪還長了一個月。麥理浩時代本港經濟繼續騰飛，他亦推行了「十年建屋計劃」，興建新市鎮及地下鐵路，更成立了廉政公署，全力打擊當時社會上非常嚴重的貪污風氣。麥氏政績纍纍，「勤政愛民」，其任期曾被形容為香港的「黃金十年」。[2]

　　於 1963 年，年輕時曾做過童子軍，自 1954 年起任會內非制服職位，並於高本退休前不久才被委為副總監的羅徵勤繼任為香港總監。於 1973 年 9 月，有多年卓越服務記錄、曾參與香港保衛戰及一向為高、羅兩人副手的馬基實至名歸，終於接任總監一職。

　　從本地運動的角度來看，本章所涵蓋的年代是個改革和獨立的時期。兩位港督對童軍的積極態度一如既往，對它的改革更新十分支持，但兩人對運動脫離英國的看法卻有一定差距，而他們的態度亦相當大程度地影響了此事的發展進度。華人總監重掌運動領導權後，在英國總會與本港總領袖的支持下，成功地引進了「新制」改革，亦推行了當地運動脫英獨立。本章會依次討論香港總會如何在短短的十年間落實了這兩個對運動影響深遠的變動。

1. Welsh (1993), 459-465.
2. 周永新 (2016)，28，61，103，105。

1960 年代初，英國童軍成員總數開始
下滑，為運動敲響警鐘。經過內部檢討後，
總會決定全盤改革，推行所謂的「新制」：
一系列現代化、由上而下及以英國為中心的
大型變更。作為英國童軍總會當時最大的一
個海外分支，香港總會在數年間幾乎全盤採
納了來自英國的改革建議。是次改革相當全
面，有不少的地方確實是為本地的運動帶來
了新形象和新動力，有助於推動持續增長；

麥理浩爵士

但亦有些與本港實際情況脫節，對運動造成負面影響，需要事後調整
更正。

英國童軍成員總數由 1950 年的 471,000 人增長至 1960 年的
588,000 人的歷史高峰後開始不進而退，逐年下滑，到 1964 年時只有
540,000 人，四年間減少了 9%，顯示運動可能已不合時宜，需要改
進。[3] 在 1963 年，英國童軍總領袖委任一批較年輕的本土總監和領袖
加入名為「先頭部隊」(Advance Party) 的專責小組，並要求它：

> 全面研究童軍運動未來的所有事宜，並提
> 出⋯⋯關於運動無論是近期還是將來七十年代
> 的拓展建議。

換句話說，「先頭部隊」的任務是探討英國童軍運動未來的方
向，並提出它認為需要採納的所有改革，務使運動能追上潮流，重回
1950 年代的增長軌道。

3. *The Scout Association Annual Reports, 1950-51, 1960-61, 1964-65*
(London: the Boy Scouts Association, 1951, 1961, 1965).

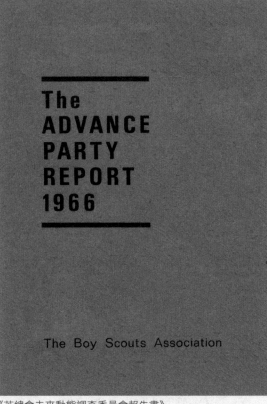

《英總會未來動態調查委員會報告書》

　　三年之後，亦即在 1966 年 6 月，專責小組提交了《英總會未來動態調查委員會報告書》（*The Advance Party Report*，下文簡稱《調查報告書》），長達五百多頁，第一至第十七章涵蓋多項改革措施，第十八章討論如何實施，第十九章列出研究參與者，而第二十章則用簡報形式列出 409 項改革建議，內容包羅萬有，「大小通吃」，實可謂全面徹底的大改革。

　　很不幸的是，由於報告書全文太長，第二十章的簡報是唯一獲得廣泛傳閱的部分。此章只是匯總，不分大小地列出所有改革建議，但未附任何解釋、理據或背景。這個做法導致很多運動成員對各項建議

一知半解，在執行時偶然會捉錯用神甚至盲目推行，經常為改革帶來不必要的誤解和阻力。

香港在幾年內迅速採納《調查報告書》內多數的大小建議，立場堅定地執行英國總部的改革。1966 年的童軍雜誌刊登擬議的新制服及有關報導；翌年總會採用新會徽，按建議進行重組並公佈新的幼童軍支部訓練綱要；1968 年總會通過新的童軍支部訓練綱要。總會於 1969 年頒佈新的童軍誓詞規律、職稱，和領袖、童軍和幼童軍支部徽章和制服，並為領袖舉行「新制」培訓。到同年 10 月，所有新委和轉職領袖均需參加強制性的「新制」培訓。在 1970 年初，新的深資童軍訓練亦計劃開始試行。[4]

各級成員制服的改革是「新制」最明顯的象徵。1968 年 9 月，羅徵勤總監穿著全新制服出席第六屆遠東童軍會議：長褲代替了短褲，領帶代替了領巾，簡單的金屬帽徽代替了彩色的「掃把」帽章。在 1969 年的大會操裡，港督兼童軍總領袖戴麟趾亦以身作則，穿著全新的制服出席典禮。同樣地，在 1972 年，麥理浩也穿著新制服出席他的首次大會操，會見也是戴上了綠色領帶而不是傳統領巾的深資童軍。

「新制」裡的童軍專用名稱亦有些修改，反映當時的一些想法。為了避免運動的「孩子」或「幼稚」形象，使它對青年人更具吸引力，報告書建議把 "Boy" 字剔除，簡化英文運動全名為 "Scout Movement"，總會為 "Scout Association"，旅團為 "Scout Group/ Troop" 等。

根據一貫的做法，香港總會需要自己解決中文翻譯的問題。當時總會採納的做法是剔除「子」一字，以「童軍」代替「童子軍」，「童軍總會」代替「童子軍總會」，如此類推。這個譯法似乎只能減輕部分「孩子」或「幼稚」的形象問題，無法徹底解決多年來如何把 "Scout" 字譯成中文的困擾。因為「童」字仍然是孩子的意思，而

---

4. The *Bulletin*, Sep. 1966; Jan., May, Jul., Oct., 1967; Jan. 1968; Jan. 1970; *Annual Report, 1968/69* (Hong Kong: the Scout Association, 1969), 25-27.

1972 年大會操裡的「新制」制服 (HKSA)

「軍」字令人聯想起軍隊這個傳統翻譯的問題依然存在。

小狼隊 (Wolf Cubs) 這名稱來自吉卜林的《森林故事》，有點過時，亦稍嫌臃腫，報告書建議簡稱小狼為 "Cub"，即幼獸之意，再與較年長的童軍的名稱掛鈎，成為 "Cub Scouts"。香港總會於 1968 年初採納是項更改，同時把支部中文名稱訂定為「幼童軍」，與年紀更大的「深資童軍」互相呼應，是一個不錯的翻譯。[5]

「新制」裡的徽章幾乎完全重新設計，與所謂「舊制」的傳統徽章有很大分別。首先，鑽石形的會員章（六個不同顏色，代表不同支部）代替了欖形初級章。[6]

童軍支部所有進度章與技能章亦由新章代替。大小一樣的鑽石形標準章 (Scout Standard)、高級標準章 (Advanced Scout Standard) 和總領袖獎章 (The Chief Scout's Award) 代替大小不一而使用了多年的楊桃形中級章及欖形高級章。鑽石形的各種技能章則代替了「舊制」圓形

5. The *Bulletin*, May, Jul., 1967.
6. The *APR*, 502.

的技能章。「新制」的童軍技能章分興趣、技能和服務三大類，前二者綠色底料，後者紅色底料，共有五十多個；再加上幾個用藍色底料的海上及空中活動訓練章，近二十個紅色底鑲金邊的教練章，及特別徽章如愛丁堡金、銀、銅章等。

幼童軍以長方形的金、銀、銅進度章及鑽石形童軍先修章代替一星、二星及「跳躍小狼」章。技能章雖仍沿用三角形，但已不再按種類分紅、黃、綠、藍四個底色。它們基本上是紅色底，其中只有幾個再分三個階段（較高的階段用黃色料，最高的用綠色料）。

深資童軍進度章以鑽石形的深資童軍獎章 (Venture Award) 及榮譽童軍獎章 (Queen's Scout Award) 代替以前不同形狀及栗色的中級、高級和榮譽童軍章。技能章的改革則更加徹底，因為「舊制」近六十個栗色、四方形的技能章完全取消，不再存在。

「新制」以長方形的隊色章取代彩色的隊色條，長方形的隊副、隊長及資深隊長章取代「舊制」的白色（童軍）或栗色（深資童軍）而顯眼的「一劃」至「三劃」。「新制」取締了最年長的樂行童軍支部，所以也再沒有任何該支部的徽章。

注意於 1970 年採用「新制」後，深資童軍基本上可考取的徽章只有會員章、深資童軍獎章及榮譽童軍獎章。「舊制」深資技能章太多，有少數人可能虛榮心作祟，本末倒置，「為考章而考章」，的確曾是一個問題。但深資支部的徽章改革似乎有點極端，完全摒棄多年來行之有效的傳統，鼓勵成員學習各種不同的技能，使很多適齡青年在「新制」推行後失去興趣，離開運動。香港總會於 1974 年修改訓練計劃，加設四個段章及相關金帶章，肯定深資童軍在責任、自立、活動及探險方面的進度。此做法與英國不同，但明顯較受本地青年歡迎。

「舊制」各支部成員有不同的布帽章，小隊長和團隊長有特別的帽章，而領袖則有配上不同顏色尼龍毛的「掃把」。「新制」所有成員都佩戴簡單的金屬帽章，不分支部或職級。這個制度雖然在執行工作上會有些不便，但避免成員有不必要的「階級觀念」，亦有一定好處。

1967 至 1971 年間，「新制」徽章的尺寸較小，用尼龍底料，原意

由上至下分別為新制童軍支部的服務組營地管理技能章、興趣組先鋒工程技能章及高級標準進度章。

是方便用熨斗熨上衣服，免除縫章之苦（當然不少童軍喜歡縫章，覺得樂趣無窮，甚至不願意假手他人），但使用效果不好，徽章有時會黏在熨斗上或容易損耗，終於重新改用傳統的布質底料。由於「新制」第一代尼龍底料徽章只用了幾年，兼且損耗較多，相當罕有，頗受收藏者歡迎。

「新制」開始時，鑽石形的會員章代替了欖形的初級章，但幾年後前者再被紫色及圓形的世界童軍會員章取代。原來與英國運動一樣，WOSM 在 1960 年代亦面對一些挑戰和爭議，有不少聲音要求考慮改革。當時匈牙利裔學者那吉 (László Nagy) 曾獲邀進行研究，於 1967 年向世界童軍會議呈交詳細報告書，建議不少改革。次年，那吉被委任為世界童軍總部的秘書長，負責執行有關建議。與此同時，WOSM 亦推出全球通用的紫色圓形世界童軍會員章。在 1969 年，曾考獲美國童軍最高榮譽「鷹童軍」獎章、首位踏上月球的太空人阿姆斯壯 (Neil Armstrong) 更把該徽章帶上月球，使它聲名大噪。

在 1971 年，本港亦跟隨各國童軍總會採用此世界童軍總會的新會員章，不再佩戴不同底色的英國「新制」鑽石形會員章，使會員章進一步簡化和全球化。時至今日，世界各地的各級童軍仍然同樣佩戴這個款式的會員章，顯示大家全屬一個通行一百多個國家的國際青少年運動。

正如第九個故事所說，本港於 1931 年已採用了模稜兩可的中文誓詞，以國家元首代替英皇，迴避對英皇盡忠這個對居港華人敏感的問題。1950 年代中期，總會再頒佈修改過的中文誓詞，同時迴避對英女皇盡忠的問題及切割對中國國民身份的認同：

> 我願以信譽為誓，竭盡所能，對神及居留地盡責任，隨時隨地扶助他人，遵守童子軍規則（童子軍及領袖版本）。

我願盡所能，對神及居地，盡我責任，遵守小狼規則，每日行一善事 ( 小狼隊版本 )。[7]

　　上述誓詞同時不提英文版本裡的「英女皇」(Queen) 和戰前中文版本裡的「國家元首」(head of the nation)，只要求成員對「居留地」/「居地」(place of residence) 盡責任，運動意識形態的本地化向前跨了一大步。

　　「新制」的誓詞在 1960 年代末和 1970 年代初再次「進化」如下：

> 我願以信譽為誓，竭盡所能，對神明，對本土，盡責任，對別人，要幫助，對規律，必遵行 ( 童軍及領袖版本 )。

> 我願盡所能，對神明，對本土，盡責任，對別人，要幫助，對規律，必遵行 ( 幼童軍版本 )。[8]

　　新的中文誓詞與 1950 年代及以前使用的版本有不少不同的地方，除了文字較簡潔對稱外，亦有幾個主要修改。首先，不少人認為童軍「隨時隨地」(at all times) 幫助人這個要求似乎過高，不合情理，應該把這四個字去掉。換句話說，樂於助人當然是童軍應有的基本態度，但也要考慮當時的情況和自身的條件。

　　有點可惜的是，小狼隊「日行一善」(do a good turn everyday) 這個膾炙人口的詞語也被簡化為「對別人、要幫助」。雖然從此香港運

各國通用的圓形世界會員章

---

7. *Local amendments to Rule 3 of the POR, 1955* (Hong Kong: Boy Scouts Assn., Hong Kong Branch, 1955); Kua (2011), 422.
8.《香港童軍總會政策、組織及規條第一冊》( 香港：香港童軍總會，1980)，5。

動的誓詞或規律裡不再有這四個字，時至今天，很多運動內外的人仍然會用這句話來形容童軍，覺得它代表了運動的精神。[9]

新誓詞以「對神明，對本土」代替「對神及居留地」，在中文修辭方面當然比較工整，但同樣重要的應該是詞彙後面的意識形態。高馬可於《香港簡史》一書中提及港人的本土意識於 1960 至 1970 年代開始萌芽成長，認為「許多當地人為本港的混合地位感到自豪」，逐漸接受了一種同時具有英國、中國及本地、國際元素之「獨特的香港身份」（"a distinctively Hong Kong identity"）。[10] 誓詞內關於「神明」及「本土」的修改可以說是對這種「獨特的香港身份」之認同的一個體現。它們雖然與《調查報告書》的各項改革同時執行，但其實與報告書沒有直接關係，也並非英國總會的意願。它們只是香港總會趁推行「新制」之便，對誓詞作出適合當地情況的改良，亦彰顯出由華人當總監的優越性。

新誓詞把接近原文 "God" 即基督教或天主教的「神」字更換為「神明」。讀者可能記得前面第九個故事裡介紹過日本童軍於戰前已然採用「神明」一詞，因為日人大多信奉佛教或神道，認為該詞較適合各種不同宗教背景的成員。雖然本港的英文誓詞仍然沿用基督徒較喜歡的 "God" 字，中文誓詞卻在此時跟日本看齊，一樣改用「神明」一詞，應該會使非基督徒的港人成員較容易接受。

新誓詞用「本土」(my territory) 代替 1950 年代使用過的「居留地」，亦反映出港人對香港歸屬感上的轉變：在 1960 至 1970 年代，越來越多港人（包括滯留本港的大量新移民）已把香港視為自己的家園，不再是個再度遷往他方的踏腳石或臨時居所。畢竟，與戰後初期不一樣，1960 年代的青少年大多在本港出生，對香港比較有歸屬感。所以，1960 年代末總會以「本土」代替「居留地」，實在是一個相當妥當的修改。

9. The *APR*, 16; The *POR, 1964 Reprint* (London: the Boy Scouts Association, 1964), 5.
10. Carroll (2007a), 167-9.

《調查報告書》建議把童軍規律由十條簡化成八條，不久後英國總會再把規律減至七條，這些改革香港也很快地執行了。新的規律較清晰和簡單，內容也較符合現代思維與教育哲學。下面首先會列出「舊制」規律和「新制」規律，然後會舉幾個例子，略加講解。1950年代根據英文規律而譯出的「舊制」十條中文童子軍規律如下：[11]

1. 童子軍信譽是為人所信賴的。
2. 童子軍對其居留地、父母、童子軍領袖、僱主及其下屬是忠心的。
3. 童子軍的責任是力求充實自己及扶助他人的。
4. 童子軍是人群之友也是其他童子軍的兄弟，不因國籍、階級、宗教有所區別。
5. 童子軍是有禮貌的。
6. 童子軍是愛護動物的。
7. 童子軍絕對服從父母、小隊長及團長的命令。
8. 童子軍常欣然微笑以應付一切困難。
9. 童子軍是儉樸的。
10. 童子軍的思想及言行都是純潔的。

　　1970年代根據簡化了的英文規律而譯出的「新制」七條中文規律如右：[12]

11.《童子軍運動在香港》(香港：童子軍總會，1957)，8。
12.《領袖初級訓練班訓練員手冊》(香港：童軍總會，1976)。

1. 童軍信用為人敬。

2. 童軍待人要忠誠。

3. 童軍友善兼親切。

4. 童軍相處如手足。

5. 童軍勇敢不怕難。

6. 童軍愛物更惜陰。

7. 童軍自重又重人。

原有的規律第二條「童子軍對其居留地、父母、童子軍領袖、僱主及其下屬是忠心的」，文句繞口繁複，一看就知道是從稍嫌囉唆的英文原文直譯出來的「怪物」。報告書建議把原文簡化為 "A Scout is loyal"，可謂神來之筆；而香港總會諸君把它譯為「童軍待人要忠誠」，亦不遑多讓。[13] 修改後的這條規律中英文均較簡潔，更表明需要忠誠對待的對象亦涵蓋其他人，包括其他家庭成員和朋友及社會大眾等。

舊規律第六條與愛護動物有關

新規律第三條「童軍友善兼親切」（A Scout is friendly and considerate）巧妙地糅合了與「扶助他人」、「有禮貌」，甚至「愛護動物」這幾條相關的舊規律，亦可被解讀為對大自然與環境友善，一個當時開始成為時尚的現代化要求。

舊規律第四條「童子軍是人群之友也是其他童子軍的兄弟，不因國籍、階級、宗教有所區別」曾被某些別有用心的人利用，解釋為可

13. 規律第二條原文是："A Scout is loyal to the Queen, his country, his Scouters, his parents, his employers, and to those under him." 所有本節的新舊規律英文原文見於 The *POR* (1959), 5-6; The *APR*, 17-18.

以因不同種族而有不同待遇，甚至把殖民地的土著孩子拒諸門外，因為規律的原文並沒有提及種族。[14] 新規律第四條「童軍相處如手足」(A Scout is a brother to all Scouts) 較簡單，沒有標明「不因國籍、階級、宗教有所區別」，亦即表示因任何理由而有所區別都不行，再不容許有上述的錯誤理解。

舊規律第七條強調盲目服從

舊規律第七條「童子軍絕對服從父母、小隊長及團長的命令」曾受到不少有獨立思維的人士詬病，因為它強調盲目服從及只對父母與童軍領袖服從。新規律終於把這條具爭議性的規律取消。[15]

舊規律第八條的原文 "A Scout smiles and whistles under all difficulties" 其實相當生動，可惜直譯為中文後變成「童子軍常欣然微笑以應付一切困難」，有點不倫不類，亦不能夠完全表達出原文的精神。新規律第五條的英文版是 "A Scout has courage in all difficulties"，沒有那麼生動，但卻比較容易翻譯，香港總會把它譯為「童軍勇敢不怕難」，相當成功。

「童軍勇敢不怕難」的一個好例子是隸屬荃灣西區第 14 旅（荃灣官立中學）及於 1968 年考獲榮譽童子軍的錢耀昌。他與哥哥錢耀宗均熱衷飛行，在 1971 年 12 月一同駕駛一架小獵犬型 (Beagle Pup B-121) 的單引擎雙座位飛機，從倫敦起飛，展開歷史性的馬拉松飛行，啟程飛往香港。當時錢氏兄弟兩人均較年輕，亦沒有太豐富的飛行經驗，而英國的專家們更指出這款飛機根本不適宜長途飛行，但他們仍堅持理想，不取消計劃。

在漫長的旅途中，兄弟倆遭遇各種困難，這裡只能列舉一些例

14. 規律第四條原文是："A Scout is a friend to all, and a brother to every other Scout, no matter what his country, class, or creed, the other may belong."
15. 規律第七條原文是："A Scout obeys the orders of his parents, Patrol Leader, or Scoutmaster, without question."

左：1972 年錢耀昌與哥哥攝於小獵犬飛機前 (HKSA)
右：榮譽童軍錢耀昌 (HKSA)

子：機上的無線設備收發能力弱，無法與一些機場連繫；有些國家拒絕他們降落或起飛，行程被迫延遲或修改；飛機的油缸太小，有時在燃料用完後仍未到達目的地，需要滑翔降落等。但他們仍然秉承「童軍勇敢不怕難」的精神堅持下去。他們的勇氣和冒險精神令人十分感動，沿途亦有很多人伸出援手，為他們提供各種方便。一路上錢氏兄弟排除萬難，樂觀地勇往直前，終於在 1972 年 1 月 8 日安全降落香港啟德機場，更打破由意大利布林的西至地中海克里特島及由加爾各答直飛曼谷的兩項飛行紀錄。

《讀者文摘》曾在 1972 至 1973 年間以中文和好幾種外文刊登題為「小獵犬歷險記」的文章，詳細報導他們兩人是次飛行旅程，使年輕的錢氏兄弟一時馳名中外。[16] 錢耀昌後來被香港總會委任為空童軍總監，多年來一直參與發展本港的空童軍活動。

《調查報告書》內有少數建議並不適合香港的情況，要在以後條

16.《工商日報》，1972 年 1 月 9 日；*Asia Weekly*, Feb. 6, 1972;
　　*Readers Digest*, Feb. 1973, 27-39.

件成熟後才被執行，甚至終於沒有被採納。「新制」之宗教政策建議「所有總監、旅長和訓練支部領袖」必須是「某宗教團體的積極成員」，以便他們能夠成為其他童軍的「好榜樣」，反映出以英國為中心的宗教保守主義。在英國這項新規定問題不大，因為當時 96% 的當地童軍領袖承認他們起碼偶然會去教堂做禮拜，而近 50% 的旅團根本是由教會贊助的。[17]

不過，此建議顯然不太適合本港的環境。因為當時只有少數港人是基督教徒或天主教徒，而多數的華裔領袖並不熱衷於任何宗教，不可能被視為「某宗教團體的積極成員」。結果，總會並沒有採納或者嚴厲執行這個可能會導致大量華裔領袖需要辭職的規定。

有些弱能童軍的建議在本港亦有點不切實際。報告書認為 "Handicapped Scouting" 一詞不合時宜，對有殘疾的孩子有負面標籤之嫌，建議把名稱改為較中性的 "Extension Scouting"。同時，報告書亦建議推行共融活動，把有殘障的男孩吸納入普通的旅團，並認為應該招收智障和心理失調的孩子。

修改名稱比較容易，正如上一個故事所述，本港總會迅速採納了新的英文名稱，並把中文名由「弱能童軍」改為「特能童軍」。可是，在社會條件還沒有成熟時，更基本的改革就比較困難。本港的特能童軍在 1970 年代以至現在，主要仍然只能參加為他們而設的特能旅團而非普通旅團，而智障孩子的童軍活動亦要在改制後多年才終於能實現。

特能童軍通常會舉辦自己的露營活動，十個特能團曾參加 1969 年的第三屆特能童軍露營。雖然有八十多位特能童軍出席 1971 年的鑽禧大露營，他們卻需要留在自己專用的支營內。為晨岡學校的智障孩子而設的港島第 157 旅要到 1979 年才成立，比「新制」的推行遲了足足十年。[18] 絕大多數的特能童軍除了不會加入普通旅團以外，和普通童軍的共融活動亦十分有限，更絕少常規化。這種情況基本上與本

---

17. The *APR*, 19-20, 292, 343.
18. The *APR*, 233, 235-6; The *Bulletin*, Jan.-Feb., 1968; 11 (Chinese); Jul.-Aug., 1971, 9; *Hong Kong Scouting*, May 1979, 6.

地特殊教育的「隔離」政策看齊，再次說明童軍運動絕少太「前衛」，多數只會反映當時的社會情況。

《調查報告書》建議大量增聘全職受薪領袖代替義務人員，間接反映戰後英國社會越來越難招聘義務領袖的現實。報告書提議仿效美國童軍總會，由全職行政總監負責總部所有部門，及全職總監處理一些地方工作，更聲稱可聘請「達一千位 [ 全職受薪領袖 ]，也不會破壞運動裡與義工的重要平衡」。[19]

雖然香港總會在 1967 年按「新制」進行全面重組，被委新職的總監絕大多數仍然是志願人士，不是受薪職員。事實上，即使總會願意，它亦沒有經費增聘大量受薪人手。1960 年代末，總會曾獲政府資助，添加幾位受薪外勤總監 (Field Commissioner)，但主要是處理非童軍青少年的外展工作。1970 年，楊堯天被任命為政務主任 ( 當時的中文職稱，英文則為 Administrative Commissioner)，執行副香港總監業務助理的職責。

但在香港總會，全職總監一直沒有成為主流。時至今日，雖然總會亦有不少受薪全職幹事，所有的各級總監仍然全是義工。童軍總部各個部門和五大地域的管理和操作仍舊維持由資深義務總監負責，由全職幹事協助的優良傳統，反映出本港社會依然有很多經驗豐富的童軍成員願意付出大量時間為運動無償服務。

報告書認為當時「穿著制服的童軍……給人一個少年組織的形象」，建議一系列深資童軍、樂行童軍和領袖的制服和徽章改革，並預言這些改革將會使運動「對男孩、青年及成年人更具吸引力」。[20]

可惜，這些針對制服和徽章的現代化措施受到不少在「舊制」裡長大的成員們非議，主要原因似乎是因為它們摒棄了歷史悠久的傳統。「新制」取消樂行童軍，取締舊有的配件和徽章，包括禮帽 ( 香港俗稱「阿爺帽」)、形狀獨特的初級 / 中級 / 高級章、深資技能章、

19. The APR, 273, 396-399.
20. Ibid., 300.

被取締的舊制團長及副團長帽章（俗稱「掃把」）、木章、支部服務年星、樂行童軍的綠色初級章及肩章、深資童軍的皮肩帶、榮譽童軍章、栗色初級章、隊長及隊員帽徽、肩章及四方形的技能章及隊色。

服務年星、支部和隊長帽章、肩帶、肩章、傳統皮帶扣、領袖附有不同顏色尼龍毛的「掃把」、甚至領袖訓練的木章等，並要求深資童軍、樂行童軍和領袖以領帶代替有童軍特色的領巾。這些改革顯然不太明智，因為大部分配件和徽章都是 B-P 創立運動時已經採用並多年來受廣大成員歡迎的。一位英國的批評者曾說「新制」的改革「無視傳統」，把它們「犧牲於現代化的祭壇之上」，雖然未免顯得偏激，但亦道出了一些人的心聲。[21]

所以，事與願違，這些針對比較年長成員的「現代化」改革沒有得到預期的效果。無論是在英國本土或海外，這些違反傳統的建議都遇到相當大阻力，執行經年仍困難重重，影響「新制」下的深資童軍支部發展，甚至激發一小撮人脫離英國總會，另起爐灶，組織貝登堡童軍總會 (Baden-Powell Scouts' Association)，一個聲稱會盡量保留童子軍傳統的新童軍會。

此組織後來在美國、加拿大、墨西哥、德國、意大利、丹麥、日本、韓國和印度等地更成立相關的童軍會，於 1990 年代組成了世界獨立童軍聯盟 (World Federation of Independent Scouts)，近年來更舉辦過幾次世界大露營。但由於缺乏廣泛的認受性，資源和人力不多，該聯盟始終不成氣候，全球會員總數多年來仍然十分少，甚至不到 WOSM 會員總數的 1%。[22]

儘管分裂出運動以外的貝登堡童軍總會並不能吸收很多原有成員，英國總會深資支部在改革後的成員流失仍相當嚴重。英國在 1966 年時有超過五萬五千名深資和樂行童軍，三年後卻只有二萬二千名深資童軍。雖然英國自 1976 年以來開始招收女性，深資童軍亦要到 1989 年才重新回升至三萬九千人。英國深資童軍流失背後的原因複雜，但「新制」改革無疑是其中一個較重要的因素。

21. Michael Foster, "The Growing Crisis in the Scout Movement," http://www.netpages.free-online.co.uk/sha/crisis.htm (Jan. 4, 2019). 原文是：Traditions "sacrificed on the altar of modernity."
22. Kua (2011), 323-324.

香港在改革深資支部時亦同樣地要面對跌幅。「新制」深資訓練計劃在 1970 年開始試行，不久後全面實施。[23] 如果以成員參與數據及榮譽童軍（深資童軍之最高榮譽）人數為「試金石」，這些深資支部的各項改革顯然是失敗的。雖然兩個制度曾同時存在，由於考獲榮譽童軍需要一段較長的時間，我們可以把 1970 年年底當作基本正確的分水嶺，統計「舊制」最後五年和「新制」最前五年之累積數據如下：

**深資童軍和榮譽童軍累計總數** /1966-1975

| 年度 | 深資童軍 | 跌幅 | 榮譽童軍 | 成員 % |
|---|---|---|---|---|
| 1966/70 | 10,646 | / | 523 | 4.9% |
| 1971/75 | 8,880 | -19.9% | 30 | 0.3% |

註：深資童軍總數來自總會歷年統計報表；榮譽童軍總數來自盧偉誠 (2000)。

在「舊制」的最後五年，即大約 1966 至 1970 年，深資童軍人數累積總額超過 10,600 人；在「新制」的頭五年，即大約 1971 至 1975 年，累積深資成員總額卻不到 8,900 人，下降了約 20%。相反地，幼童軍成員人數累積總額同期的可比數字則上升了 33%，而童軍成員的可比數字更上升了 42%。原來，深資童軍每年成員總數在 1967 年曾高達 2,336 人，可惜後來逐年下降，在 1972 年時只有 1,586 人。雖然成員總數在 1973 年開始重新增長，但卻要到 1975 年才能夠超越 1967年的高峰。

榮譽童軍人數的對比更加明顯：在「舊制」的最後五年，榮譽童軍人數累積總額為 523 人，或成員總數的 4.9%；但在「新制」的頭五年，累積總額少得可憐，只有 30 人，或成員總數的 0.3%！統計數字

23. The *Bulletin*, May-Jun., 1970; Sep.-Dec., 1972.

「新制」榮譽童軍徽章

清楚顯示在「舊制」的最後幾年，很多年輕人趁改制前踴躍參加榮譽童軍考核；但在「新制」開始執行的頭幾年，大部分年輕人均對榮譽童軍失去興趣，不太願意參加有關考核。

深資支部於 1970 年代初困難重重，大家都有目共睹。1973 年 4 月，《香港童軍》雜誌代替以前的《月刊》，以全新面目刊行。編輯組在創刊號裡刊登了一篇題為「七十年代深資童軍的今日與明日」，長達五頁，評論深入全面，承認其時深資童軍的前景充滿「內憂外患」；亦指出很多領袖對改革一知半解，「壓根兒就瞧不起所謂『新制』」；文章更批評總會的一些措施，包括成員來自與深資童軍支部同樣年齡群的社會服務隊，說基本上是「搬起石頭打自己的腳」等。[24] 在運動中人對「新制」漸漸接受，而總會作出適當的調整及改革後，這些困難才慢慢地解決。於 1976 年，支部成員重新回升至 2,414 人，重新回歸成長軌道，而 1978 年更首次突破三千人的關口。

簡而言之，從 1960 年代末開始，英國總會的「新制」改革建議絕大多數被香港總會採納，於數年內執行。如上所述，這些改革大多是頗合理及有需要的，亦為香港童軍運動帶來新動力，促進本地運動的現代化以及持續增長。不過，也有一些建議不切實際或不符合本地要求，不能夠切實執行；甚至在短期內對本地運動的發展造成負面的影響，需要修改和調整。

在 1970 年代初，亦即「新制」改革推行後不久，英國總會已鼓勵香港童軍探討脫離英國運動的可能性。香港總會起初對這個建議猶豫不決，反應不太踴躍；但幾年後，終於漸漸接受了這個想法，積極採取行動促使本港運動在 1977 年正式獨立，成為所在地主權仍屬英國的情況下脫離英國童軍總會的第一個殖民地童軍總會。

歷史學家史秉賀（J. Springhall）認為「去殖民地化」（decolonization）是「土著人民和／或他們的白人領主採取措施去逐漸

---

24.《香港童軍》，1973 年 4 月，2-6。

結束對殖民地的外來控制，及嘗試以新的關係代替政治統治」。[25] 根據此定義，香港童軍總會脫離英國而成為獨立的世界童軍運動組織成員，亦可被視為香港童軍運動的「去殖化」行為。

雖然本港童軍運動在 1977 年才完成「去殖化」，比英國大多數的前殖民地遲了好多年，我們必須強調它的獨特之處。下面表格比較英聯邦國家政治主權獨立和當地童軍總會加入世界童軍組織的年份，同時計算兩個年份之間的差距：

## 脫離英國與加入 WOSM 年份 /1931-1997

| 國家 / 殖民地 | 脫離英國年份 | 入 WOSM 年份 | 差距 |
|---|---|---|---|
| 南非 | 1931 | 1937 | +6 |
| 加拿大 | 1931 | 1946 | +15 |
| 澳洲 | 1942 | 1953 | +11 |
| 新西蘭 | 1947 | 1953 | +6 |
| 馬來西亞 | 1957 | 1957 | 0 |
| 馬爾他 | 1964 | 1966 | +2 |
| 新加坡 | 1965 | 1966 | +1 |
| 岡比亞 | 1965 | 1984 | +19 |
| 圭亞那 | 1966 | 1967 | +1 |
| 博茨瓦納 | 1966 | 1967 | +1 |
| 巴巴多斯 | 1966 | 1969 | +3 |
| 斯威士蘭 | 1968 | 1968 | 0 |
| 毛里裘斯 | 1968 | 1971 | +3 |
| 斐濟 | 1970 | 1971 | +1 |
| 巴哈馬 | 1973 | 1974 | +1 |
| 香港 | 1997 | 1977 | -20 |

註：脫離英國年份來自 T. Smith, *The End of the European Empire: Decolonization after World War II* (Lexington: D. C. Heath, 1975); 入世界童軍組織年份來自 "List of National Scout Organizations," http://www.scout.org (May 10, 2010).

25. Springhall (2001), 2. 原文是："the taking of measures by indigenous peoples and/or their white overlords intended eventually to end external control over overseas colonial territories and the attempt to replace formal political rule by some new kind of relationship."

簡而言之，英國在世界各地的殖民地之「去殖化」過程在二次世界大戰前已然開始，在戰後尤其是 1960 年代時更是一發不可收拾。在一般的情況下，殖民地獨立後當地的童軍總會通常會離開英國總會，成為 WOSM 的獨立成員國。在一些國家，例如新加坡和馬來西亞等，當地童軍總會的獨立過程會緊隨國家之政治獨立，在同一年或一兩年後就完成。在一些國家，例如加拿大和澳洲等，當地總會的獨立卻要在國家獨立後很多年以後才發生。

但無論如何，殖民地的童軍總會都只會在國家脫離英國統治後才變成 WOSM 的國家童軍組織 (National Scout Organisation)。相比之下，香港童軍總會的發展獨一無二：它在 1977 年，即香港脫離英國統治而回歸中國的二十年前，就已經脫離英國童軍總會，成為世界童軍組織裡的獨立「國家」童軍組織成員。

根據當年的原始資料透露，香港童軍運動獨立這個看來應該是相當敏感的議題，早在 1970 年已開始在內部討論，而且更是由英國總會主動提出的。在 1970 年底，英國總會按《調查報告書》的建議開始推行「新制」幾年之後，英聯邦總監葛凌 (Dymoke Green) 曾寫密函給香港總監羅徵勤，鼓勵香港考慮申請成為 WOSM 的獨立成員「國家」，因為：

在眾多 [ 當時仍然沒有獨立的英國殖民地 ] 海外分會之中⋯⋯香港分會是最有條件獨立的；況且，香港的英國殖民地身份亦不應是推遲這項申請的理由。[26]

26. Green to Lo, Dec. 1, 1970, *HKSA*.

在 1971 年 1 月，香港童軍高層首次就此問題召開閉門討論，但事後由於戴麟趾反對，羅徵勤終於決定在英國巡迴總監衛徹爾訪港時不討論此問題。根據近年才解密的港府機密書函透露，當時港督認為此舉可能政治敏感，因為他擔心香港童軍總會如果獨立，「中方可能會不高興」，而總會亦「可能更容易被人滲透」。[27] 所以，當葛凌在鑽禧慶典期間訪港時，雖然再次申明如果香港期望獨立，英國將會提供協助，香港總會並沒有積極跟進。

但麥理浩於 1971 年底接任港督兼童軍總領袖後，此事卻有了新的轉機，因為他明顯對這個問題持比較開放的看法。於是，在 1972 年，會長羅斯向英國總會致函，表明香港傾向於一個中間落墨的做法，即是希望能夠提升本地總會的規格，但不要求該會完全脫英獨立。新任英聯邦總監羅保 (Marc Noble) 爵士迅速回應，指出此妥協方案並不可行，因為：

> 我們的皇家憲章和世界童軍會議的憲法均不容許這種折衷方案……這裡只有兩條合法途徑……要麼你們是 [ 英國總會的 ] 的分支，要麼你們是世界童軍會議的獨立成員。[28]

在 1973 年初，香港女童軍總會亦開始透過英國外交及聯邦事務部詢問本地運動獨立的可能性。收到信函副本後，香港官員在機密回信時重述前港督戴麟趾曾表示做法可能會遭中國內地或臺灣方面反對，也可能會增加總會被另有目的者滲透的風險，但同時亦承認他們認為戴麟趾可能是有點過慮，因為這些狀況都不太可能發生。

27. HKRS 163-10-70, *PRO*. 原文是："the Chinese might take offense,""(the local Association) might become more prone to infiltration."
28. Noble to MacLehose, Dec. 14, 1972, *HKSA*.

鑒於童軍總會和女童軍總會對獨立一事均表示有些興趣，麥理浩於同年 6 月要求童軍總會會長羅斯和女童軍總監戈登夫人 (Mrs. Marguerite Gordon) 協調，以便兩個姊妹運動能夠在這件事上「同步進行」，但表明他對此事「沒有意見——不過懷疑問題應該不會像一些人想像中那麼複雜」，言下之意是他覺得他的前任可能是有點杞人憂天。[29] 在後來的信件裡，羅保也證實港府態度在 1970 年代初期的改變，提到「以前的港督 [ 戴麟趾 ] 完全反對這個想法，而目前的 [ 麥理浩 ] 則好像不太在乎」。[30]

馬基於 1973 年接任香港總監後，顯然地更加積極跟進總會的獨立事宜。1973 年 10 月，衛徹爾再度來訪，建議總會就此問題「徵求總領袖兼港督的意見」。[31] 馬基於翌年 3 月任命了一個專責委員會，研究運動應否獨立及如何進行。6 月，總會向會員進行諮詢，結果是參與者以壓倒性的大多數表示贊成此舉。總會執行委員會於 12 月審議該議題，除一票反對外，其餘一致贊成申請獨立。不久，麥理浩亦表示沒有異議，總會終於開始走向脫英的道路。

英國總會曾於 1960 年代初提出一些職稱的「去殖化」建議，希望香港刪除當地總領袖及總監英文職稱前的「殖民地」(colony) 一詞，以 "Chief Scout" 取代 "Colony Chief Scout"，以 "Chief Commissioner" 取代 "Colony Chief Commissioner"，並指出很多殖民地已採用了這些較適合「現代想法」的改革。[32] 可惜，柏立基的想法相當保守，認為本港情況不同，無必要修改這些名稱，更宣稱他「以能被稱為殖民地總領袖為榮」。[33] 在 1967 年，葛凌再次建議香港修改這些職稱，刪除「殖民地」一詞，但該建議當時仍沒有被接納。

1970 年代初期香港的政治氣候卻開始起了一些基本的變化。於 1973 年，港府終於決定把帶有歧視性的「華民政務司」(Secretary for Chinese Affairs) 一詞改為較合適的「民政司」(Secretary for Home

---

29. HKRS 163-10-70, *PRO*. 原文是：" ...no view on this — except perhaps a doubt as to whether the subject is anything like as complicated as it has been made to appear."
30. Letter from Siebold, Jul. 19, 1974, *HKSA*.
31. Folder, Witchell's visit, 1970s, *HKSA*.
32. Cockburn to Ma, May 17, 1960; Cooke to Cockburn, May 1, 1961, *HKSA*.
33. Ingles to Cockburn, May 6, 1961, *HKSA*.

Affairs)。畢竟，港人多為華人，所有政府部門的工作均應與華人有關，港府根本沒有理由把華人當成一個少數民族，需要設立一個專門處理「華民」事務的政務司。在 1974 年，政府亦終於確認多數港人的母語中文為兩個官方語言之一，使中文與英文在法律面前開始能夠平起平坐。[34]

在這個大環境下，英國總會的職稱「去殖化」建議終於可以落實。在 1974 年初，香港總會順應潮流，決定修改有關的童軍名稱，刪除所有「殖民地」字眼。總會會務委員會的英文名稱由 "Colony Scout Council" 改為 "Scout Council"，總領袖的職稱由 "Colony Chief Scout" 改為 "Chief Scout"，總監則由 "Colony Chief Commissioner" 改為 "Chief Commissioner"。同年 10 月，本地女童軍總會亦通過相應修改。童軍在這方面的改進甚至走在港府的前面，因為當局要到兩年後，即 1976 年 8 月，才把政府裡「一人之下，萬人之上」的 "Colonial Secretary"（原意是「殖民地司」，但當時的官方譯名是「輔政司」）改稱為較中性及「去殖化」的 "Chief Secretary"（「布政司」）。[35]

羅保爵士於 1975 年再次訪港時曾與總會領導層商討本港運動獨立進程，公開表示英國總會支持此行動。羅保離港後，總會正式委任了一個專責工作小組，掌管所有關於獨立的籌備工作，並負責起草新的總會憲法草案，該任務於 1976 年完成。

1977 年，在滿地可舉行的第二十六屆世界童軍會議正式承認香港童軍總會為世界童軍運動組織第 111 位會員。香港總會加入 WOSM 的「入世」證書上的日期是 1977 年 4 月 16 日。一個月後，本港《香港童軍總會條例》修訂草案亦開始生效，麥理浩順理成章地成為香港童軍總會獨立後的首任總領袖，羅斯和馬基則分別擔任首任會長及總監。[36] 為慶祝獨立，馬基帶領本港的童軍銀樂隊及風笛樂隊出訪東南亞，在馬來西亞、新加坡、印尼和泰國表演富有英國特色的軍樂。

34. HKRS 894, *PRO*; Welsh (1993), 485-7.
35. *Annual Report, 1974-75* (Hong Kong: Girl Guides Assn., 1975), 8; "Colonial Secretary (Change of Title) Notice 1976 L.N. 226 of 1976," *Regulation of Hong Kong 1976*: B1109, Aug. 25, 1976.
36. Folder, Project Y, 1975-76, *HKSA*; *SCMP*, Apr. 1, 1977; *HK Hansard*, May 4, 1977.

WORLD SCOUT BUREAU

★

BUREAU MONDIAL
DU SCOUTISME

This is to certify that the National Scout Organization in

Nous certifions que l'Organisation Scoute Nationale de

**Hong Kong**

known as    connue sous le nom

*The Scout Association of Hong Kong*

having complied with the requirements laid down by the Constitution of the World Organization of the Scout Movement, has been duly granted recognition as a Member Organization and is hereby registered with the World Scout Bureau, with effect from

ayant rempli les conditions requises par la Constitution de l'Organisation Mondiale du Mouvement Scout, a été officiellement reconnue comme Organisation Membre. Elle est désormais inscrite auprès du Bureau Mondial du Scoutisme, à compter du

**16 April 1977**

on behalf of the World Scout Committee    pour le Comité Mondial du Scoutisme

上：1975 年羅保爵士訪港 (HKSA)
下：1977 年香港的 WOSM 會員證書 (HKSA)

此次活動在境外進行，沒有特別標榜獨立，並沒有違反麥理浩較早前對總會提出不要「為新身份做出……誇張慶祝活動」以免激怒中國之要求。[37]

在童軍總會獨立後，女童軍總會亦打算步前者後塵。雖然麥理浩認為中國政府對香港男、女童軍總會分別脫離英國總會的舉動不會有太大的反應，他亦曾在密件裡警告戈登夫人說：「如果出乎意料之外，北京對童軍總會身份的更改大做文章，她們 [ 即女童軍總會 ] 有可能需要轉軚」。[38] 幸好港府對此事的判斷顯然正確，即將改革開放的中國對事件並沒有表示關注。在 1978 年，女童軍總領袖麥理浩夫人正式簽署文件，確認香港女童軍總會正式脫英。幾個月後，前者亦成為世界女童軍總會 (World Association of Girl Guides and Girl Scouts) 的「准成員」(Associate Member)，三年後它再晉升為正式成員。

值得注意的是，在 1970 年代前期，英國童軍總會對本地運動仍有一定實質性及名義性的控制權及相當全面的影響。香港總會必須遵循英國的政策規條、訓練綱要、考核標準和徽章制度，向英國採購參考資料、證書獎狀和徽章配件等。當時，本地總監委任及成員獎勵均需英國認可，領袖委任狀亦印上英國總領袖的簽名，甚至開辦訓練班的證書上也需要有英國領袖訓練負責人之副署。但在 1977 年脫離英國後，香港總會則可以完全與英國總會脫鈎，獨立處理上述的這些大小事務。

早於 1976 年時，鑒於香港運動已即將獨立，香港總會決定爭取並終於贏得當時計劃兩年後舉行的亞太區童軍會議之主辦權。在 1978 年 8 月，來自十九個亞太區成員國的童軍領袖在九龍假日酒店聚首一堂，參與第十一屆亞太區童軍會議，共同審議主題議程「八十年代的童軍運動」，順便慶祝香港童軍運動的新開始。這是本港首次主辦國際性的童軍會議。

---

37. HKRS 163-10-70, *PRO*.
38. *Ibid.* 原文是：" if against all expectations Peking makes some fuss about the change in status of the Scouts they might have to go into reverse."

1978 年的亞太區童軍會議 (HKSA)

　　在分析大英帝國的「去殖化」過程時，史秉賀提出來自殖民地、宗主國和國際間的三大類因素或推動力。有點諷刺的是，雖然這個概念不一定完全適用於香港回歸中國的情況，卻可以作為分析本港童軍運動脫離英國總會而獨立這事件的框架。[39]

　　這裡有英國作為宗主國的因素。隨著大英帝國在大戰後逐步瓦解，英國童軍總會在 1950 至 1960 年代基本上已失去多數海外分會。於 1966 年，《英總會未來動態調查委員會報告書》曾建議取消總會的英聯邦部門，因為很多「英聯邦國家已迅速地成為世界 [ 童軍 ] 會議的獨立成員」。[40] 到 1960 年代，因為前英國屬會均已紛紛獨立，香港總會已是英國總會最重要的海外分支。其時香港總會的利益需要英國方面合理處理，而前者亦變成後者成為一個完全「去殖化」的童軍運動之最大障礙。可能是因為這兩個原因，羅徵勤曾在 1965 年被選為第二十屆世界童軍會議英國代表團的六位代表之一，代表香港出席此國際童軍會議。

39. Springhall (2001).
40. The *APR*, 330.

葛凌、衛徹爾和羅保都曾在不同場合提出香港走向獨立的可能性，有時甚至鼓勵有關行動。獨立後，馬基承認羅保在過程中起了「非常重要」的作用。[41] 姑勿論背後的動機是甚麼，英國總會的「後殖民地」心態已然表露無遺，顯示它再無決心繼續管治香港總會，從宗主國的角度為本港運動脫離英國營造了有利的氣氛。

這裡亦要考慮國際運動的大環境。早年，WOSM 只允許一個國家裡不同的童軍會以聯合會的身份加入。例如，葡萄牙的童軍總會 Federação Escotista de Portugal 原來是由兩個不同的童軍會組成的聯盟，德國童軍總會 Ring Deutscher Pfadfinderverbände 其實是由三個童軍會組成的協會，而法國童軍總會 Scoutisme Francais 則有五個獨立的童軍會成員，但這幾個總會各自都只是 WOSM 裡的一個童軍會員國，其屬會均需要分攤一個會員國的投票權。

然而，世界童軍秘書處在 1973 年給香港總會的來函卻表示，如果香港透過英國申請，他們願意考慮承認香港總會為一個獨立的會員。[42] 世界童軍的態度為何轉變我們不得而知：可能是因為一向在世界組織裡有很大話語權的英國對此建議的支持，可能是它本身對各地運動的「去殖化」的態度積極，也可能是考慮香港運動已相當成熟，人數和各種資源比很多規模較小的童軍會員國更多。但無論如何，在 1970 年代初，國際形勢起了變化，WOSM 的立場明顯軟化，變相容許英國有多於一個會籍，分別投票和各自直接參與國際童軍事務。

不過，毫無疑問地，推動運動走向獨立最重要的因素來自香港本身。本港運動裡多數的人在開始時對此事不太熱心甚至持反對意見，但後來卻逐漸變得非常支持。促成此轉變的關鍵人物是港督兼總領袖麥理浩。在香港還沒有走上回歸中國之路時，他為何容許香港童軍脫離英國運動呢？背後的原因實在有點耐人尋味。

這不太可能是因為麥理浩對童軍漠不關心。他一直支持運動，

41. HKRS 921-1-95, *PRO*.
42. Letter from Siebold, Nov. 16, 1973, *HKSA*.

童軍知友社社徽

視它為港府整體社會及青年政策重要的一環。他曾讚揚本地童軍把青少年人「從擠擁的市區……帶往山上和海邊」，更認為總會從 1960 年代末透過童軍知友社 (Friends of Scouting) 這個新部門對運動以外的年輕人提供服務，是「對社會作出非常實際的貢獻」。[43] 儘管公務繁忙，他始終堅持在百忙中抽空支持運動，每年以總領袖的身份參加三個童軍活動，「一個晚上活動，一個戶外活動和一次年度會議」。[44] 在適當的機會，他亦曾開過私人支票捐款給不同的童軍基金。

馬基 (HKSA)

在 1970 年代港府的密函裡，我們看見麥理浩充分了解香港童軍運動獨立有一定的政治風險。但是，他認為中英關係當時已逐漸改善，而且童軍完全與政治無關，終於決定「撤回［前任］政府的反對」。同時，麥理浩亦提醒童軍和女童軍總會「低調」處理獨立事宜，「避免宣傳」，更明確指示如果童軍總會在獨立工作過程上碰到困難，他就會叫停女童軍總會，要求它放棄脫英的程序。[45] 他沒有透露為何儘管有潛在的政治風險，他仍然允許兩會脫英獨立。或許他只是屈服於童軍運動裡大多數人的訴求，可能他認為香港遲早會歸還中國（畢竟，麥理浩於 1978 年應邀訪京後中英談判就開始了），也可能他認為「去殖化」後的童軍能夠吸引更多青少年加入運動，成為支持建制的良好公民。

當然，總監馬基亦採取了很多行動，促使香港運動裡的成員逐漸達成共識，支持總會走向獨立。沒有馬基的努力，麥理浩的開放態度是不足夠的，因為若然沒有多數成員的認可，總會要求獨立的建議不可能會獲得殖民地當局的祝福。

43. *The Hong Kong Standard*, April 21, 1974.
44. HKRS 921-1-94, *PRO*.
45. HKRS 163-10-70, *PRO*.

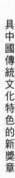

　　總而言之，在英國童軍總會、世界童軍運動、本港童軍運動和殖民地當局各種有利因素的推動下，香港童軍得以在香港主權回歸中國二十年前脫離英國而成為獨立的運動，再次體現本港童軍運動之「獨特的香港身份」，同時具有英國和中國、本地和國際元素。獨立後，香港總會並沒有墨守成規，盲目遵守英國之規章制度，但也沒有完全與英國「劃清界線」，不分皂白地破舊立新。在大部分的問題上它基本上比較務實，同時保留英國運動的優點，亦適當地引入符合本港需要的新政策和改革，務使運動能夠保持吸引力，繼續成長。

　　香港總會選擇保留不少英國運動的特色，在不少的事上仍然與英國同步。在 1977 年 4 月，總會曾舉行餐舞會，同時慶祝英女皇登基銀禧紀念和總會成為 WOSM 成員；獨立後，每年的周年大會操繼續在聖佐治日舉行；榮譽童軍獎章 (Queen's Scout Award，可意譯為「英女皇童軍獎章」) 在透過英國總會向英女皇呈請後亦獲准保留；脫離英國後的香港誓詞與 1960 年代「新制」的誓詞一樣——英語誓詞仍要求童軍承諾對「神和女王」(God and the Queen) 盡責任，雖然多數人使用的中文誓詞已改用「神明及本土」的字眼，較符合當地民情。

　　香港的童軍制服亦基本上維持獨立前的英國式樣，沒有參考歐美近年童軍制服的現代化或便裝化改革，甚至有點「懷舊」，重新加添了不少英國以前「舊制」的東西，可以說是相當保守。雖然亞太區各地的童軍制服一般來說都較傳統和守舊，但有些人或會質疑獨立後的香港童軍為何沒有採納一些明顯需要的改進。

　　香港位於亞熱帶地區，再加上近年來全球暖化，夏天氣溫和濕度十分高，經常在戶外活動的本港童軍卻仍然需要穿著緊扣領口的恤衫、窄身的褲子、英國時代的保暖絨帽和長絨襪。近年來總會童軍物品供應社推出的所謂「活動制服」比較簡單、鬆身及舒適，方便在戶外進行活動，但一直都不能代替正式制服，亦只有成人尺碼，青少年成員根本不能穿著。總會高層多次就制服問題內部討論，困難重重，無法取得共識，不少改革建議不是被否決就是被擱置。

　　獨立後總會再毋須透過英國總會呈請各種獎勵，很快地就頒佈新

1978 年鄧肇堅大廈開幕典禮 (HKSA)

的本地化及較為複雜的獎章制度,以具濃厚傳統中國色彩的獅及龍代
替了英國運動裡的狼及橡實。金、銀、銅獅和金、銀、銅龍及幾個新
的功績獎章取代了英國的銀狼、銀橡實和功績獎章,亦首次推出了附
中文「英勇」兩字的英勇十字獎章。金、銀、銅獅的頒發對象是領袖
和總監,而金、銀、銅龍則專為會友委員而設。獅獎章最早期的版本
是一個平面設計,背面沒有圖案。但大概因為比較簡陋,很快地就被
立體而外形像中國傳統銅印上的坐獅印鈕或門口的守護坐獅之所謂第
一代獎章取替。兩者的基本設計均與童軍習慣使用有動感的動物形象
顯然不同,不久之後再被比較有動感的獅子代替。龍獎章的外形像中
國神話裡的龍,更加是英國不會用於獎勵的動物形象,因為對後者來
說,龍是一隻邪惡動物,曾被英國和童軍守護聖人聖佐治仗義殺害。
從這套獎章的設計亦可以看見本地運動在意識形態上的華化。

　　在 1977 年聖佐治日大會操時,香港總會頒發首枚金獅獎章給馬
基,嘉許他對運動以及總會獨立的貢獻。同時獲獎的有亞太區童軍執
行總監施維德 (J. P. Silvestre),表揚他在本港總會獨立的事上之貢獻。
1978 年,位於灣仔、作為港島童軍總部的鄧肇堅大廈正式開幕後不

久，多年來支持童軍的鄧肇堅爵士亦獲頒授首枚金龍獎章。從此之後，港督都會親自在聖佐治日大會操裡頒授各級的龍、獅獎章，在英國人的屠龍英雄紀念日裡獲港督頒授一枚中國人的金龍獎章，亦成為了不少資深會友委員夢寐以求的榮耀，頗為有趣。

華人總監於 1960 年代重掌運動領導權後，成功地引進了由英國總會提出的多項「新制」建議，於數年內推行一系列的現代化改革，並同時落實一些本地化措施，為運動近年來的擴展提供良好的基礎。於 1970 年代，在英國總會和本港總領袖的默許，加上本港總會諸君數年的努力下，香港運動步多個英國前殖民地的後塵，於 1977 年脫離英國總會，以獨立「國家」童軍組織的身份加入了世界童軍運動組織，開創了英國殖民地童軍分會在擺脫殖民地身份前成為 WOSM 會員的先河。

獨立後的香港童軍運動採納了不少其他重要改革，尤其是在各青少年支部引入男女混合訓練和開辦全新的小童軍支部等，積極推動本港運動的持續增長，這些會在下一個故事裡詳細討論。

香港童軍現行英勇獎章

# 第十四章

幼童女性

# 1970-2010

## CHAPTER FOURTEEN

CHILDREN AND GIRLS

隨著香港童軍運動在戰後日益普及，總會於 1970 年代中

至 1980 年代初時和英國及其他一些地方的總會一樣，

開始尋求新的突破，而這方面最主要的倡議乃引進男女混合訓練

和開發比幼童軍年紀更小的「小童軍」支部。

由於 1970 年代初本港總會已開始探討自主，

而 1970 年代末則正式脫英獨立，

它在試行和推動這兩個倡議時往往再毋須顧慮英方的進度，

亦明顯比後者更加積極快速。

1970 年代末，香港童軍總會脫離英國運動後不久，英國政府亦開始與中國政府商討香港的政治前途，而麥理浩和 1982 年接任港督的尤德 (Edward Youde) 爵士都曾代表英方參與談判。

經過多輪談判後，中英雙方在 1984 年 12 月簽署《中英聯合聲明》，同意香港主權於 1997 年回歸中國。尤德曾於倫敦大學修讀中文，乃資深外交家，並曾任英國駐華大使，對中國情況熟悉，是參與中英談判的理想人選。可惜他在 1986 年訪京期間心臟病發，不幸在任內逝世。

衛奕信 (David Wilson) 爵士和彭定康 (Chris Patten) 分別於 1987 年和 1992 年上任。衛奕信畢業於牛津大學，擁有倫敦大學亞非學院博士學位，專修現代中國歷史，也是位外交家和中國專家。彭定康亦是牛津畢業生，是資深的英國保守黨國會議員，來港前歷任內閣大臣和保守黨主席，是個不折不扣的「重量級」政治人物。無獨有偶地，由於不同原因，這三位港英時代最後的領導人都只做了一任港督兼童軍總領袖，下一個故事會再提及他們。

任本港童軍總會會長一職超過二十年的羅斯在 1982 年退休卸任，由羅弼時 (Denys Roberts) 爵士繼任。香港政治前途這問題塵埃落定後，終審法院首席法官楊鐵樑爵士於 1988 年繼羅弼時成為會長，是為本港運動的首任華人會長，至 1998 年順利過渡回歸後才退休。楊爵士於戰前曾在上海的一家禮拜堂裡參加過幼童軍，1970 年代時開始在總會擔任會務委員及名譽會長等職位。

在 1985 年初，前總會副會長周埈年爵士之子周湛燊博士繼馬基成為香港童軍總監，留任至 1996 年 12 月（任期內在 1993 年有六個月的間隔，期間由盧觀榮擔任過渡總監），是為本港任期最長的總監。周總監畢業於香港大學建築系，曾往英國和澳洲深造，服務港府多年，後任建築拓展署署長及首任屋宇地政署署長。他自 1946 年已加入運動，1949 年開始擔任領袖，1963 年帶領代表團參加世界大露營，歷任總部高層，曾是執行委員會主席，是本港運動的一位很資深的成員。周總監任內建樹頗多，更曾在亞太區及世界童軍委員會

裡服務。[1]

在香港回歸中國前的二十年期間，本港運動積極回應世界趨勢和香港需求，開始在不同年齡層的支部裡招收女性成員，更增設嶄新的「小童軍支部」，針對比幼童軍（舊稱小狼隊）年紀更小的幼童，使運動持續擴張。本故事討論 1970 至 1990 年代關於男女混合訓練及幼童成員參與的改革，適時會加上一些二十一世紀初期的數據，方便讀者了解這些措施的近況。

多年來，本港青少年只可以加入分別由童軍總會或女童軍總會主辦，專為男性或女性而設的男、女童軍團，穿著不同制服，接受不同訓練及考取不同徽章等。香港童軍在獨立後不久開始招收女性，實行混合訓練。幾十年間，童軍總會的女性成員越來越多，而它與女童軍總會的女性成員總數加起來更超越男性成員的人數，使女性成為兩個運動總成員的主流。

「男女混合教育」(coeducation) 對不同的人可能有不同的定義。有些人認為只要男女孩子都可以參與某一種活動，或者是說沒有人會因為她或他的性別而被拒諸門外的話，那這已算是男女混合教育了。按照此說法，十九世紀末美國為黑人服務的塔斯基吉學院 (Tuskegee Institute) 可以算是一家男女混合教育機構，因為它雖然起家時是一家男校，很快地就開始招收女學生。根據這個標準，童軍勉強亦可以說是從一開始就奉行混合教育，沒有性別歧視，因為雖然分別有童子軍總會及女童子軍總會，男女孩子從早年就都可以加入運動、參加活動和接受訓練。但塔斯基吉學院的男、女學生各自有「按性別而隔離的學習、按性別而特定的教師和按性別而決定的課程」。[2] 男、女童軍運動裡的男、女成員之待遇也大致如是，男、女童軍分開學習、分別由相同性別的領袖教導、亦有不同的訓練內容。唯一比較明顯的例外是：（男）童軍總會在年紀較小的幼童軍支部裡容許而且有相當多的

1. 《香港童軍》，1984 年 11 月，封面裡頁；1988 年 10 月，3；
   1990 年 8 月，8。注意 1926 年當會長的羅旭龢是個混血兒。
2. Laird (1995), 198. 原文是："sex-segregated learning, sex-specific
   teachers, and sex-determined curriculum."

女童軍章

女童軍以花朵命名的小隊章（上）及兒童護理技能章（下）

女性領袖。

　　有些人對男女混合教育的定義有不同的看法。早在公元前幾百年，古希臘哲學家柏拉圖已經提出比較徹底的混合教育方案，認為「如果我們要不分彼此地利用男性和女性，我們就必須教導她／他們同樣的東西……以同樣的方式對待他／她們」。[3] 被譽為「混合教育哲學之母」的富絲東凱 (M. Wollstonecraft) 曾聲稱理想的教育應當不分性別地培養學生之「品性」(character)，並不是把她／他們訓練成「行為」(behavior) 明顯不同的女性和男性；而要達到此目標，學校必須「把［不同性別的］孩子放在一起，使他／她們一起追求相同的事物」。[4]

　　童軍訓練是一種非正規教育，上述混合教育的理念同樣適用。按照柏拉圖及富絲東凱的理想，童軍運動至 1970 年代末仍沒有混合教育，男女童軍並沒有獲得平等的待遇。雖然當時男女孩均可加入運動，他／她們只能夠分別成為童軍或女童軍。兩個基本上是獨立的姊妹運動裡的成員會分開訓練，各自活動。它們亦有不少建基於性別標籤的不同做法。舉例：女童軍一些小隊會以花朵命名，童軍不會；女童軍有「女性化」的技能章如款待 (hostess)、兒童護理 (child nursing)、針織 (knitter) 及家務技能 (homemaker) 等，童軍這些全沒有。

　　到了 1960 至 1970 年代，比較徹底的男女混合教育已經開始成為社會上的大趨勢。在 1954 年的布朗訴教育局 (Brown v. Board of Education) 案裡，美國最高法院裁定在教育方面，「隔離但卻平等」的論點站不住腳，公立學校裡的種族隔離政策違反憲法。女權人士於 1960 年代就根據此案例爭取公立男校移除多年來的性別障礙，招收女生。當時亦有不少女子大學決定摒棄傳統，容許男生入校。[5] 雖然當時本港沒有來自法庭的壓力，亦有一些男校或女校在比較高班裡嘗試混合教育，招收女生入讀男校或招收男生入讀女校的中六預科課程。

3. Plato (2003), 161.
4. Laird (2008), 124-5.
5. Miller-Bernal *et al* (2006), xi.

貝雷斯福德（J. Beresford）曾在 1970 年的英國童軍雜誌上發表文章，質疑維多利亞時代把男女童軍分開訓練的決定是否仍然適合男女平等的 1970 年代。他建議男、女童軍總會多些舉行共同活動及採取協調政策，甚至考慮成為一個「聯合運動」（a united Movement）。[6]

早於 1960 年代，本港男、女童軍總會已偶爾會組織一些混合活動，而這些活動多數很受歡迎。在 1967 年，兩個總會曾在童軍的基維爾營地裡合辦了一次小隊長訓練營，鼓勵男女童子軍團裡的小隊長們共同活動和接受訓練，當時的成員反應頗為熱烈。兩個童軍總會在 1970 年更成立了一個協調委員會，同意經常舉辦一些聯合活動，並探討成立由深資童軍和深資女童軍組成的試驗性混合團。售賣「曲奇」餅乾原是女童軍的傳統，在 1971 年，兩會卻曾推出聯合男女童軍的「曲奇」義賣，為大露營籌款。[7]

於 1972 年，近三千名男女童軍參與了全港性的「清潔香港運動」，合力打擊「垃圾蟲」。不過，有點諷刺的是，即使在是次的大型混合活動裡，他／她們仍然按性別分工：兩千多名男童軍負責清潔公眾地方，七百名女童軍則提供飲料和派發宣傳單張。1974 年，協調委員會同意與英國看齊，調整男女童軍在本港的區域邊界。然而，這方面的進展顯然甚為緩慢。兩年後，港島依然有六個童軍區及九個女童軍區，九龍有十六個童軍區及十二個女童軍區，而新界則有十一個童軍區及八個女童軍區。

表面上看來，當時世界童軍組織對混合訓練持相當開放的態度。男女兩個世界童軍委員會在 1973 年曾發表聯合聲明，聲稱各國組織「如若長期合作」，可探討成立一個包括童軍和女童軍兩個部門的「聯合組織」（a joint organization），甚至一個不分男女部門的「合併組織」（a merged organization）。不過，兩個組織對混合訓練的基本心態其實明顯不同。童軍委員會認為「雖然童軍運動主要是為男孩服務⋯⋯

6. *The Scouter*, Aug. 1970.
7. *The Annual Report, 1971-72* (Hong Kong: Girl Guides Association, 1972).

1967 年男女童軍小隊長訓練 (HKSA)

國家童軍組織並不會排除招收女孩」；而女童軍委員會則認為應該通過聯合活動或分別由男女童軍組成的部隊進行混合訓練，但國家女童軍組織不應招收男孩。顯然，前者的立場比後者更加積極。

本港男、女童軍總會的領導人之言行亦反映類似的態度差異。在 1974 年的聯合會議上，香港童軍總監馬基透露總會正在試辦招收女成員的深資童軍團，女童軍總監即時提出顧慮，更表示有些「女童軍領袖對此議題有很強烈的意見」。[8] 女童軍們的「強烈意見」並沒有導致香港童軍總會放棄在這方面的改革。它於 1975 年 4 月正式授權成立兩類混合部隊：由隸屬童軍總會的深資童軍及女童軍總會的深資女童軍所組成的「混合團」及隸屬童軍總會而直接招收女性的「深資童軍拓展團」(Venture Scout Development Unit)。當時的理據是「這個年紀的年輕人喜歡一起活動，而我們寧願他們參加受監督的混合活動，也不願意他們自己胡鬧」。[9]

首先獲批准的有兩個混合團和一個拓展團。後者特別值得注意，

8. Folder, Scout and Guide Coordinating Board, *HKSA*.
9. *SCMP*, Jun. 16, 1975.

因為它明顯超越男女童軍總會合作的模式，與傳統男校招收女生入預科班異曲同工，是（男）童軍總會直接吸納女成員的肇始。在 1975 年 8 月，「港島拓展團」(Island Development Unit) 正式在男女同校的利瑪竇書院成立，共有十一名男同學和十五名女同學宣誓入團，後者是本港第一批直接隸屬童軍總會的女性深資童軍。

當時亦有來自英國總會的壓力。羅保爵士在 1975 年訪港時曾勸諭香港總會謹慎處理混合訓練，指出此問題在英國相當敏感，備受女童軍總會甚至英女王關注，希望本港在「成為獨立童軍會」前要「跟隨官方政策」。[10] 同年 6 月，兩個英國總會發出聯合聲明，再次呼籲男女童軍透過協調而達致一致的做法。

不久後，英國男、女童軍總會成立了一個聯合秘書處，負責組織混合活動以至探討由兩會共管的深資支部之可行性。當時馬基建議在本港設立類似的組織，但女童軍總監戈登夫人卻回應說她認為在英國有結論前，香港並不需要有聯合秘書處，再次顯示出本地男、女童軍會對混合訓練的不同期望。

原來英國童軍總會對混合活動亦很熱衷，雖然羅保建議香港在此問題上保持克制，英國在僅僅一年後亦已單方面宣佈允許深資童軍團招收女成員。[11] 無論如何，香港童軍總會在 1977 年正式脫離英國而成為世界童軍運動組織的成員，已毋須「跟隨 [英國總會的] 官方政策」。獨立後的香港總會對此改革顯然比英國更加進取。

香港童軍總會的混合訓練計劃開始執行後，女童軍總會高層曾提出抗議。戈登夫人在 1978 年 5 月致函童軍總會執委會主席梁超文，表示關注童軍招收女成員，並把副本抄送麥理浩。在信裡戈登夫人明顯對總會的行動表示不滿，更宣稱「世界大多數人均認為七歲至十六歲的女孩必須由婦女照顧」，但並沒有對此意見提出可以令人信服的理據。梁主席在回信裡表明本地童軍總會的憲法是容許招收不同年齡

10. Noble to Ma, Jul. 6, 1975, *HKSA*.
11. Kua (2011), 349.
12. Gordon to Leung, May 3, 1978, Leung to Gordon, May 10, 1978, HKRS 921-1-95, *PRO*.

的女性成員的，同時亦提醒對方該會已有一千多名女性領袖（當時大多是幼童軍領袖），應該有足夠人手照顧新加入的女性青少年成員。[12]

麥理浩收到女童軍總會的信後寫了一張只有一句話的紙條，問童軍總監「這究竟是甚麼回事」（"what on earth all this is about"），知道來龍去脈後，選擇置身事外，並如此回覆女童軍總監：

> 我相信兩個如此經驗豐富和懂事明理的機構（以及，容許我這樣說，人士）應該可以自己解決這種分歧……所以請你原諒我不予置評！[13]

他選擇不加入此場辯論是聰明的：畢竟，他是童軍總領袖，但他的太太卻是女童軍會長。港督表明不插手此事後，這件小風波終於亦不了了之。

平心而論，在此事上，兩個本地的童軍總會「公說公有理，婆說婆有理」，當局決定不干涉是合適的。說到底，招收那類成員是屬於童軍總會的內部事務，而在一個男女平等兼且經常一起活動的年代，女性青少年應該可以自己選擇參與純女性團隊或者男女混合團隊，有關總會無必要也不應該透過一些人為的限制只准她們參加某一種團隊。

香港童軍總會於 1978 年 6 月修訂其《政策、組織及規條》，明文規定容許本港成立男女混合的深資團和樂行團。同年 7 月，一些深資團已開始接納女性。早前成立的港島拓展團正式改組，成為港島第 176 旅，亦即香港的第一個混合深資童軍團。新的政策相當受歡迎，到了翌年 3 月，總會已有二十個混合深資團。[14]

當時總會曾在《香港童軍》雜誌上「闡釋此項重要決策」，表示

13. MacLehose to Gordon, May 18, 1978, HKRS 921-1-95, *PRO*. 這句話比較難翻譯，原文如下："I am sure that two such experienced and sensible organisations (and, if I may say so, people) can sort out a difference of this sort between themselves...I hope therefore that you will excuse me from commenting."

14. The *POR* (Hong Kong: the Scout Association, 1979), II; *Annual Report, 1977-78* (Hong Kong: the Scout Association), 8; The *Hong Kong Scouting*, Mar. 1979, 13-14.

此舉絕非倉猝，而是因為「多年來深資童軍團及深資女童軍團之青年人都感覺到各種形式之聯合活動使大家在各方面均獲益良多」後的「自然發展」。該篇報導更明言童軍決定單方面開辦混合團的一個原因是女童軍總會在 1976 年 7 月時已經決定「現階段不宜繼續商討研究成立統一 [ 深資 ] 支部之可能性」。[15]

早在 1970 年代初，為了更好服務運動外的青少年，總會已成立了由十個社區服務隊八百多名青年男女成員組成的童軍社區服務總隊 (Community Service Organisation, CSO)。此組織的成員有很多年輕時並不曾參加過童軍活動，但大都很快地融入運動，在眾多的服務項目裡發揮關鍵作用。到了 1975 年，社區服務總隊共有十七個單位，除參加經常性服務外，也會參與一些基建工程，例如為新界黃魚灘村興建一條頗長的行人路等。當服務總隊成立時，童軍樂隊一度轉屬此新組織，增添了蘇格蘭風笛樂隊、橫笛樂隊和號角樂隊，經常公開表演，後來才成為由總部直接管轄的單位。在 1978 年規條修改後，童軍社區服務總隊屬下的單位順理成章地相繼成為多個混合樂行童軍團，本港首批女性樂行童軍亦應運而生。

第十五屆世界童軍大露營於 1983 年在加拿大舉行，香港總會派出一個四十人的代表團，是當時本港運動有史以來第二大的世界大露營代表團。此代表團裡有四位女性深資童軍，其中包括三位深資海童軍，為香港童軍女性青少年成員參與世界大露營立下先例。1980 年代初，十六歲以下的女孩亦開始可以加入本港運動。在 1982 年 3 月，總會開始推行「天虹計劃」，容許女性加入幼童軍和童軍支部，並開辦混合的小童軍支部，為更年輕的孩子服務。六個混合童軍團、七個混合幼童軍團以及三個混合「草蜢仔」(Grasshoppers) 單位相繼成立。[16]

總而言之，到 1980 年代中期，香港童軍運動已經演變成為完全

童軍服務團團章

15.《香港童軍》，1979 年 1 月，18。
16. *The Hong Kong Scouting*, Jul. 1985, 19-33.

上：1983 年世界大露營香港代
表 (HKSA)
下：馬基與「天虹計劃」的女
童軍 (HKSA)

混合的運動，所有青少年支部都一視同仁地對男女開放，男女成員平
等待遇，可以自由選擇參加混合旅團，按照同樣的考核標準考取各級
進度章和各種技能章。當然，本港有不少隸屬於不同男校的純男性旅
團，所以很多童軍單位仍然沒有混合訓練。而且，如果女性青少年人
想加入只有女性成員的旅團，她們就必須加入女童軍總會屬下的單
位，因為童軍總會是不會有這種旅團的。

　　與此同時，女領袖在童軍運動裡的角色也越發重要。首先，童軍
總會規定所有混合團都必須有女性領袖，才能招收女性成員。但當時
絕大多數隸屬總會的女性領袖均為幼童軍領袖，不曾經也不允許參
加其他支部的「木章」（即領袖）訓練。所以，總會在 1977 年刊行的
訓練報告書裡曾說其時「女性領袖只能參加幼童軍訓練」，建議「未

來之木章系統訓練班應接納女性領袖成員參加」。[17]於是，尤其是在1980 年代開始，接受過不同支部訓練的女性領袖紛紛加入為不同年齡層而開辦的混合樂行團、深資團、童軍團、幼童軍團和小童軍團。

在 1960 至 1970 年代，總會已有少數女性擔任總監一職，主要負責訓練或支部拓展。在 1980 年代，隨著女性青少年人數漸多，女領袖開始擔任更多前線總監職位，包括「一區之長」的區總監。韓舜珍女士 (Jane Hansen) 在 1986 年被任命為專為英語成員服務的「銀禧區」區總監，是為本港首位女性區總監。兩年後，曾在紅磡區裡歷任團長、助理區總監和副區總監的周愛珠晉升該區總監，成為本港首位華人女性區總監。[18]

不過，混合訓練早期也不是完全「男女平等」的。舉例：1980 年的《政策、組織及規條》裡規定樂行團歡迎男女成員加入，團長「可以由男性或女性擔任」；1985 年的《樂行童軍組織規條》的講法卻有點不同，聲稱「惟任何有女性團員之樂行童軍團，必須最少有一位女性領袖」，但並沒有對男性成員有同樣要求。換句話說，根據此規定，當時如果一個樂行團只有女性領袖，它應該仍然可以招收男女團員，不受限制。不過，1993 年的《政策、組織及規條》終於比較「政治正確」，表明無論是幼童軍團、童軍團、深資童軍團和樂行童軍團，「如果旅團有男性和女性成員，則應有男性和女性領袖」。[19]

與很多其他地方的童軍比較，香港運動在混合訓練方面相對「進步」。本地童軍運動在 1980 年代初已經全盤兩性化，英國總會雖然在 1976 年已允許混合深資團，但是卻要到 1980 年代末才有女性幼童軍和小童軍（稱為「小河狸」，Beavers)。世界童軍運動組織有一百多個國家或地區成員，但遲至 1990 年，才只有三十多個國家或地區（包括英國和澳洲）的童軍運動是完全混合的。亞洲近鄰日本相對保守，到 1990 年才容許女孩加入樂行支部（ローパー部門），五年後才

17.《訓練研究委員會報告書》(香港：香港童軍總會，1977)，19。
18.《香港童軍》，1988 年 6 月，3。
19.《政策、組織及規條》(香港：香港童軍總會，1980)，18；《香港童軍》，1985 年 11 月，17；the POR (Hong Kong: the Scout Association, 1993), 18-21.

終於開放其他青少年支部。[20]

為甚麼香港童軍總會會那麼積極地推動男女平等的混合訓練呢？最主要的原因應該不是來自社會上的壓力。事實上，當年本港社會裡仍然有不少對女性不公平的現象。雖然 1920 年代成立的「反對蓄婢會」(Anti-Mui Tsai Society) 曾努力推動廢除香港的蓄婢制，終生被擁有而可以被主人買賣的「妹仔」在二次大戰前仍然相當普遍。遲至 1971 年，立法局才通過《修訂婚姻制度條例》，禁止納妾，但按照法律不溯及既往之原則，條例實施前已存在的妾侍仍然可以獲得豁免。新界女性原居民要在 1994 年，《新界土地（豁免）條例》通過後，才能夠與男性原居民同樣享有遺產繼承權。時至今日，根據新界小型屋宇政策，每個男性原居民可以申請興建一座「丁屋」，毋須向政府補地價，但女性原居民則無此特權。[21]

當然，這個時期的確有一些有利的外來因素。本港和外國學校越來越重視混合教育，世界童軍組織對混合訓練的開放態度以至英國總會在混合旅團方面的試驗都有一定的參考價值。但是，童軍總會是個獨立的青少年組織，並不需要模仿任何學校的做法；而且它當時已開展了脫英的過程，亦無必要跟隨英國運動的步伐。

香港總會甚至比英國「祖家」更加積極地推動男女混合訓練，更重要的應該是當時本地運動中有一些內部考慮。最關鍵的因素是 1970 年代時成員增長明顯放緩：在 1976 和 1977 年，青少年成員的增長率均超過 10%；但於 1978 年，這個數字已經下降到 5%；然後 1979 到 1982 年間，成員增長率更少得可憐，分別只有 1%、3%、-1% 和 0.1%，基本上可以說是停滯不前。[22]

與此同時，總會在 1970 年代大力開展童軍知友社（Friends of Scouting），把服務範圍擴大至大量的運動外的青少年人，包括很多不同年齡的女性青少年人，把這些服務對象轉變成穿著童軍制服的年輕

20. *Scout Association of Japan* (2005), vol. II, 119-121.
21. Kua (2011), 351-352.
22. Census Reports, 1976-82, *HKSA*.

男女童軍成員，順理成章，也是一個非常有吸引力的主意。另外，在 1970 年代後期和 1980 年代初期，本港實驗混合團的數目快速增長，可見無論在哪一個支部，男女混合訓練都很受歡迎。最後，總會在 1970 年代末已然脫離英國運動，意味著它在引進混合訓練這事上亦可以大膽嘗試，甚至走得比英國更前。

　　如下表所示，本港童軍混合訓練相當成功，女成員的參與率穩步上揚，由 1984 年的 4% 升至 1997 年的 22% 至 2010 年的 32%。換句話說，近年來童軍總會的青少年成員裡三個就有一個是女性。遲至 2010 年，女青少年成員只佔英國青少年成員總數接近 15%，還不到本港運動可比數字的一半。

### 童軍青少年男女成員 /1974-2010

| 年度 | 男孩 | 女孩 | 總數 | 女性 % |
|------|------|------|------|--------|
| 1974 | 17,951 | 0 | 17,951 | 0.0% |
| 1984 | 27,357 | 1,194 | 28,551 | 4.2% |
| 1993 | 27,922 | 6,036 | 33,958 | 17.8% |
| 1997 | 28,400 | 7,760 | 36,160 | 21.5% |
| 2000 | 34,655 | 11,865 | 46,520 | 25.5% |
| 2010 | 38,907 | 17,966 | 56,873 | 31.7% |

註：Census Reports, 1974-2010, *HKSA*.

　　分析女性童軍總數時需要綜合考慮（男）童軍總會的女性成員和女童軍總會的人數。到 2010 年，在童軍和女童軍兩個姊妹運動裡的女青少年成員佔兩會青少年成員總數估計大約 60%，明顯超過男成員的比率。與適齡香港人口的性別比率比較，上述數據會顯得更加突出。1981 到 2006 年間的香港人口普查顯示，在適齡的青少年裡，男性一直都比女性多一點。在 2009 年，五至十四歲（即童軍人數最多

的年齡組別）的女性只佔該年齡組別的 48%。[23] 雖然女性在適齡的人口群裡的百分比不到一半，女性青少年童軍成員卻已明顯成為本港兩個姊妹童軍運動的主流。

除女性的運動參與率外，我們也可以分析她們的「成就」，以便了解她們在原來是由男性主導的童軍運動裡有否受到壓抑或歧視。當然，我們必須強調童軍訓練旨在培養自立能力、團體精神、服務熱忱和領導才能，並非一些容易統計的所謂「成就」。但如果我們要分析後者，畢竟有些數據。舉例：女性榮譽童軍獎章得主和「模範童軍」就是兩個可用的指標。

在 1981 年，東九龍第 231 旅的陳娟娟、陳笑琴、吳桂麗和楊潔貞及元朗西第 14 旅的馬顏容成為本港首批女性榮譽童軍。總會在 1987 年舉行首次「模範童軍」選舉，選出湯振權、葉志光、麥煒楓和張建幾位不同支部的模範童軍。該選舉從此成為一年一度之盛事。三年後，港島第 211 旅的莊宛儒獲選為幾位模範童軍之一，是為本港第一位女性模範童軍。

我們可以對比女深資童軍佔深資童軍總數的百分率與女榮譽童軍佔榮譽童軍總數的百分率，「對比數」100%（即兩者相同）表示男女深資童軍考取榮譽童軍的百分率相若，亦可以說「成就」大致相同。在 1984 年，即混合訓練推出初期，此比數只有 42%，顯示女深資童軍的確較少考取榮譽童軍獎章。但此比數近年來不斷攀升，在 1996 至 1999 年間是 74%，在 2000 至 2003 年間是 86%，在 2004 至 2007 年間是 98%，而在 2008 至 2010 年間竟然是 123%。換句話說，雖然近年來女性成員只佔深資童軍總人數的 29%，她們卻囊括了 36% 的榮譽童軍獎章！

我們也可以分析女模範童軍佔每年模範童軍的百分率（注意百分率與上段用於分析的「對比數」是兩碼事）。此選舉歷史較短，從

---

23. Kua (2011), 352-353. 注意這裡除了參考兩會有關年報裡的統計數據之外亦作了一個重要的假設。2010 年女童軍總會青少年成員總共 51,572 人，其中 8,420 人來自一直以來都是混合訓練的最年幼的「小蜜蜂」支部。這裡假定該支部的性別分佈是 50%/50%，亦即其中有 4,210 人為女性成員。

上：1981 年麥理浩頒發證書給首批女榮譽童軍 (HKSA)
下：2009 年度的榮譽童軍裡有不少女性成員 (SAHK)

1987 至 2010 年總共只舉行了二十四次。以每四年為一組，女成員所佔的百分比如下：在 1987 至 1990 年間是 13%，在 1991 至 1994 年間是 30%，在 1995 至 1998 年間是 47%，在 1999 至 2002 年間是 38%，在 2003 至 2006 年間是 40%，而在 2007 至 2010 年間竟然是 55%。除了頭四年外，女模範童軍佔模範童軍總數的百分比一直都比女成員佔總成員人數的百分比高相當多。在 2007 至 2010 年間，雖然女成員只是青少年成員總數的 30% 左右，她們卻佔了模範童軍總人數的 55%！[24]

在 1970 至 1980 年代，香港童軍總會和女童軍總會以不同態度處理男女混合教育。儘管女童軍堅持只招收女性，童軍總會於 1970 年代末開始引進混合深資團，在 1980 年代中更容許較年輕的支部採用混合訓練，使運動全面為男女青少年服務。到本世紀初，雖然本港男性青少年人口仍比女性略多，男、女童軍運動裡的女性成員總數卻已超越男性，而女性成員在童軍運動裡的「成就」亦開始超越男性，使起初專為男孩而創立的童軍運動面對一種前所未見的性別平衡新挑戰。

英國童軍總會在運動肇始後不久已「徇眾要求」推出小狼隊，把比童子軍年輕的孩子們納入運動。於 1970 年代改行「新制」時，小狼隊亦改稱為幼童軍。在 1980 年代初期，經過數年實驗後，香港再推出年紀更小的所謂「草蜢仔」或「小童軍」。近年來，小、幼童軍兩個支部的增長率一直較其他年紀大些的支部快，導致運動裡的青少年成員平均年齡持續下降。雖然類似的「年幼化」趨勢在世界童軍、其他青少年組織及學界都有出現，仍然有人質疑五、六歲的孩子是否能夠完全領會童軍運動的理念，參與其訓練及實踐其理想。

總會在 1982 年推行「天虹計劃」時成立了三個混合「草蜢仔」單位，兩年後正式啟動小童軍支部，為六歲至八歲的兒童服務，在 1996 年更把年齡下限調低至五歲。這個措施把童軍多年來持之有恆的服務年齡覆蓋面擴寬，亦為近年運動帶來了新的增長契機。其實，

24. Kua (2011), 352-357.

運動的「年幼化」(infantilization) 早在小童軍出現前已經開始出現，主要是透過幼童軍人數的增長，新的小童軍支部只是加快「年幼化」趨勢之步伐而已。不同支部從 1970 到 2010 年之間佔青少年成員總數的百分比如下：

**童軍青少年成員支部百分比 / 1970-2010**

| 年度 | 小 / 幼童軍 | (小童軍) | 童軍 | 深資 / 樂行童軍 |
|------|-----------|----------|------|----------------|
| 1970 | 45% | NA | 42% | 13% |
| 1980 | 46% | NA | 37% | 17% |
| 1990 | 60% | (3%) | 33% | 7% |
| 2000 | 64% | (8%) | 28% | 8% |
| 2010 | 64% | (20%) | 27% | 9% |

註：Census Reports, 1974-2010, *HKSA*.

小、幼童軍佔青少年成員總數的百分比由 1970 年的 45% 逐步增長至 2010 年的 64%。同樣重要的是，最年幼的小童軍從 1980 年代初開辦以來，比重逐漸提升，從 1990 年的 3%、2000 年的 8% 到 2010 年的 20%。換句話說，在 1970 年代，本港青少年童軍十個裡只有四、五個幼童軍（當年稱小狼隊）；即使到 1980 年代初，較年長的童軍、深資及樂行童軍仍然超過半數；但近年來，十個裡卻有六、七個幼童軍或更年輕的小童軍。今天，多數本港的童軍成員均未滿十二歲，許多甚至不到八歲。

同樣地，即使最年輕的小、幼童軍兩個支部本身亦面對「年幼化」的壓力。在 1990 年時，幼童軍佔總青少年成員的百分比高達57%，而當時的小童軍只有區區的 3%。但是，近年來小童軍人數急速增長，該支部的比重亦越來越大。到 2010 年，幼童軍佔青少年成員的比率下降至 44% 左右，而小童軍的比率則已高達 20%。換句話

小童軍與快樂傘 (SAHK)

說，童軍這個歷史悠久的青少年運動 (youth movement) 已逐漸演變為一個「兒童」運動 (children's movement)。

　　童軍運動當局啟動這個「年幼化」趨勢的動機相當複雜，無法一言以蔽之。這裡應該有經濟學上所謂的「需求拉動及供給推動」(demand-pull and supply-push) 兩類因素。

　　最重要的供給推動原因應該是來自成員人數增長緩慢，甚至逐漸下跌的壓力。至於為何成員總數在二十世紀後期會面對挑戰則眾說紛紜，不同的說法都有一些道理。有些人相信於世紀初肇始的童軍運動已經開始老化，缺乏吸引力，需要更新，所以在 1960 年代末推出上面已討論過的「新制」改革。有些人覺得戰後很多人普遍厭戰，導致「與戰爭相關和穿著制服的青少年康樂活動」逐漸不受歡迎，[25] 童軍和其他類似的制服團體之成員亦相繼流失。有些人則認為近年來電子遊戲風行全球，青少年人很多都沉迷「電玩」，更聲稱由 1980 年代

25. Harrison (2010), 246-247.

起任天堂之流已然「奴役你們的孩子」，[26] 使他們對童軍等戶外活動興趣大減。

　　無論原因如何，成員人數不斷成長的風光日子在 1980 年代初已不復可見。英國運動成員總數在 1981 年底時已超過 644,000 人，創下戰後的高峰。但接下來的四年成員總數卻持續下跌，於 1984 年時只有近 585,000 人，幾年內減少了 10%。同樣地，香港童軍總人數在 1980 年時是 40,275 人，但接下來的兩年人數持續下跌，於 1982 年時只有 38,813 人，兩年內人數不進反退，減少了 4%。表面上，這個下跌的百分率好像比英國的好些。但其實這總數裡埋藏了一個大的隱憂：原來年紀最大的深資及樂行童軍人數自 1980 年到達 4,426 人的高峰後，十年內不斷下滑，至 1990 年只剩下 2,299 人，減少了接近一半。

　　最重要的需求拉動原因當然是不少家長對孩子們能夠更早開始接受各種教育活動的期望。大部分家長的主要動機很簡單：「如果孩子未能進入一家『好的』托兒所，他以後進入『好的』幼稚園……及『最好的』中學之機會將會大大減少」。[27] 當然亦有其他因素：日益富裕的本港家庭有經濟能力給孩子早些上學，「一孩」家庭希望孩子能夠有多些機會與其他孩子相處，越來越多的「雙事業」夫婦及單親家庭需要早點送孩子上托兒所，以減輕照顧他們的壓力等。

　　由於上述種種因由，本港小孩子的入學年紀在 1970 年代以後持續有年輕化的趨勢。1971 年，五歲至九歲的兒童及四歲或以下的幼兒之入學率分別為 93% 和 18%；到 1991 年，相應入學率已上漲至幾乎 100% 和 42%。根據統計，在 1990 年代，本港「年齡介乎三至五歲之間的兒童中，有 85% 正在幼稚園就讀（根據國際標準，這是一個相當高的比例）」。而在 2011 年，可比數字更增至 91%。[28] 香港能夠有如此高的幼兒就學率主要是出於家長的意願，因為學齡前教育既非強制性，亦只有少量政府資助。孩子進入托兒所及幼稚園，許多家長都

26. Sheff (1993). 原書名的一部分：「enslaved your children.」
27. Cheng (1977), 363.
28. Postiglione *et al* (1997), 31; *Hong Kong 2006 Population By-census*, Main Tables, Table 2.2.

需要支付昂貴的學費。

　　家長對學齡前教育與對小、幼童軍之需求應是相輔相成，互補不足的。中產階級的父母有能力送孩子進托兒所和幼稚園，也同樣有能力負擔他們做小童軍。「雙事業」夫婦和單親父母在上班時需要把孩子送進學校，亦可以趁周末或假期孩子參加童軍時休息或做別的事。有些父母會認為孩子參與童軍的進度性團體課外活動，可以學到在學校課程外的東西，促進他們的「全人教育」，或者幫助他們考入「更好」的學校。

　　於 1985 年 4 月，在推動「天虹計劃」的早年，時任副總監兼訓練總監的黃楊子潔曾在國際紫荊聯青社中介紹此計劃，她是這樣說的：

> 因環顧本港目前為八歲以下兒童提供服務的機構不多，而現在香港流行之家庭制度，就業婦女、單一家長的家庭數目日增，許多兒童放學回家後缺少了與同齡兒童同玩、同做、同學，分享快樂的經驗……因此，為八歲以下兒童提供童軍活動計劃，使在團體中生活、學習，得享快樂童年是有實際需要與一定之價值。[29]

　　換句話說，香港總會成立小童軍支部，推動運動「年幼化」，除了是希望能夠逆轉成員流失外，其實亦是回應家長的要求，為「就業婦女、單一家長的家庭」等的八歲以下兒童服務。

　　無論如何，從 1980 年代中期起，本港成員總數的確再次錄得健康成長，至 1990 年已創 56,347 人的新高，比 1980 年多了 40%；而到

---

29.《香港童軍》，1985 年 7 月，19。

1990 年代彭定康與幼童軍握手 (HKSA)

2000 年更高達 74,147 人，比十年前再增加 31%。推動增長的仍是年輕的支部：從 1980 至 1990 年，小、幼童軍人數累積增加了 66%，從 1990 至 2000 年，兩個支部再錄得 53% 的增幅，明顯比總人數的成長率高許多。至 2010 年，本港總成員人數是 95,529 人，而青少年成員是 56,697 人，其中小童軍有 11,516 人，佔青少年成員的 20%，連同幼童軍則共有 36,225 人，即佔青少年成員的 64% 左右。

香港童軍的「年幼化」並非獨特的現象，它很大程度上亦反映出各地童軍運動以及其他青少年團體的發展。加拿大和新西蘭於 1970 年代初已經開始為五至七歲的兒童提供童軍活動。英國由 1982 年開始試辦小童軍，四年後正式成立支部。到了 2010 年，英國青少年成員總數是大約 405,000 人，其中小童軍有 108,000 人，佔青少年成員的 27%，連同幼童軍則共有 251,000，即佔青少年成員的 62%，與本港相若。[30]

美國童軍也面對類似的平均年齡年輕化之壓力。當地總會於 1980 年代初開辦比幼童軍年輕的「小虎隊」(Tiger Cubs)，後來更

全線發展整個擴大了的幼童軍支部，涵蓋幼兒園至小學五年級的兒童。早期這些較年輕的成員人數比童軍和深資童軍少，但到了 1990 和 2000 年代，他們已佔了青少年成員的 60% 以上，亦成為美國運動的主流。[31]

同樣地，香港女童軍的「小女童軍」成員 (Brownies，注意兩個運動的青少年支部中文名稱並不一致，「小」女童軍其實與「幼」童軍年齡大約相同 ) 佔青少年成員的百分比在 1967 年只有 39%，但在 1990 年代卻有 50% 以上。女童軍總會在 2001 年推出類似「草蜢仔」的「快樂小蜜蜂」(Happy Bees，後稱「小蜜蜂」，年齡與小童軍年齡接近 )，把最低年齡訂於比小童軍更低的四歲，並破例地歡迎男孩子加入該支部 ( 但其他較年長的支部則仍然只招收女性成員 )。到了 2010 年，「小蜜蜂」和「小女童軍」已佔女童軍運動的青少年成員總數 63% 以上，「年幼化」急起直追，比率與本港童軍非常接近。[32]

環顧香港其他制服青少年團體，「年幼化」趨勢亦相當普遍。香港交通安全隊近年來在幼稚園裡成立不少「幼兒隊」，在 2009 年，「幼兒隊」佔該團體的隊伍總數之 35%，而幼稚園和小學的隊伍則佔 73%。基督教少年軍原來只有初、中、高級三組，1990 年代加入幼級組，於 2009 年再為三至五歲的孩子開辦「小綿羊組」，年齡涵蓋範圍比其他團體更廣闊。在 2011 年，少年軍青少年人數接近八千五百人，其中「小綿羊組」、幼級組和初級組成員佔 60% 以上。[33]

隨著本港小學生人數持續遞減，幼童軍總數近幾年來也相應下跌，但該支部仍是本港童軍運動裡最大的青少年支部。運動多年來的優良傳統是在每年大會操時由主禮人 ( 很多時候是港督 / 特首兼總領袖 ) 頒授證書予各支部考獲最高獎章的青少年，肯定他們的努力。由於成員越來越多，獲獎人士不斷增加，維持此傳統近年來亦有一定難度。

30. *The Scout Association Annual Report, 2009/10* (London: the Scout Association, 2010).
31. Kua (2011), 360.
32. *Annual Report 2001-02* (Hong Kong: Girl Guides Association., 2002), 32; *Annual Report 2009-10* (Hong Kong: Girl Guides Association., 2010), 32.
33. Kua (2011), 360.

2009 年 11 月的大會操時二十四位樂行童軍貝登堡獎章得主和五十九位深資童軍榮譽童軍獎章得主，仍舊可以由童軍總會會長高等法院首席法官馬道立頒發證書；但 267 位童軍總領袖獎章得主只能夠分批操過，由代表接收證書。由於當年幼童軍金紫荊獎章得主共有 1,245 名之多，只有一小部分能夠在場地中心表演「團呼」和接受主禮人檢閱，其他得獎的幼童軍們則只能夠在兩旁聚集，遙望檢閱。

有些論者不贊同童軍吸收太年輕的孩子，擔心運動的「年幼化」會促使青年成員望而卻步或者提早離開。美國童軍創始人之一羅賓遜 (E. M. Robinson) 曾提出孩子只會留在運動三年左右的概念，麥理奧更聲稱「在英國和美國，童軍運動均受青少年工作的格雷欣法則影響：較年輕的男孩會把較年長的趕走」(Gresham's Law，或譯為葛萊遜定律，即所謂「劣幣驅逐良幣」的法則，原應用於經濟範疇)。[34]

根據這個觀點，降低童軍的最低年齡雖然在短期內可能有助於增長，長遠卻會導致成員流失，因為較年長的青少年成員可能會覺得參與幾年的童軍訓練已足夠，或者因不願意與年幼成員扯上關係而決定不加入運動或者在加入後不久即決定離開。

對本港童軍而言，近年來的統計數字似乎支持上述假設——成員人數可能受所謂「青少年工作的格雷欣法則」影響。從 1980 至 1990 年，小、幼童軍人數由不到一萬二千人增加至近二萬人；但同期童軍成員人數卻只由約九千七百人微增至約一萬一千人。更明顯地，正如上面所述，深資和樂行童軍人數在 1980 年高達 4,426 人，佔青少年成員總數的 17%；但到 1990 年卻跌至 2,299 人的低點，只佔成員總數的 7%，減少了足足十個百分比！雖然近二十年來，童軍、深資童軍和樂行童軍人數仍有增長，增幅卻遠遠不及小、幼童軍。因此，年紀較大的成員的百分比不斷下降，於 1980 年還未推出小童軍時，童軍、深資童軍和樂行童軍人數佔青少年成員的 54%；但到 2010 年

34. MacLeod (2004), 282.

小童軍參與 2003 年大會操 (SAHK)

時，他們的百分比已跌至 36%。[35]

　　但是，亦有些人對童軍運動年輕化認為可以接受或者值得支持，因為這只是社會上正式和非正式教育發展的一個大趨勢。的確，運動的創辦人貝登堡曾親自訂定許多現在大家都覺得耳熟能詳的露營、遠足、歷奇和水上活動等，而這些大多比較適合年紀大一些的青少年人。但畢竟他亦曾明言「童軍運動不外乎一種遊戲，並非是一門科學」，更提醒大家不要把它變成一個過於嚴肅的遊戲。[36] 雖然不同年齡層的孩子們可能會覺得不同的遊戲活動比較有吸引力，具體遊戲內容只是手段或方法，並非運動的基本原則。只要能設計出合適的遊戲活動，服務年齡範圍的擴大本身並無問題。

　　有些人會批評小、幼童軍的增長沒有太大作用，因為童軍的訓練方法和公民教育不太適合這麼年輕的孩子。從教育角度考慮，這類評

35. Census Reports, 1980-2010, *HKSA*.
36. B-P, "B-P's Outlook," Jan. 1931, *The Scouter*, in B-P (1941), p. 135.
　　原文："Scouting is a game, not a science."

論較難證實，也不容易反駁。即使同年紀的兒童對不同事物也可能有不同的接受能力，而不同的社會亦會對這種事情有不同的期望，勉強用年紀把兒童劃線分類並不可行。況且，即使沒有上述個人或社會間的差異，孩子是否「太年輕」很大程度上取決於教育方法及內容。

美國作家傅剛 (Robert Fulghum) 曾於 1980 年代末寫了一本薄薄的書，叫做《所有一切真正應該學的事，我早在幼兒園就學過了》(All I Really Need to Know I Learned in Kindergarten)。此書十分受歡迎，長時間排於《紐約時報》最暢銷書籍之榜首。傅剛認為多數人在幼稚園時已經學會「如何生活、做些甚麼和怎樣為人」(how to live and what to do and how to be)。[37] 換句話說，幼稚園十分重要，兒童「孺子可教」，學前教育是培養價值觀與世界觀之良機。

所以有些人認為孩子日益早熟，可以接受某些童軍訓練。小童軍利用遊戲、舞蹈、戲劇、唱歌、講故事和工藝等學習，是兒童喜歡的方法。此外，與較年長的支部不同，香港小童軍沒有技能章，除了會員章外只有四個步章，而後者「是以參與團活動為原則……並無任何手續和考驗程序」，亦沒有特定的培訓內容。[38]

近年來有些國家的小童軍徽章制度甚至漸趨複雜，間接反映兒童教育理念的演變。舉例：新西蘭小童軍 (Kea Scouts) 有金、銀、銅三級獎章，加上十個挑戰章，涵蓋交通安全、科技、保育，健康等。英國小童軍 (Beaver Scouts) 有十二個活動章、六個階段活動章、三個「夥伴」獎章、六個挑戰獎章，以及總領袖銅獎等，涵蓋面更廣。美國小童軍 (Tiger Cubs) 近年來也逐漸與幼童軍接軌，容許前者參與更多後者的活動。有些人亦會質疑香港的小童軍是否應該引進一些特定的活動章，用於鼓勵兒童注重自立、群體生活、家居安全、服務、衛生等。

小童軍第一代會員章

37. Fulghum (1986), 4.
38.《小童軍活動指引》(香港：香港童軍總會，2009)，8。

在 1980 年代中，中英雙方就香港前途進行談判之際，「公民教育」這個議題曾在社會上引起了一陣討論熱潮。1985 年 9 月《香港童軍》更為此而刊行了一期專題文章，當時副總監譚湘溥曾表示：

> 為了更積極地加強發展公民教育，參與童軍運動的年齡亦相繼降低……這樣便可使更多人加入童軍組織，並且能從孩童時期便開始接受這種意識教育。[39]

很多國家都需要考慮年輕人的國民教育應如何處理。此問題在回歸後的香港特別受關注，引起社會各界不同持分者的熱烈討論甚至爭議，十分政治敏感。

英國社會學家馬素 (T. H. Marshall) 認為兒童並不能被視為公民，他們只是「正在成型的公民」(citizens-in-the-making)。[40] 既然如此，當局就有機會參與他們的成型過程。學者馬修世 (G. Matthews) 等曾撰寫專著研究香港回歸中國後如何處理公民對國家的歸屬感這個課題，書中有一段聲稱：

> 教導國家認同感最有效的方法……應該是在孩子仍沒有批判能力的年齡開始。升國旗、唱國歌、[ 對國家 ] 宣示效忠，英雄式及神話化的歷史教育和其他類似的培訓可以培養出一種理所當然的愛國情操，作為 [ 思想的 ] 基石，

39.《香港童軍》，1985 年 9 月，30。
40. Marshall (1950), 25.

簡而言之，他認為如果從小就培養國民的愛國情操，孩子長大後就會毫無疑問地熱愛國家。可能是受類似信念推動，香港特區政府近年來曾在幼稚園裡推廣「我愛中國」的教育電視節目和「我愛中國」的教育活動，希望能夠在孩子年幼時就培養他們對國家的歸屬感及對國旗和國歌的尊重，為後期的國民教育打好基礎。

根據上述看法，小童軍可以是促進早期國民教育的平台之一。畢竟，該支部的服務對象主要是幼童，活動時段與性質往往與幼稚園及小學低年級互相配合，傳統上童軍運動亦更注重升旗及對國家盡責任等概念。如有適當內容，日趨「年幼化」的童軍運動應該可以為提升本港年輕人的國民身份認同盡一點力。

近年來童軍總會不斷擴張較年輕的小、幼童軍支部，導致香港童軍日趨「年幼化」。不同人對此趨勢有不同看法，有人認為太年輕的孩子不適合接受童軍訓練，可能會促使較年長的童軍提早離開運動；也有人認為這兩個支部是有效的平台，可以為小孩子提供本港社會急需的國民教育。無論如何，小、幼童軍人數近幾十年來持續增長，並非當局或總會一廂情願能達到的成果，而是因為越來越多父母認同運動，期望它為孩子提供良好的朋輩互動、全人教育、戶外活動、健康娛樂以至托兒服務。

由 1960 至 1969 年，香港童軍成員總數每年平均增長率是健康的雙位數 (12.8%)，但由 1970 到 1975 年，每年平均增長率則放緩到不太健康的單位數 (4.8%)，當時運動面對如此嚴峻的挑戰，有需要調整發展方向。於 1970 年代中後期，總會開始跟隨英國和一些其他地方的童軍總會，嘗試透過在不同年齡的支部裡逐步引進男女混合訓練而為

小童軍四個步章

41. Matthews G., et al (2008), 86.

近年來人數最多的幼童軍支部 (SAHK)

運動帶來新的動力。在 1980 年代初,當混合訓練獲得初步成果後,總會再進一步,在繼續擴展混合訓練之餘,同時推出了嶄新的小童軍支部,把運動的年齡覆蓋面擴大至比幼童軍更小的兒童,期望透過兩大改革,推動運動重回升軌。在接下來的幾十年裡,成員增長雖然不見得每年均超出預期,畢竟亦是逐漸向上,其中有很多不同的內在和外來的因素。但無論如何,女性及小童軍的參與率不斷提升,香港童軍終於在二十一世紀初成功轉型,成為一個涵蓋更寬闊年齡群及不分男女的現代化青少年運動。

第十五章

與時並進

1990-
2019

MARCHING WITH TIME

中英雙方在 1980 年代中簽署《中英聯合聲明》後，

香港前途漸趨明朗，社會亦於 1990 年代開始，

邁上去殖民地化的漫長路途。

面對本港社會近幾十年來的大轉變，

童軍運動亦努力地與時並進，在人、事、物方面，

回應社會不斷改變的需求，

包括處理本港成為中國的特別行政區後，

運動如何「再國家化」這件比較富挑戰性的事。

在 1997 年 7 月 1 日，中華人民共和國中央人民政府對香港恢復行使主權，香港特別行政區成立，由董建華擔任首任行政長官。遵循「五十年不變」之原則，董建華於同年年底成為特區首任童軍總領袖。董先生是已故航業巨頭董浩雲之長子，畢業於英國利物浦大學，上任前是家族公司東方海外的負責人。曾蔭權、梁振英及林鄭月娥分別在 2005、2012 和 2017 年繼任為特首兼童軍總領袖。曾、林兩位是資深公務員，上任前均曾是香港特區的政務司司長，而梁接任前則是戴德梁行亞太區主席。

高等法院首席法官陳兆愷和馬道立分別於 1998 及 2008 年接任香港童軍總會會長，延續英治時代司法界高層任會長一職之傳統。馬道立於 2010 繼李國能成為終審法院首席法官，留任會長至 2018 年，才由高等法院上訴法庭法官潘兆初接任。

許招賢於 1997 年 1 月繼任，於 7 月香港回歸後成為特區首任總監，連任至 2004 年。總會的《政策、組織及規條》規定總監由香港總監、副香港總監及助理香港總監組成的「選拔委員會」選出，任期四年，但連續任期不能超過八年，「並須於六十五歲生日當日退休」。[1] 由於近年來的幾任總監當選時的年紀均比較大，所以都沒有競選連任：鮑紹雄於 2004 年 1 月上任，於 2007 年 11 月屆滿法定年齡退休，由陳傑柱接任。後者於 2011 年 11 月四年任期完畢後，由張智新繼任。現任總監是吳亞明，他於 2015 年 11 月上任，將於 2019 年 11 月卸任。無獨有偶，上述諸位均是公務員，許總監及陳總監曾服務警界多年，鮑總監曾任建築署署長，而張總監和吳總監退休前則分別在漁農自然護理署和香港海關供職。

一個運動如果要永續經營，就需要順應時代潮流，廣義上類似《周易》裡數次提及的所謂「與時偕行」[2]，不斷地現代化，套用一句近代流行的話就是「與時並進」。當然，正如貝登堡所說，童軍既

---

1.《政策、組織及規條》(2010)，64、69。
2.《周易》「乾卦・文言」、「損卦・彖辭」、「益卦・彖辭」。

然是個「不斷進步」而不會「停止發展」的「運動」,這個要求任何年代皆應通用。[3] 但是,在 1990 年代以來,香港主權回歸祖國前後,社會面對英國建立殖民地以來最大的管治轉型,運動亦面對自英國引進本港以來最基本的挑戰,就是如何在宗主國沒有童軍的情況下繼續發展運動。本章會先後探討運動在 1990 年代至今如何處理童軍裡的「人、事、物」和集中討論其中一件比較難處理的事,即本港童軍的「再國家化」這個難題。

我們常說講故事要處理「時、地、人、事、物」,但本章已規限了時與地,我們只需要討論人、事和物。總的來說,香港童軍在這三方面都能夠與時並進,在 1990 年代至今不但沒有被時代淘汰,而且更能夠持續擴張。

這裡「物」是指運動裡各種「硬件」或配套設施。童軍在物方面的現代化措施包括戰前開發的港島柴灣營地及摩士小屋總部,亦包括 1950 至 1980 年代先後落成的九龍摩士大廈總部、九龍飛鵝山基維爾營地、港島大潭營地、新界船灣洞梓童軍中心及西貢白沙灣譚華正海上活動中心等。1990 年代以來,童軍在物方面的現代化措施主要有三項,即九龍的新總部大樓、新界的領袖訓練中心和港島總部的重建。

運動不斷擴展,到 1960 至 1970 年代,摩士大廈已漸漸不敷應用,重建計劃於羅徵勤時提出,馬基時跟進,周湛燊時才完成,足足歷時二十年。早在 1969 年,總會已提出興建總部暨青年宿舍的計劃,[4] 類似英國總會在倫敦開辦,為訪客提供價錢合理的住宿之「貝登堡樓」(Baden-Powell House)。到 1970 年,「香港童軍中心」(Hong Kong Scout Centre) 的設施細節已擬定:它會有地下室、幾層行政和活動樓層與一座約有五百間客房的旅舍。[5] 但好事多磨,這計劃要到 1989 年才獲得港督衛奕信會同行政局同意以「私人協約方式」批出土地。企業家和前香港 15 旅童軍胡應湘率先捐贈巨額款項以資助興

一九九七年回歸後的香港童軍章

3. World Scout Committee, *Forward Together: Towards Impact and Growth* (Kuala Lumpur: World Scout Bureau, 2017), 4.
4. Folder, Project Q, *HKSA*.
5. "Schedule of Accommodation - Hong Kong Scout Centre," Sep. 1970, *HKSA*.

1990 年代初落成的香港童軍中心 (SAHK)

建新廈，並為總會提供貸款擔保。[6]

　　1991 年，會長楊鐵樑爵士與周湛燊為總部主持奠基。三年後，樓高二十五層的新大樓終於落成。「香港童軍中心」顯然是運動 1994 年的焦點，上了三次《香港童軍》封面。童軍中心裡童軍專用的地方「共佔四層」，包括總部各署、兩個地域及童軍知友社的辦公室，物品供應社、健身室、綜合禮堂和多個活動室及會議室等。除了這些，大樓十三至二十五樓還有五百多間房間的國際旅舍；可容納一千二百

6. Folder, Project Q, *HKSA*.

人的大禮堂;咖啡廳和地庫中式餐廳等。大樓更有地下的「先進新式」之粵港巴士總站、六到七樓的電話公司機樓和一到五樓、尖沙嘴區亟需要的公共停車場。重建後的總部為總會提供寬敞的空間和穩定的收入,同時亦為社會提供幾個重要的公共設施,可說是個雙贏方案。[7]

如果稱呼建於覺士道的摩士大廈總部為 1950 年代「世界上最新式之童軍總部」不算過分的話,那麼稱呼建於柯士甸道和童軍徑的「香港童軍中心」為 1990 年代「世界上最新式之童軍總部」則毫無疑問地更加當之無愧!港府多年來都資助認可的青少年組織,從 1990 年代起,由「龍堡國際賓館」(Baden-Powell International House) 和童軍中心的停車場等所得的收入為本港童軍運動提供了每年預算的一定百分比,間接減輕政府因應運動人數增長或通貨膨脹而需要上調年度撥款的壓力。

除總部外,近年來總會亦進行了其他設施的更新和開發,其中較大的一項是訓練學院。位於西貢白沙灣沙咀的「王兆生領袖訓練學院」在 2007 年啟用,「範圍覆蓋共 4,420 平方米,備有完善的領袖訓練設施,包括多用途禮堂、講堂、營舍、食堂、洗滌間、浮橋及……具世界水準之歷奇活動設施等」。[8] 於 2010 年代,王兆生領袖訓練學院更名為王兆生領袖訓練中心,與新成立的航空訓練中心一同隸屬於領袖訓練學院。航空訓練中心設於童軍中心,共有四部飛行模擬器,其中兩部為獲專業認證的全動式系統,由專業教練負責,於 2014 年投入服務。[9]

港島地域社會資源相對豐富,位於灣仔愛群道和日善街的總部鄧肇堅大廈於 1970 年代啟用,樓高五層,「麻雀雖小,五臟俱全」,足以媲美一些國家的童軍總部。近年來,總會決定重新發展該地皮,興建一幢綜合性大樓,樓高二十一層,「除了地域總部和區總部外,更設有:活動室、圖書館、童軍物品供應社、演藝中心及領袖訓練學

7. Interview with Chau Chamson, May 3, 2010, *HKSA*;《香港童軍》,
   1991 年 2 月,2-4;1994 年 6、7、10 月。
8.《香港童軍》,2007 年 3 月,3;11 月,3;12 月,1。
9.《香港童軍》,2014 年 5 月,7。

左：2019 年開幕的百周年大樓
右：2019 年林鄭月娥替百周年大樓主持開幕典禮後觀
賞童軍郵品展覽 (SAHK)

院等」，也會提供旅團活動和訓練場地。此項目費用龐大，但長遠來
說會為不斷擴展的運動提供市區裡日益短缺的設施。在克服不少困難
後，「香港童軍百周年紀念大樓」(Hong Kong Scout Centennial Building)
在 2018 年底基本完工，於 2019 年 4 月由特首兼總領袖林鄭月娥等主
持開幕，並參觀包括航空訓練中心等各項設施和同時在展覽廳舉辦
的「關卓然童軍郵票郵品展覽」。[10] 原來特首和百周年紀念大樓可以
說有些緣份。她在致辭時透露「兩位兒子在年少時也是香港童軍的成

10. "Oi Kwan Road Site Redevelopment, 2008-2012," HQ 10.2, *HKSA*.
    《香港童軍》，1979 年 1 月，8-9；2010 年 3 月，6；2015 年
    1 月，7。

近年推出的幼童軍和童軍技能章

由上至下分別為幼童軍
電腦及香港歷史章和童
軍龍舟及野外定向章。

員」,她「這個管接管送的媽媽」經常需要帶他們到鄧肇堅大廈參加童軍活動;而該大廈的重建更是她任發展局局長時「首個經發展機遇辦事處協調的項目」。[11]

這裡「事」是指運動裡各種「軟件」或活動及訓練等。前面的故事已談過 1960 至 1970 年代的「新制」改革和脫英獨立等,1990 年代的成員訓練及活動參與仍然繼續與時並進。徽章制度反映青少年訓練活動的改革,幼童軍自 1990 年代始以歷奇、高級歷奇和金紫荊獎章代替金、銀、銅三級箭章,及增設宗教、維護自然、社區 / 香港歷史及電腦章等。童軍在 1990 年代以探索、毅行和挑戰獎章代替標準和高級標準章,也增設旅遊大使、龍舟、公園定向、野外定向、環境保護及社會參與章等。與香港旅遊協會聯合推出的旅遊大使專章要求童軍「完成一項四小時的研習班,然後履行八小時與旅遊業有關的服務」。[12] 深資童軍在「新制」後除會員章外只保留深資童軍和榮譽童軍獎章。在 1970 至 1980 年代總會按本地要求增設四個段章,恢復棗紅色的軟帽及需要考取的肩章。「新制」取消樂行童軍,但本港於 1970 年代後期恢復支部,不久後亦重新使用深綠色肩章。

不同支部的木章一向是領袖完成該支部訓練的象徵,在 1996 年本港已有超過兩千位木章持有人,從 1995 至 2018 年,總會更累積頒發了三千六百多個不同支部的木章。木章系統及領袖技能課程近年概況如下:

### 木章系統及領袖技能訓練班班次 / 人次 /2006-2018

| 年度 | 初級 | 高級 | 其他 | 總計 |
|------|------|------|------|------|
| 2006-09 | 33/3,564 | 30/729 | 363/5,561 | 426/9,854 |
| 2009-12 | 90/3,210 | 37/560 | 247/4,404 | 374/8,174 |
| 2012-15 | 86/3,180 | 30/551 | 246/4,628 | 362/8,359 |
| 2015-18 | 107/4,043 | 31/521 | 242/4,357 | 380/8,921 |

註:數字以每年 4 月 1 日至翌年 3 月 31 日計。見顏明仁、何非池等 (2018),164-165。

這些數字相當可觀，但仍不包括數量較少的領袖訓練員及領袖訓練主任課程。[13]

成員訓練近年來漸趨多元，上述數據亦不包括領袖訓練學院的領袖及管理文憑、歷奇及航空課程等。自 2014 年開辦航空訓練中心以來，本港運動終於不再「紙上談兵」，開始直接培養有志於航空專業的青少年。下表列出領袖訓練學院課程的概況：

**領袖訓練學院訓練班人次 /2007-2018**

| 年度 | 領袖訓練中心 | 航空訓練中心 | 總計 |
| --- | --- | --- | --- |
| 2007-09 | 4,024 | N/A | 4,024 |
| 2009-12 | 33,935 | N/A | 33,935 |
| 2012-15 | 34,607 | 729 | 35,336 |
| 2015-18 | 26,265 | 2,895 | 29,160 |

註：數字以每年 4 月 1 日至翌年 3 月 31 日計，來自香港童軍總會。航空訓練中心於 2014/15 年度開辦。

2014 年開辦的航空訓練中心 (SAHK)

11.「行政長官出席香港童軍百周年紀念大樓開幕典禮致辭」，https://www.info.gov.hk/gia/general/201904/20/P2019042000572.htm(Apr. 20, 2019)
12.《香港童軍》，1992 年 5 月，8。
13. 顏明仁、何非池等 (2018)，165-170。

2006 年底的大都會大露營 (Paul Kua)

　　童軍近年來亦於活動參與方面不斷進步。三千多人參加了 1999 年
12 月底到 2000 年 1 月初在西貢舉行的「跨世紀大露營」(Millennium
Jamboree)。在 2001 年 12 月，三千一百人參與「90 周年紀念大露
營」，而另外約一千九百名幼童軍則出席相關的幼童軍聚會。[14] 在
2006 年 12 月底至 2007 年 1 月初，3,619 名本港童軍及 541 位內地青少
年及海外童軍，聚集於即將重建的西九龍地皮，在迷人的維多利亞
港旁舉行「大都會大露營」(Metropolitan Jamboree)，慶祝本港運動
九十五周年。因獲得當局的配合，「營地位處城市的中心，這在全世
界而言，都是非常難得的」。總會更以第一代童軍徽章做藍本，設計
了大露營紀念章頒發給有關工作人員。[15]

　　在 2010 年 11 月，當時剛卸任高等法院首席法官的李國能出席在
香港大球場舉行的大會操，帶領 23,321 名童軍用旗號展示 "HKS100"
的字母與數字（代表 "Hong Kong Scouting Centenary"），完成「萬人
旗號迎百年」，以傳統童軍技能預告香港運動跨過一百周年之里程

14. Kua (2011), 378-9.
15.《香港童軍》，2006 年 12，1-25。

大都會大露營紀念章

2010 年迎接百周年打旗號破世界紀錄活動 (SAHK)

碑,並打破健力士「集體打旗號人數最多」("Most People Performing Flag Signals")的世界紀錄。[16]

總會在 2010 年 12 月底在大嶼山竹篙灣香港迪士尼樂園側舉辦「百周年大露營」(Centennial Jamboree),由署理行政長官唐英年主持開幕。本書第五個故事已詳細探討過以 1910 年而非 1911 年為香港運動的始創年份的問題,這裡不再複述。「百周年大露營」營期六天,橫跨 2010 及 2011 年,時間上是一個折衷安排,同時認同 1910 年為始創年份,亦尊重近年來以 1911 年為始創年份的做法。大露營是百周年慶祝活動的第一項,「規模遠超過往,參加者達 5,200 人,包括 150 多位來自中國內地的青少年,以及 650 位外國童軍」。[17]

除了大露營,2011 年整年裡有一系列以百周年冠名的活動,宣揚「成就百載 綻放未來」的主題,包括獎券籌款、齊齊善饌、總監研討會、歌唱比賽、龍舟邀請賽、電影籌款、百年史英文版、幼童軍度假營、領袖聚餐、二十二屆世界大露營、技能嘉年華、心繫家國樂

16.《香港童軍》,2010 年 11 月,2-3;2011 年 4 月,2。
17.《香港童軍》,2011 年 1 月,1-28。

飄揚、軍樂匯演、大會操、營火會、高爾夫球賽、大匯演、百周年晚宴及童軍關愛新力量等。[18] 2012 年初總會在「面書」(Facebook) 進行調查,讓童軍選出最喜愛之百周年活動,列於榜首者為世界大露營(25%)、百周年大匯演 (21.2%)、百周年大會操 (12.4%) 及百周年大露營(12%)。多位成員在記名投票之餘亦各抒己見,一些感想如下:

> 「展示出童軍運動的團結,臉上帶著微笑,十
> 分溫馨」(世界大露營);「到舞台上發放光
> 和熱……和全場的觀眾一起分享香港童軍百
> 周年的喜悅」(大匯演);「今年的百周年大

18. 柯保羅 (2012),215-8。

香港童軍百周年紀念章

2011 年百周年大會操時展示「童軍同心服務社群」的承諾 (SAHK)

會操別具意義，『童軍同心　服務社群』的百年承諾，表現出童軍別具一格的創意，期待 50 年後開啟時間囊的一刻」（大會操）；及「星夜、帳幕、營火、歌聲、你我，還加上遠處國際金融中心的除夕煙火，燦爛的段落，完美的回憶」（百周年大露營）。

一位成員說：「黃仁龍司長［大會操主禮人］的一席話，於百周年這個特別時刻更令我們覺得需要反思，重新思考將童軍誓詞及規律融入生活之中」。[19] 黃司長當過幼童軍，在大會操時提醒大家「行

19.《香港童軍》，2012 年 2 月，18。

善……需要經過接觸、認識、經歷、參與、堅持等階段」，即貝登堡所說的「對抗在腦海裡不斷發酵膨脹的自私心」；他又說「紀律」並非「盲目服從」，而是「出於對別人的尊重，和對群體社會福祉的重視和追求」之「自發的服從」，即貝氏所說的「自發地教育自己，而非單單接受訓示」。最後，他還向領袖致敬，鼓勵他 / 她們繼續「藉生命影響生命……為香港社會製造上等的磚塊」。[20]

2016 年總會按慣例舉辦系列活動慶祝 105 周年，壓軸的是 12 月在大嶼山竹篙灣舉行的「105 周年紀念大露營」。是次活動以「童・惠青年 105」為題，有「青年參與、可持續發展及國際友誼交流」三個元素。露營「吸引逾 4,700 名本地童軍、700 名海外童軍及 200 名來自內地的青少年」參與，人數再創新高。[21]

近年來香港童軍經常參與世界性活動，尤其是世界大露營。1990年代前本港的代表團通常只有幾個至幾十個人，唯一例外是 1971 年於日本舉行的第十三屆大露營，共有一百人參加。於 1991 年，第十七屆大露營在鄰近的韓國舉行，本港參與人數達 128 名，創了新紀錄。接著兩次大露營在 1995 和 1999 年分別由荷蘭和智利主辦，只有數十人參加。在 2003 年，第二十屆世界大露營在泰國舉行，香港派出 143 名童軍，人數再創新高。

但 2007 年非常突出，因為當年香港一共派出 669 人參加在英國舉行的第二十一屆世界大露營，與各地童軍在運動發源地慶祝世界運動一百周年。該代表團在一百六十個成員國裡排名十六；在歐洲以外的成員，只有美國、日本、印度、墨西哥和巴西派出更多童軍。代表團的成員更有幸被當局挑選在閉幕禮裡表演羽扇舞和舞獅，向四萬名童軍推廣中國文化。[22] 於 2011 年，香港運動再接再厲，有 526 名童軍出席遠在瑞典的第二十二屆大露營，人數「排在歐洲以外的第四位及亞洲的第二位」。更重要的是，參加者能夠和來自各地的「一眾好友

第二十一屆世界大露營香港代表團團章

---

20.《香港童軍》，2011 年 11 月，2-4。原文："In Scouting, you are combating the brooding of selfishness," "In Scouting, a boy, and a girl as well, is encouraged to educate himself (herself) instead of being instructed." 參考：B-P, *Scouting for Boys* (London: Pearson, 1916), 9; Yarn 20, "Chivalry to others," 219-220.

21.《香港童軍》，2017 年 1 月，2。

22. Kua (2007), 6, 60.

2007 年世界大露營香港代表 (SAHK)

在同一營地上過了十二天愉快的日子」，不少更參與北歐三國多個營前營後的當地交流，深入了解北歐文化。[23] 2015 年第二十三屆大露營在日本舉行，香港派出六百名成員，122 名有需要的成員獲「總會提供全費或部分經費資助」。「營期後，160 名領袖及青少年成員獲日本福岡縣童軍安排三日兩夜家庭款待……深深體會到日本的生活文化」。[24]

最近幾次的大露營本港代表團均相當龐大，除好幾百名青少年外，亦有數以百計的領袖或樂行童軍。秉承運動的優良傳統，成年成員均「出錢出力」，自費擔任帶團領袖、服務及管理隊員，無私地為青少年營友服務，甚至包括負責清潔營地廁所。運動外有些人偶然會嘲笑這些童軍，說他們「有點傻」，但後者可能會這樣回應：「我們同情這些人，真心希望有一日他們也能學會為別人服務和做自己喜歡的工作之樂趣」。[25]

23. Au Yeung Chi-yuen, et al (2011), 3, 76.
24.《香港童軍》，2015 年 8 月，13。
25. Kua (2007), 58. 原文："We pity these people and sincerely wish that one day they too would learn the joy of service and fun of doing work that one loves."

除了世界大露營，本港童軍亦經常參加地區露營以至各地的國家露營、國際性的樂行童軍聚會及各種大小的國際童軍會議，體驗童軍世界大家庭裡的不同交流。繼 1978 年首次在本港舉行亞太區童軍會議後，總會再接再厲，負責 1998 年第十九屆亞太區會議。世界童軍基金會 (World Scout Foundation) 名譽會長瑞典國王卡爾十六世古斯塔夫 (HM Carl XVI Gustaf) 曾於 2002 年訪港主持第四十五屆貝登堡會士聚會，香港「總會於全力宣傳活動中招募了創紀錄的 43 名新貝登堡會士」，為基金會籌募可觀善款，資助各國童軍為弱勢社群服務。2013 年 11 月，總會承辦第一屆世界童軍教育會議 (1st World Scout Education Congress)，招待「來自 96 個國家及地區，超過 500 位與會者」開會三天，討論「社會、教育以及童軍運動的影響」，並透過網上平台給 1,424 名世界童軍參與。期間總會「邀請了大量深資童軍、樂行童軍及青年領袖擔任英語即時傳譯或網上即時回應」，為與會者服務，提升成員「國際視野及溝通能力」。[26]

現在談「人」，即各支部裡的青少年和負責指導和支援的成年成員。童軍在人方面與時並進的措施包括 1950 至 1960 年代發展新界和弱勢群體旅團的策略，1970 年代引進的混合訓練以及 1980 年代開辦的越南難民營旅團、尼泊爾人組成的「啹喀區」(Gurkha District) 及小童軍支部等。1990 年代以來，時移世易，難民營旅團及啹喀區已不復存在，但其他在人方面的措施卻大多仍然持續發展。

近年來本港人口逐漸老化，青少年人數明顯萎縮，不利運動成長。十五歲至二十四歲的青少年由 1981 年的 115 萬降至 2011 年的八十八萬，而五歲至十四歲的少年人則由 1981 年的八十五萬降至 2011 年的五十七萬。再加上本港總人口於同期的增加，五歲至二十四歲的青少年佔人口的百分比更由 1981 年的 40% 降至 2011 年的 20%，只有以前的一半！不過，儘管目標人口減少，童軍仍可透過措施增加

26. *World Scout Foundation: Annual Report, 2002-2003* (Gene-va, 2003), 11;《香港童軍》，第 356 期，2013 年 12 月，1-23。

第二十二屆世界大露營香港代表團團章

2013 年世界童軍教育會議 (SAHK)

成員。上一個故事已討論過幼童和女性成員，這裡只會探討一下近年來其他有利於青少年成員增長的情況。

香港回歸後，內地新移民不斷增長。2016 年的中期人口統計顯示本港有 733 萬人，其中有超過兩百萬人在內地、澳門或臺灣出生，近一百萬華人在此居住不到十年。新移民裡當然不乏有權有勢或大富大貴者，不過這些人始終是極少數。他們更多是「低收入工人的妻子和兒女」、「綜援家庭」、公屋居民和其他中下階層的普通人家。新移民有時要面對各種歧視，可以說是社會裡新的弱勢社群。但像多數出生於或較早移民此地的人一樣，他們亦憧憬在擁抱「香港西化的生活方式後」，子女會有「比國內更好的機會」。美國有些研究聲稱參加童軍是幫助新移民融入當地社會的有效方法。同樣地，這些到港不久的同胞可能也會視讓孩子參加運動為融入本港社會的方法，鼓勵孩子成為「第一代」童軍，亦即運動成長的生力軍。[27]

當然，這裡還有其他的利好因素。香港就學率不斷改善，而童軍

27.香港中期人口統計，2016；香港人口統計，2011；MacPherson (1998), 74; Newendorp (2008), 188-189; Proctor (2009), 64.

最易招募的對象是學生。「名校」學額競爭激烈，父母相信孩子參加童軍會提高他們進入「好」學校的機會。家庭收入改善，年輕時沒有經濟條件當童軍的父母會鼓勵孩子成為童軍。居住環境擠擁，家長喜歡旅團給孩子安排戶外活動。單親、獨生子女和雙職業家庭也需要童軍為孩子提供團體生活、「托兒服務」以及健康的周末和課外活動。

　　無論原因為何，近年來在總會措施的配合下，青少年成員人數和人口滲透率均不減反加如下：

## 成員人口滲透率 /1981-2011

| 年度 | 青少年成員 | 適齡人口 (5-19) | 滲透率 |
|------|-----------|----------------|--------|
| 1981 | 25,619 | 1,413,000 | 1.8% |
| 1991 | 34,436 | 1,224,000 | 2.8% |
| 2001 | 53,648 | 1,281,000 | 4.2% |
| 2011 | 57,115 | 998,000 | 5.7% |

註：數據來自《香港童軍總會年報》，1982-2012 及香港人口統計，1981-2011。

　　換句話說，儘管適齡人口（以五歲至十九歲的年齡群作為最接近的參考數據）在這幾十年來下降了超過 29%，同期的青少年童軍卻增加了 2.2 倍，使適齡人口群裡的滲透率由 1.8% 增長至 5.7%。

　　青少年人數持續增長，但總會受薪職員因預算所限不能添加，運動需要大量成年義工，包括擔任全港一千多個旅團的領袖。與其他非牟利組織一樣，總會偶爾會抱怨人手不足，但它的情況似乎比較好，明顯能夠持續吸引大量義務人員，其中不少經年累月地付出很多時間與精力。在 1990 年，本港約有五千多位領袖與總監及四千多名會友委員。到 2017 年，前者已倍增至超過一萬人，而後者則有七千多人。[28]

　　我們可以按義工的年齡層來分析運動成人團隊的老化現象及世代

輪替。社會學家呂大樂近作把港人按出生年份分成四代，即戰前出生的第一代、「嬰兒潮」（1946 至 1965 年出生）的第二代、1966 至 1975 年出生的第三代及 1976 至 1990 年出生的第四代，分析每代的精神面貌，並提出世代輪替停滯的隱憂。[29] 由於童軍領袖最低年齡是十八歲，只要把第四代的下限調至 1994 年，這個框架可以分析本地童軍領袖在 2012 年時的年齡分佈：

### 童軍總監與領袖年代分佈 /2011-2012

| 職位 | 第四代 | 第三代 | 第二代 |
| --- | --- | --- | --- |
| 高級總監 | 0.5% | 15.5% | 84.0% |
| 其他總監 | 27.4% | 31.9% | 40.7% |
| 其他領袖 | 48.9% | 26.6% | 24.6% |
| 所有總監領袖 | 46.8% | 26.6% | 26.6% |
| 該代人佔適齡人口 % | 38.2% | 23.0% | 38.8% |

註：總監與領袖按年代分佈的人數來自總會的《童軍成員資料系統》，2012 年中期的數據；用以計算佔適齡人口百分比的人口基數來自 2011 的香港人口統計。

　　此表格比較複雜，需要解釋。前四行顯示來自不同年代的成年成員佔該職級的百分比。舉例：在高級總監這個職級裡，有約 16% 的人是屬第三代（2012 年三十七至四十六歲）的人。第五行「該代人佔適齡人口 %」則指各代人口佔所有適齡當領袖人口總數的百分比。舉例：本港第二代（四十七至六十四歲）人約佔當年所有適齡當領袖（十八至六十四歲）的港人之 39%。
　　「高級」總監包括香港童軍總監、副香港總監及各總部部門和五

28. *Annual Report, 1991, 2018* (Hong Kong: Scout Association, 1991, 2018).
29. 呂大樂 (2007)。

大地域的負責人（即所有助理香港總監）、這些部門和地域的副總監和助理總監及四十多位區總監，其他總監包括副／助理區總監、總部總監等，其他領袖則包括總部／地域／區／旅團的領袖，其中人數最多的是一千多個旅團裡的旅長及各支部的正、副團長。由於總監和領袖的法定退休年齡為六十五歲，除極少數訓練人員和無實職的榮譽總監外，他們不可能是第一代人。後者只能夠擔任沒有退休年齡限制的會友委員（各單位的會長、主席、顧問和委員等）。雖然這一類成員平均年齡較大，但根據 2012 年的數據，他們也有不少年輕人，其中第三及第四代人佔總數的三分之一以上。

近年來，許多國家的非牟利機構日益倚重「嬰兒潮一代」的義工，他們工作經驗豐富，很多已退休或起碼到達較有閒暇和沒有經濟壓力的人生階段。香港人口結構日漸老化，「嬰兒潮一代」或所謂香港的第二代比重亦越來越大，而這代人適逢其會，經歷本港經濟繁榮和個人收入大幅提升的黃金時期，無論經濟能力或事業經驗可能都相對理想。

所以，童軍的義務人士有很多年紀較大的第二代人，佔高級總監的大多數 (84%)，比該代佔適齡人口百分比（接近 39%）高一倍以上；即使在其他總監裡，他們也佔約 41%，比該代佔適齡人口的百分比略高。這個現象與香港社會公私營組織的高層裡特別多第二代人的情況類似。當然，有人會認為總監工作屬於義務，高級總監很多時候任務繁重，需要投入大量時間精神，可能根本不適合正在職場努力奮鬥和需要全情投入的第三代人，更遑論還在學校學習或事業剛剛起步的四代人。

從總數的角度來看，童軍的義務團隊沒有老化的現象。在所有總監和領袖裡，第二代人相對比較少，只有 27%，比該代佔適齡人口百分比少了足足 12%。相反地，第三代人佔了所有領袖的 27%，比該代佔適齡人口百分比多了 4%；而最年輕的第四代人更佔了所有領袖的 47%，比該代佔適齡人口百分比多了 9%。換句話說，與本港人口對比，在童軍運動裡的成人成員平均年齡相對比較低，並無老化。

同樣重要的是，在三大類的成人成員裡可以看得到循序漸進的時代輪替。在人數最多的其他領袖裡，最年輕的第四代人最多，佔了總數的 49%，明顯比他們在總人口裡的比率高出了 11%；但他們很少人是高級總監，只佔了 0.5%。第三代的人佔其他領袖裡的 27%，亦略比他們在總人口裡的比率高出了 4%；但他們已逐漸打進總監的圈子裡，佔了其他總監的 32% 和高級總監的 16%。

整體來說，義務人員的年齡結構大致反映香港人口的狀況，第二至第四代人均有相當高的參與率。不過，由於前者較少擔當前線領袖，他們的整體參與率卻較年輕的兩代人略低。可能是因為很多青少年成員在完成支部訓練後順理成章地成為年輕的領袖；也可能是因為運動裡的總監和領袖除少數主管外沒有嚴謹人數上限，職位不會出現僧多粥少的現象。無論原因如何，表面上看來，運動裡的義務團隊看來並沒有老化或嚴重的世代輪替問題。

香港毗鄰中國內地，居民絕大多數在不同年代從內地遷移至此，無論是在英治時代或回歸祖國後，基本上一向都是個華人社會，與內地的人民、政治、經濟和社會千絲萬縷，無法分割。在統治當局的支持和引導下，本港運動多年來一直按當地需要，在親中和拒中這兩個極端之間游走，搖擺不定。童軍的「去殖化」早在 1970 至 1980 年代開始，1997 年回歸後的發展只是過程的延續。在此期間運動順理成章地重新「再國家化」。然而，回歸二十多年後，此過程顯然仍未完成，運動仍在摸索後殖民時代它在「一國兩制」下的香港裡應該扮演的角色。1990 年代以來，運動面對許多挑戰，在人、事和物方面都需要與時並進，但相信最難解決的事是童軍應該如何「再國家化」才能同時滿足運動內外不同持份者的期望。

要了解此課題的來龍去脈，我們需要簡單地回顧這方面的歷史。在 1920 年代末，當局和總會曾訴諸英國和國際童軍的無政治立場政策，通過《童子軍總會條例》和採納「模稜兩可」的中文誓詞，以保障本地運動與「黨化」而不屬世界運動組織的中華民國童軍疏離。然而，到了 1930 年代後期，日本侵華兼威脅香港，敵愾同仇，當局

1990 年代初衛奕信出席大會操 (HKSA)

又覺得本港青少年的愛國主義變得可以接受，香港總監甚至公開讚揚當時已改革並加入世界組織的中國童軍的戰時服務，希望本港童軍能「不讓滬童軍專美」。

戰後初期香港運動仍然親中，當局無干涉一些旅團同時在香港和中華民國童軍總會註冊，容忍「雙重效忠」。但隨著中華人民共和國成立後，與中國（當時已變成臺灣）童軍的關係再次變得政治敏感，本港運動於 1950 年代開始積極「去中國化」及本地化，把中文誓詞裡的「國家元首」改為「居留地」。總會亦避免與臺灣童軍來往，甚至沒有邀請後者參加 1961 年以「天下一家」為主題的「金禧大露營」，因為港督柏立基明言如他們在場，他不會出席開幕。[30] 繼而於 1960 至 1970 年代總會趁「新制」改革時更進一步地淡化國家概念，把誓

30. Law to Ma, Sep. 1, 1960, *HKSA*.

詞裡的「居留地」改為「本土」。總而言之，到 1990 年代回歸前後，脫英獨立的香港童軍已是個幾乎完全本土化了的運動，既不受英國控制，亦不受中國影響，和很多國家的童軍組織平起平坐，可以按自己需要調整策略，回應瞬息萬變的時代挑戰。

周年大會操近年來一向有數以萬計的青少年參加，港督或特首兼總領袖通常會在百忙中抽時間出席以示當局對童軍的支持，它亦是彰顯運動「再國家化」的好機會。尤德於 1986 年按多年來的傳統在 4 月份英國的聖佐治日主持「童軍七十五周年大會操」，此乃本港運動最後一次的聖佐治日大會操。[31] 漢學家衛奕信在 1987 年接任港督，總會決定趁換總領袖時打破多年來的傳統，首次把大會操改於秋天舉行。此改動的官方解釋是為「避免四月份經常出現的下雨天」。[32] 接著 1988、1989、1990 和 1991 年的大會操仍然在年底舉行，這個時間上的安排亦成了此聚會的新傳統。1991 年 11 月，衛奕信穿著整齊童軍制服出席他任內最後一次的大會操，在維多利亞公園與本港一萬三千名童軍一起慶祝運動八十周年。[33]

本港潮濕的春天的確曾影響過去的一些聖佐治日大會操，使某些年度裡的聚會要在雨中進行，但多年來並無人認為需要改期。畢竟，聖佐治同時是英國和童軍的「守護聖人」，在該日聚集是貝登堡從運動開始時就訂下的規矩，在英國和英屬地多年來一直行之有效。在 1980 年代末香港開始邁向回歸時執行這個具有象徵性意義的改動，不可能沒有當局的默許，亦顯示在衛奕信領導下運動已在「去殖化」的路上向前走了一小步。

大會操時間上的改動可以歸咎天氣，衛奕信任內的另一個更改卻無論如何也不能與天氣拉上關係。由運動始創以來，與中文誓詞不同，英文誓詞一直沿用「對英皇／女皇盡責任」（"To do my duty to the King/Queen"）的字句。但 1987 年出版的《政策、組織及規條》終於

---

31.《香港童軍》，1986 年 9 月，8。
32. HKRS 921-1-97, *PRO.*
33.《香港童軍》，1991 年 12 月，2。

解決了中、英文誓詞多年來文意上的差異，把英文誓詞改成「對本土盡責任」（"To do my duty to the Territory"），切割它與英國的關係，完成誓詞英文版本的本地化。[34]

1992 年的大會操亦是在年底舉行，「末代港督」彭定康首次以總領袖身份亮相。雖然連英文誓詞也不再有女皇的字眼，是次活動裡仍然可以看到一些重要的殖民地傳統。大會操儀式仍舊以奏《神佑女皇》（God Save the Queen）開始，總領袖依舊與考獲「女皇童軍」（Queen's Scout，雖然他們的中文名稱多年前已改為「榮譽童軍」）稱號的成員會面。即使到了 1996 年底，彭定康最後一次出席大會操時，英國國歌仍然是活動的必備環節，當天的「女皇童軍」人數更創了自 1971 年以來的新高，顯示青少年「趕尾班車」的心態。

表面看來，童軍似乎與香港社會一樣「順利過渡」，在主權回歸中國後一切如常，開始體驗「五十年不變」的政策。在 1997 年 11 月，特區行政長官董建華首次以總領袖身份出席大會操。1998 年，亞太區童軍會議在香港童軍中心舉行，特首為會議主持開幕，香港郵政更為是次盛會發行了一套四枚的紀念郵票，是為香港特區的首套童軍郵票。本地童軍看來已成功轉型為中國香港特別行政區官方認可的青少年運動。

1999 年，第十九屆世界大露營香港代表團在禮賓府（即前港督府）參加授旗禮，從董特首手裡取得特區區旗，第一次把區旗帶進每四年一度的世界大露營。12 月，董建華出席「跨世紀大露營」，與眾多青少年見面，鼓勵他們「緊記童軍服務人群的精神，並承諾在新的世紀裡，繼續自我改進，為社會做出更多承擔」。[35]

特區政府延續英治時代的傳統，每年舉行禮賓府開放日，邀請市民參觀這座漂亮的歷史建築物和欣賞一朵朵盛開的杜鵑花。在 2000 年 3 月的開放日，入場的市民可以同時欣賞童軍總會樂隊的悅耳音

---

34. The POR, 1987, 2.
35.《香港童軍總會年報》，1999-2000，6。

1997 年大會操董建華與幼童軍會面 (HKSA)

樂，一飽耳福。2001 年 11 月，董建華再次出席大會操，與青少年一起慶祝本港童軍運動的九十周年紀念。

與回歸前一樣，當特首離港或另有公務在身時，他通常會安排政務司長等代為出席重要的童軍活動。1999 年，政務司長陳方安生曾代表特首主持大會操；而曾蔭權則在 2003 和 2004 年以同樣身份出席此活動。曾蔭權繼任特首後，本港童軍繼續擴展。2007 年是世界運動一百周年紀念，香港郵政發行了回歸後第二套童軍郵票，

1998 年香港特區發行的首套童軍郵票

加入多國的慶祝活動。特首每年發表施政報告，2009-10 年度施政報告的宣傳單張封面只有一張照片，顯示一堆笑容滿面的童軍包圍著正在微笑的曾蔭權。雖然後者當司長時曾出席過大會操，在成為特首後，不知是否其他公務繁忙，七年多來不曾出席任何童軍活動，包括有過萬青少年參加的大會操。在 2012 年 6 月卸任後，他亦成為本

港運動百年來唯一不曾以總領袖身份參加童軍活動的港督或特首。[36]

　　梁振英上任後有出席 2012、2013、2014、2015 和 2016 年底的大會操，更經常穿著整齊的童軍制服。在 2014 年的大會操時，他表示政府對青少年制服團體的撥款已「增加一倍」，並聲稱看到「大家在升旗禮時的神態，令作為大家的總領袖的我，感到十分自豪」。[37]林鄭月娥於 2017 年 7 月就任，亦有出席 2017 和 2018 年的大會操。於 2018 年 11 月，她當天需要往上海公幹，但「非常希望能親自參與今天的活動，因此特意在前往機場前來到會場，見證各位努力得來的成果，並為大家打氣」，因為她認為運動是「特區政府推動青年發展的堅實夥伴」。[38]

　　回歸後，新的香港童軍章以特區區旗和區徽裡的洋紫荊 (Bauhinia blakeana) 代替殖民地時代本港紋章上的盾牌。正如香港人類學家蕭鳳霞 (Helen Siu) 所說，市花洋紫荊是名副其實及頗具代表性的「香港標誌」，

> 不僅因為它春天盛開洋紅色的花朵，更因為它是一種雜交植物⋯⋯這種樹木不能自我繁殖，它的繼續存在歸功於一個人工培養的過程：切割，分層和嫁接。

　　換句話說，洋紫荊可以象徵從不同年代裡移民至此，在這個城市聚居和成長的香港居民，因為「這裡沒有人可以聲稱自己根深蒂固」，他們的生存與繁榮並非必然，需要依賴一個人為的良好環境。[39]

　　同時，榮譽童軍獎章的設計以兩把火炬代替英女皇皇冠，

36. 施政報告單張上曾蔭權與童軍的照片並非攝於任何童軍活動，而是特首出席《青年獎勵計劃》(即回歸前的愛丁堡公爵獎勵計劃)頒獎禮時與童軍獲獎者的合照。
37.《香港童軍》，2012 年 11 月，2-3；2014 年 11 月，2。
38.《香港童軍》，2018 年 12 月，3。

回歸後的香港榮譽童軍章

左：2012 年梁振英出席大會操 (SAHK)
右：2017 年林鄭月娥出席大會操 (SAHK)

"Queen's Scout" 亦更名為 "SAR Scout"（香港特區童軍）；在 2008 年，英文名稱再改為 "Dragon Scout"（龍童軍），較符合中國文化傳統，有「龍的傳人」之意，涵義比「香港特區童軍」廣闊。

根據總會憲法與規條，香港運動的最高權力機構是會務委員會。由於該委員會通常每年只開一次會，它的責任主要轉授由高級總監和資深會友委員組成的執行委員會。總會與當局關係密切，而且政府每年撥款資助，所以多年來政府部門如民政事務局、教育局及社會福利署均會派代表以觀察員身份參加執委會會議，但不參與投票。在 1990 年代末，新華通訊社香港分社亦開始派代表以觀察員身份參加該會議。2000 年，中央人民政府駐香港特別行政區聯絡辦公室（簡稱中聯辦）正式成立，其代表也繼續出席此會議。

雖然在回歸前，童軍大會操經常會在港督進場後奏英國國歌和升英國旗，1997 年回歸後的大會操沒有升旗禮，而接下兩年的大會操

39. Fan (2019), 49. 原文："'The bauhinia is Hong Kong's emblem,' she [Helen Siu] told me—not only because of the magnificence of its magenta blossoms in the spring but because it is a hybrid...The tree is not capable of propagating itself, and owes its continued existence to a process of cultivation: cutting, layering, and grafting... 'No one here could ever claim very deep roots.'"

亦只升了童軍旗。在 2000 年的大會操裡，總會開始升特區區旗和奏中國國歌，但此做法只維持了兩年，2002 和 2003 年的大會操再度取消，反映總會高層對此事仍然猶豫不決。

在 2001 年 1 月，即回歸三年半後，香港修改童軍誓詞，期以促進青少年對國家的認同。中文誓詞第二句「對神明，對本土，盡責任」被改為「對神明，對國家，盡責任」。與此同時，英文誓詞也由 "To do my duty to God and to the Territory" 被改為 "To do my duty to God and to my country"。幼童軍誓詞裡這一句與童軍一樣，亦作出同樣的修改。小童軍的誓詞很簡單，只有兩句，原來是「我願參加小童軍，愛神愛人愛香港」，修改後變成「我願參加小童軍，愛神愛人愛國家」。由於世界上大部分國家的童軍誓詞均採用「國家」兩字，這些修改基本上使本港誓詞更加接近世界運動通用之版本。

在 2004 年 2 月，總會首次與深圳市青年聯合會和中國少年先鋒隊全國工作委員會（簡稱「少工委」）合辦「攜手邁進 2004」交流營，數百名香港童軍和深圳青少年在寒冷的天氣（「十年來最冷的春節」）裡在深圳觀瀾湖一帶露營。雖然不少內地營友都比較年輕而且沒有露營經驗，他們很快地投入以五嶽為名的分營營地建設和參與各種戶外活動、遊戲和營火會等，兩地青少年一同度過一個愉快、獨特和有意義的春節。一位來自深圳的少年人對營內的童軍有這樣的評語：

> 我覺得香港的童子軍真是好樣的……吃早飯排隊時，突然響起了國歌，來自香港的同學〔童軍〕立即轉向國旗，迅速脫下帽子，樣子十分嚴肅……雖然只是升一次國旗，可是我們內地又有多少學生能夠做到呢？[40]

40.《深圳晚報》，2004 年 2 月 8 日。

這只是一個孩子的意見，但也可以間接闡明童軍訓練對培養青少年人國民身份認同的價值。這孩子可能不知道，原來運動中人一向尊重團旗、國旗和國歌，在升團旗、國旗或奏國歌時經常肅立敬禮，這是他們從小已養成了的習慣。在國際性的童軍露營或聚會時，童軍也會在別人升旗時肅立，自發地表達出自內心的尊重，因為他們認為這是基本禮貌，亦體現出第七條規律「童軍自重又重人」的精神。

在 2004 年 11 月大會操時，主禮人財政司長唐英年進場後，童軍樂隊演奏《義勇軍進行曲》，中華人民共和國國旗徐徐升起，司儀同時呼籲在場的兩萬名童軍一起唱國歌。根據在場領袖的觀察，出席聚會的童軍只有部分人參與，顯示港人普遍仍未習慣唱國歌。但無論如何，自那次起，國旗與國歌就一直都會在每年的大會操上出現，再次成為此周年活動的必備節目。

在殖民地時代很少港人會在播放《神佑女皇》時跟著唱，回歸後亦沒有太多港人會在演奏《義勇軍進行曲》時合唱。更甚的是，年輕時每逢《神佑女皇》的旋律響起時，不少人會唱起「惡搞」的粵語版本「個個揸住個兜……」，然後大笑一場。政治與亞洲研究學者安德森 (B. Anderson) 說世界多數人在唱自己的國歌時會有一種「共時性經驗」(an experience of simultaneity)，體現出「想像中的社群 / 共同體」(imagined community)。[41] 看來很多港人尚未與中國國歌建立這種情感聯繫，和以前並未對英國國歌產生感情類似。

2007 年 7 月，履新兩天後的民政事務局局長曾德成蒞臨童軍中心，代表特區政府授旗與第二十一屆世界大露營的香港代表團。在致詞時，曾局長告訴大家他在 1960 年代曾是港島第 10 旅（聖保羅書院）的童子軍，說回想當年宣誓時並不清楚童子軍誓詞裡的「國家」是代表哪一個國家，並聲稱很高興在香港回歸後，誓詞裡的「國家」已毫無疑問地是指中國。[42]

41. Anderson (1991), 145.
42. Kua (2007), 13.

2010 年大會操由升旗比賽優勝者負責升旗 (SAHK)

　　第五屆東亞運動會於 2009 年在香港舉行，兩千多名來自多國的運動員齊集本港，競逐二十二個項目的獎牌。總會儀仗隊及步操教練隊的成員無私地貢獻課餘和工餘時間，參加嚴格的訓練，為大會多數項目擔當升旗手，專業地替優勝者升國旗或區旗，再次體現運動服務社會的精神。

　　在 2010 年 11 月的大會操，負責升國旗、特區旗和童軍旗的分別是首屆全港性童軍青少年成員升旗比賽的冠、亞、季軍，而童軍樂隊和童軍合唱團則負責領唱，希望可以帶動眾多在場的童軍們同唱國歌。全港性之青少年成員升旗比賽亦成為新的傳統，在接下來的年度裡，包括最近的 2015、2016 及 2017 年等，經常在大會操前舉行。在 2017 年底大會操後，總會照往年慣例假九龍灣國際展貿中心舉行聯歡

晚會，「席間，大會頒發了 2017 年香港童軍大會操步操比賽及升旗比賽獎項」。這活動亦伸延至各地域，新界地域在 2018 年大會操前舉行了區域旅團比賽，活動共有步操、升旗、團呼及快樂傘四個環節。[43]

世界各地的童軍誓詞大多有對國家盡責任的承諾，因此很多國家（包括英國、美國、澳洲、加拿大、新加坡、韓國和日本等）的童軍經常順理成章地在制服上佩戴繡有本國國旗的布章。相反地，雖然參與國際童軍活動的香港代表團通常會獲准攜帶特區區旗，政府不會容許他們攜帶國旗，亦不會容許團員佩戴繡有國旗甚至區旗的布章。如代表團渴望佩戴香港或中國的標誌，他們只能採用所謂「香港品牌」或飛龍設計。在 2011 年往瑞典參加世界大露營的香港代表團就曾向政府申請使用區旗布章而不獲准，只能在團章和團巾上繡上飛龍設計。

應否跟其他很多國家看齊而容許青少年在童軍制服上佩戴區旗或國旗，是個值得思考的問題。社會和人類學家羅畢拉 (J. Llobera) 宣稱「國旗是民族感情特別貼題之載體」。[44] 如此說屬實，不容許本港青少年在適當的活動裡使用國旗甚至區旗，可能會削弱他們對香港或中國的認同，相信這並非當局想看到的。

與內地青少年頻密的交流是「再國家化」的一種更實質性的重要體現。即使在回歸前，本港童軍已與內地有些小型的交流和互訪。早在 1990 年 8 月，六十名香港童軍就曾與七十名來自廣東的少年先鋒隊員舉行過聯合露營。回歸後，在 1997 年夏天，有些童軍去福建與當地青少年露營。在 2000 年，幾位領袖參加了在北京舉行的少先隊全國會議。同年，四十名童軍參加由總會主辦的「中華歷史文化教育交流團」，穿著童軍制服遊覽萬里長城等。

總會於 2001 年成立內地聯絡辦公室，專職負責鼓勵和協調童軍參與各種內地青少年交流活動。同年暑假，一百七十位來自陝西的少

---

43. 《香港童軍》，2017 年 12 月，12；2018 年 11 月，8。
44. Llobera (2004), 36. 原文：" ...flags are particularly relevant carriers of national sentiments."

先隊員和本地童軍一起露營。次年，大批童軍參加了首屆「同心同根萬里行」，訪問北京並與內地青少年交流互訪。內聯辦多年來一直協調很多國內交流和服務項目，原屬童軍總會國際署，後來更分拆出來，成為一個獨立的單位。

　　隨後幾年，香港童軍各級單位與內地很多省市的青少年組織共同舉辦了多項活動，童軍的足跡遍佈全國。近年來，總會更曾安排不少針對偏遠省份包括新疆、甘肅、吉林、青海、內蒙古等的交流或服務活動。在 2007 年，一千多名本港童軍參加了三十多個內地交流之旅，八百位內地青少年則參與了十四次香港回訪活動。在 2010 年，超過一千五百名童軍去過中國多個省份，與當地青少年共同活動。在許多交流和服務項目中，中聯辦代表在協調及諮詢方面均發揮了關鍵作用。

　　貴州省台江縣施洞鎮巴拉河村與鄰近市鎮的交通一向只靠一條簡單的木橋連接，十分不方便。透過省扶貧辦牽線，總會青少年活動委員會主席李逢樂決定慷慨捐助，以童軍名義出資搭建大橋。於 2008 年，二十幾位童軍實地與苗族青少年和其他村民交流。在 2012 年，「香港童軍百周年巴拉河大橋」終於完成，可通人車，為香港童軍與巴拉河兩岸的同胞建成一條友誼之橋。翌年 3 月，總會更趁參加大橋竣工禮之便，派出由樂行童軍和領袖等組成的團隊，舉行「貴州苗族服務探索之旅」。[45]

　　2008 年 5 月 12 日，四川省汶川發生八級大地震，其波及範圍之廣、破壞程度之烈、受災人數之眾，乃建國以來自然災害之最。在是次地震中，七萬人遇難，幾十萬人受傷，省內 40% 的青少年宮及活動中心遭受嚴重破壞，很多被迫停止教學培訓。經過幾次考察後，香港童軍本著「不要問國家可以為你做甚麼，問你可以為國家做甚麼」的精神，提出協助重建綿陽市和德陽市青少年活動設施和推行災區

香港童軍首屆四川交流紀念章

45.《香港童軍》，2008 年 5 月，18-19；2013 年 6 月，6。

1

2

1. 「香港童軍百周年巴拉河大橋」(SAHK)
2. 2012 年香港童軍攝於重建後的綿陽市青少年活動中心 ( 左 ) 及重建後的德陽市青少年宮 ( 右 )(SAHK)

四川交流服務 (SAHK)

青少年培訓計劃的建議。總會成立「四川災區重建基金」，向成員募捐，呼籲大家參與多項活動，「聚沙成塔，眾志成城」。後重建計劃更獲政府「支援四川地震災區重建工作信託基金」撥款資助，兩項計劃共獲批出 3,800 餘萬港元。除興建設施以外，計劃在五年內為約十萬青少年提供各種培訓和服務。[46]

當活動中心仍在重建時，總會已開始組織試驗性交流和服務，足跡遍佈四川。2012-13 年度「與四川省合作重建的德陽市青少年宮和綿陽市青少年活動中心已相繼落成」，而總會「為期 5 年的『四川青少年素質訓練計劃』亦正式在四川全面開展」。三年後，工作重點轉為培訓當地志願者，期望童軍「淡出後四川災區的訓練計劃可以持續發展」。計劃在 2017 年初「圓滿完成」，兩市參與訓練的青少年和兒童共「約 17 萬人次」。[47]

在是項重建和長期訓練計劃，內地的合作夥伴是四川省和綿

46. "Reconstruction in Sichuan," Jul, 2009, *HKSA*；《香港童軍》，2008 年 5 月，1。

47.《香港童軍總會 2012-13 年報》，3；《香港童軍總會 2014-15 年報》，3；《香港童軍總會 2016-16 年報》，3。

48. Jordan (c1998), 76. 原文：(Russian) Young Pioneers as "less acceptable versions--except in their own countries--of the themes embraced and advanced by Robert Baden-Powell."

49. Riordan (1988), 51-2.

陽及德陽市的青年聯合會，而該組
織一向與有關省市的共青團、少先
隊和青少年宮關係密切。這是正常
的，因為在內地與香港童軍比較「對
口」的青少年組織可以說是源自前蘇
聯的中國少先隊。教育心理學家左單
(Jordan) 曾聲稱少先隊同樣「擁抱和鼓
吹貝登堡之主旨」，是童軍（除了在少

1930 年代的蘇聯少先隊

先隊流行的國度裡）「較不為人接受的版本」。[48] 在 1910 至 1920 年代
初，俄國共產黨曾與童軍合作。蘇聯於 1922 年成立後，當局才仿照運
動創辦充滿共產主義意識形態的少先隊，但保留童軍的座右銘 "Будь
готов"（"Bud' gotov"，準備）。[49] 哲學家羅素 (Bertrand Russell) 形容蘇聯
的少先隊為捍衛「工人階級福祉」和「列寧教義」的「童子軍複本」。[50]

　　1927 年宋慶齡在莫斯科時曾參觀當地的共青團和少先隊，決定回
國後「首要任務之一將是啟動類似的偉大運動」。[51] 美國作家、記者
兼「中國人民的朋友」斯諾 (Edgar Snow) 在 1930 年代中期前往陝北
的蘇維埃區時，曾目睹很多少先隊員在當地所起的積極作用，相當感
動。[52] 時至今日，作為中國官方認可的青少年組織，少先隊仍有很多
童軍的特徵，包括小隊制度、領巾、自己的敬禮、獨特的誓詞、入隊
儀式和「時刻準備著」的口號等。少先隊裡的政治及黨派影響很大：
隊員一律佩戴共產黨的紅色領巾；誓詞首先要求成員「熱愛中國共產
黨」，然後才到「熱愛祖國」和「熱愛人民」；口號「時刻準備著」是
回應「為共產主義事業而奮鬥」的號召；隊歌的第一句和最後一句都
是「我們是共產主義接班人」；而少先隊一向都是由共青團領導的。[53]

　　雖然少先隊保留了不少童軍特色，該運動與香港、英國，以至世
界童軍運動仍有一些基本上的分別。世界童軍運動組織發表過一份

50. Russell (1932), 116-7. 原文：" A copy of the Boy Scouts"
　　committed to defend "the cause of the working class" and "the
　　covenants of Lenin."
51. Soong (1953), 24.
52. Snow (1937), 341.
53. 誓詞全文為「我在隊旗下宣誓：我熱愛中國共產黨，熱愛祖
　　國，熱愛人民，好好學習，好好鍛練，準備著為共產主義事
　　業貢獻力量」。

叫做《童軍運動的特質》(*Essential Characteristics of Scouting*) 的官方文件，對運動的主要特徵及其使命作簡明而全面的介紹。這份文件清楚說明童軍是「一個為年輕人而設、自願參與、對所有人開放、不涉政治、獨立性的運動」("A movement for young people, voluntary, open to all, non-political, independent")，並對每一句話作出詳細闡述。文件更指出對年輕人來說，運動的價值觀主要是透過誓詞及規律體現，大致可分三方面，即「對神明、對他人（包括家庭、社區、國家、世界和大自然），對自己盡責任」("Duty to God, Duty to Others, Duty to Self")。[54]

世界各地的童軍總會憲章、誓詞及規律裡通常會有類似規條，表明它並非一個政治組織，堅持不涉及政治。英國總會 1933、1959、1970 及 1985 年的「天書」《政策、組織及規條》均一致表明這立場：

> The Boy Scouts Association/The Scout Movement is not connected with any political body. Members of the Association, in uniform, or acting as representatives of the Movement, must not take part in (any party) political meetings or activities.[55]

同樣地，香港總會脫英獨立後的《政策、組織及規條》裡亦一直保留此原則。現行的中文版本裡的通用規條 6.2「政治活動」的說法基本上是上述政策的翻譯：

> 童軍運動不與任何政治團體聯繫。童軍成員在

54.《童軍運動的特質》( 香港：香港童軍總會，2009 )；*Essential Characteristics of Scouting* (Geneva: World Scout Bureau, 1998).
55. *The POR*, 1933, 6; 1959, 7; 1970, 11; 1985, 94.

身穿童軍制服時、或以成員身份，均不可參與
任何政治團體集會或活動。[56]


　　到現在為止，與聯合國、國際奧委會和其他國際機構不同，中國
並沒有加入世界童軍運動組織。後者的成員只有臺灣、香港和澳門的
童軍總會，還未出現所謂「一個中國」、「兩個中國」或「一個中國，
幾個成員」之類的棘手問題。但是，假如有一天中國想加入世界童軍
運動組織，雙方就無法避免地需要解決少先隊運動和童子軍運動這些
原則上的分歧。

　　儘管國際童軍運動一向堅持無政治色彩的原則，在很多國家裡，
作為當地最大規模的青少年組織，它與政府會經常維持密切聯繫。
多數前殖民地童軍運動在國家獨立後都需要經歷「去殖民地化」(de-
colonization) 或「再國家化」(re-nationalization) 的過程，調整與新興
統治階層的關係。肯雅是個好例子：在獨立後肯雅塔 (Kenyatta) 成為
總理以至總統，當地童軍亦需要改變立場，「從譴責他為茂茂 (Mau
Mau)[ 起義 ] 背後的邪惡力量改為懇求他擔任童軍總領袖一職」。[57]

　　無論是在愛爾蘭、英屬印度、荷屬東印度群島（即印尼的舊
稱）、法屬印度支那（即越南的舊稱）和阿爾及利亞等地，各國的童
軍歷史有不少先例，證實在前殖民地走向獨立時，當地的童軍大多傾
向於本土民族主義，不少更會直接參與革命，協助推翻殖民統治。[58]
由於運動與新興統治階層的夥伴關係，這些國家獨立後，本地童軍的
再國家化亦相對比較容易。

　　雖然大部分英屬殖民地均在二次大戰後紛紛獨立，但香港的政治
和社會背景獨特，不可能獨立，要遲至 1997 年才透過中英雙方高層
的談判脫離英國統治，成為中國境內「高度自治」的「特別行政區」。


56.《政策、組織及規條》，2019，6.2.
57. Parsons (2004), 238.
58. Kua (2011),81-83, 263-264; Semedi (2011).

換句話說，港英政府並非被港人經革命而推翻，本地童軍當然也未曾參與任何革命。

香港主權回歸並非由史秉賀的所謂殖民地、宗主國和國際間的三大類因素推動。[59]「宗主國」英國並不想放棄香港：在 1982 年，她不惜為小小的福克蘭島與阿根廷開戰以保存管治權，她明顯亦希望透過與中國談判繼續管治香港。回歸也不是國際壓力的結果：美國及其他大國並不熱衷於迫使英國放棄香港。最後，殖民地本身亦不期望結束港英統治：多數港人不見得會積極爭取香港回歸中國。香港「去殖化」的原因很特別，只有一個：中國希望收回香港，而英國跟香港都無法拒絕。事實上，由於中國堅持只與英國談判，港人當年根本完全不能過問此事。不過英國的談判能力也相當有限，因為「如果中國選擇以武力奪回香港，英國根本無力與之抗爭」。[60]

但是，正如 2019 年《紐約人》雜誌裡一篇談論香港近況的文章所說，中港兩方在此事上的心態有點不同：對中國來說，「九七」回歸代表香港「同胞」從英國殖民者手裡再回到「祖國母親的懷抱裡」；可惜，對很多港人來說，「失散多年的親人團聚後，卻只發現他們之間幾乎沒有共同之處」。[61] 基於上述獨特的情況，回歸後港人的意識形態較複雜，可能抗拒「在政治上認同中國大陸」，珍惜在殖民地時代社會、經濟、宗教、文化和法治等方面所取得的成果，在回歸後有一種「政治和文化位移」(political and cultural displacement) 及失落感，自然而然會重新思考及磋商未來香港社會的定位和港人的角色。[62]

為確保香港和澳門平穩過渡，鄧小平提出兩地回歸後享有「五十年不變」的政策。但儘管有這項政策，由於與內地文化、政治、經濟、歷史和社會有很多不同，回歸後的香港多年來實踐前所未有的所謂「一國兩制」的統治模式，期間有很多試驗、妥協、磨合、掙扎甚至鬥爭，並非完全順利。

59. Springhall (2001), 2-17.
60. Springhall (2001), 192.
61. Fan (2019), 49. 原文："born of the same womb;" "return 'to the bosom of the motherland;' " "The long-lost relatives have been reunited only to find that they have little in common."
62. But (1999), 6-7.

香港特區的公民教育確有與眾不同的要求。多數前殖民地在「去殖化」後會建立獨立的民主國家；但香港卻在回歸社會主義中國的同時，維持所謂「高度自治」的資本主義生活方式。難怪社會教育學家謝均才指出香港的公民運動可以被視為「殖民政府的照顧、中國政府的馴化、民間社會對賦予權力的追求三者間之複雜互動」。[63]

同樣地，1997年後本港童軍的再國家化很大程度上亦反映了香港社會的情況，與其他地方較早去殖化的童軍運動不同。傳統上，童軍與學校都可以說是當局用於促進「維持現狀」（"to preserve status quo"）的組織。[64] 但對可能亟需轉型的特區來說，一個促進「維持現狀」的運動不一定十分合適。換句話說，童軍能否在「一國兩制」的框框下，為「資本主義、社會主義及愛國主義的和諧糅合」發揮一定的轉型作用呢？[65]

國家主席胡錦濤在2007年曾提醒特區需要「重視對青少年進行國民教育」，不久之後本港的施政報告也再重申「特區政府會不遺餘力推行國民教育」。[66] 國民教育的目的是希望引導青少年認識中國，愛國和以中國人的身份為榮。童軍運動裡「對國家盡責任」的承諾其實亦包含愛國主義。早在運動剛起步不久時，英國社會上就有一些人要求加強在學校裡的愛國教育，當時他們希望得到B-P的支持。貝氏在1916年的一封信裡是這樣回答的：

> 我完全同意此想法，條件是愛國主義教育必須堅持是教育（education）而不僅僅是指導（instruction），並且也不能只是一個政黨或一個階級針對另一方的政治手腕。

63. Tse, in Ku et al (2004), 55. 原文：" a complicated interplay of patronage by the colonial government, domestication by the Chinese government and the quest for empowerment by the local civil society."

64. Postiglione (1991), 4.

65. *Ibid*. 原文："...harmonize capitalism, socialism and patriotism within 'one country, two system's arrangement.'"

66. 國民教育專題小組 (2008)，4-5。

上：2010 年香港童軍參與國內交流時攝於北京 (SAHK)
下：2015 年香港童軍參加二十三屆世界大露營 (SAHK)

接著他確認「童子軍運動的一個目標是促進愛國主義，它是通過教育而不是指導來完成的」。貝登堡認同「愛國主義是公民身份之品格形成 (character forming) 中最有價值的項目之一」，但他特別聲明「品格」才是最重要的。[67]

《中英聯合聲明》簽署後，本港政治前景雖然明朗化，社會的去殖化過程有時卻會顯得猶豫不決；童軍運動不外是當地社會的一個組成部分，經常體現社會實況，其轉變過程亦不能例外。到了 2010 年代，童軍慶祝了始創百年後，運動裡的公民教育，像本港社會裡的公民教育一樣，仍然無可厚非地徘徊在摸索反省的階段；運動的「再國家化」亦只是反映社會持份者之不同看法的折衷妥協。雖然回歸多年，本地童軍似乎仍在尋找其在香港、中國內地和世界裡的定位。

平心而論，1990 年代以來，香港童軍於「再國家化」這事上下了不少功夫，可以說是走在大多數香港學校裡國民教育的前面，促進成員們認同國家和「愛國」，無愧於運動「對國家盡責任」的承諾。無論是在徽章制度、組織架構、誓詞規則、國旗國歌、交流服務和救災扶貧等，這些年間童軍均取得不錯的成績。上述很多事情看起來比較表面化，只牽涉意識形態，但亦有不少事情是需要投入大量人力物力，一點也不能取巧的。

最明顯的例子是近年來總會、五個地域、多個童軍區和旅團數以萬計的成員曾參與過的交流項目，包括多個省市的交流活動、偏遠地區的服務探訪、多屆往北京的「同心同根萬里行」、德陽市青少年宮和綿陽市青少年活動中心的重建、為期五年並服務了十七萬人次的「四川青少年素質訓練計劃」，以及在本港大小童軍活動裡接待內地青少年同胞等。透過上述的種種行動，本港童軍們雖然仍然年輕，但已經不再僅僅是馬素所說的「正在成型的公民」(citizens-in-the-making)，而是妙詩 (Sarah Mills) 所說的「被賦予一套獨特責任」之「活

---

67. B-P to T. C. Fry, Mar. 8, 1916, Founders Papers, Patriotism, 1916-1931, GA/SAHS. 原文：“...of the need of improved teaching of patriotism in the schools ⋯ I am fully in sympathy with the idea provided that education in patriotism is insisted upon and not mere instruction; also provided that it is not a political step of one party or class against another.”

躍的公民」(active citizens)。[68]

不過，到底本港童軍運動的「再國家化」措施做得是否足夠則見仁見智，很大程度上要看評論者是拿甚麼尺來量度。假如用少先隊來做標準的話，那當然很多人會同意香港童軍的「再國家化」顯然還不夠深入和徹底。長遠來說，這可能是一個不可避免的問題。在龐大的中國少先隊運動的影子下，人數微不足道的香港童軍運動在這五十年裡或五十年後將會如何演變呢？與此同時，中國少先隊運動以至中國社會又會有甚麼改變呢？將來會否有一天，本港童軍「對國家盡責任」的標準不再是世界童軍運動現有的原則，而是另外一套新的原則呢？很明顯地，這些問題的答案將會左右香港童軍運動長期的發展。

在近幾十年來，童軍運動在很多地方都面對成員人數下降的挑戰。英國童軍成員總數在 1989 年高達 677,000 人，但在 2011 年卻只有 507,206 人。在 1990 年加拿大有二十萬名成員，但在 2010 年她卻只有十萬人左右。美國運動的青少年成員在 1970 年高達四百七十萬，但在 2011 年卻僅是二百八十萬。日本童軍總人數從 1984 年的 326,000 人跌到 2008 年的 167,000 人。新加坡童軍總成員在 1986 年時是 13,381 人，在 2010 年卻只有 10,351 人。[69]

相反地，由於各種原因，雖然本港適齡人口持續下降，香港童軍運動在近幾十年來仍有健康的成長。在 1980 和 1990 年，本港運動分別有 40,275 名和 56,347 名總成員；到了 2000、2010 和 2017 年，這些數字已經增加至 74,147、95,494 和 100,829。[70]

在二次大戰後至回歸祖國後的年代裡，運動經歷了去國家化、殖民地化、本地化以至再國家化的過程，固然面對不少挑戰，但大體上仍然可以與時並進，保持一定的吸引力，甚至於近年在成員總數和人口滲透率都錄得可觀的增長。

但是後殖民地時代的童軍運動歷史只不過是回歸後香港歷史的很

---

68. Marshall (1950), 25; Mills (2012), 121.
69. Kua (2011), 382-383.
70. Census reports, Scout Association of Hong Kong,1980, 1990, 2000, 2010, 2017, *HKSA*.

小部分，不可能脫離後者而獨立發展。童軍應如何回應香港在中國裡的新地位？後殖民時代的本港社會中童軍應扮演甚麼角色？運動能在過渡階段的五十年內為本港青少年國民教育做些甚麼？童軍的公民培訓應如何進行？童軍的國家化措施是否足夠？是否仍太殖民地化，不能追上銳變的社會需求？相反地，是否已過於政治化，無視運動多年來黨派及政治中立之立場？特首有否像殖民地時代的港督一樣，以總領袖身份主導運動中具戰略性的轉變，配合社會需要？童軍和少先隊之間的關係將如何發展？本故事嘗試從童軍運動的角度去解答一小部分上述的問題。但事實上，要完全解答這些問題現在仍言之尚早。因為雖然香港已回歸了二十多年，這些問題的廣義版本仍無法在本港社會裡完全獲得共識，仍有待解決。

# 後記

童軍運動來港，可上溯至一次大戰前，聖安德烈堂及聖若瑟書院之童軍訓練。多年來本港童運幾經波折，終成氣候。根據世界童軍運動組織 2016 年左右的最新數據，在 164 個成員國／地區裡，香港童軍人數排名二十三，總人口滲透率更在十名以內。香港童運的健康發展不易解釋：本港人口不多，在成員裡只排名九十以外；而且一直在老化，十五歲以下的比率在 1971、1991 和 2011 年分別為 36%、21% 和 12%，近年來不到世界平均的一半。但她的童軍人口滲透率比亞洲已發展的日本、南韓、臺灣、馬來西亞和新加坡等都高，甚至已超越運動早已普及之英國、美國、加拿大或澳洲等。除日本外，這些國家的人口年齡中位數都比香港低。[1]

本書根據原始資料及參考書籍研究香港童運歷史，除敘述百年來運動大事外，亦嘗試審視其社會、政治和文化背景，討論中國和英國對運動的影響，分析社會各界支持童軍公民教育背後的動機，以及探討運動持續擴展背後的可能原因。簡而言之，一百多年來，「種族」、「階級」、「性別」和「年齡」四個考慮在不同時期界定了那些本港青少年人可以參與；而「軍事訓練」、「宗教培養」、「全人教育」及「政治管治」四個動機則推動了當局和社會對運動的支持。在 1910 年，香港童軍只是個專門為少數英裔男孩而設的新興活動；到 2010 年，香港童軍已是個歡迎所有不同種族的男女青少年及兒童之普及運動。這些年來，本港童運不斷演變，她的公民教育內容亦持續反映本港社會的訴求和中英兩國的影響。

愛國主義是童軍公民教育的關鍵部分，而香港曾是被從中國分割出來之英屬地。在討論公民教育時羅芬 (A. Raffin) 認為我們需要區分「小家園」(petit pays, small homeland，即殖民地本身) 和「大家園」(grand pays, big homeland，即殖民地原屬國家或成為殖民地後的宗主國) 兩個概念。[2] 在不同年代和對不同港人來說，愛國主義可以是指對香港、對中國以至對英國的認同和擁戴。香港童軍多年來中英文誓詞的不同版本正是童軍運動以至本港社會的「小家園」或「大家園」愛國主義之明顯體現。

今天中國是世界上人口最多的國家，許多專家推測她很快會是世界上最強大和最富裕的國家。李光耀曾指出「港人希望透過更多民主來保護其舒適及繁榮的生活方式，中國領導人期望有一個有作為而無麻煩的香港，兩者之間確實有廣而深之差距」；質疑後殖民時代的香港能否「學習與中國官員合作並了解他們不同的……制度與思維」，同時保留「在港英時期使她成為中國和世界間不可或缺之中介的特色」。[3] 香港特區能否在未來的日子裡繼續維持「高度自治」，很大程度上取決於這個問題的答案。

童軍運動在香港的定位又如何呢？習近平主席在 2011 年曾指出有必要「增強港澳地區年輕人對國家的認同感、歸屬感和責任感」。[4] 多數港人會同意這個看法——回歸中國的香港的確有此需要。不少人亦可能會覺得童軍是促進「三感」的有效平台之一，但到底童軍運動以至香港社會的公民教育措施是否足夠則見仁見智。同年，教育當局多次強調需要加強「國民教育」，但《明報》回應的社論之副標題正好表達好些港人的矛盾情緒：「教與不教爭議不太大，如何教爭議不會小」。[5] 我們沒有可以看見將來的水晶球，不知道香港童軍是否會被邊緣化，甚至被中國少先隊吸納；又或者中國會否有童軍，甚至成為世界童軍運動組織的最大成員國。運動未來的趨勢要看香港作為中國特區的發展，但更要看中國政治和社會的走向。

1. WOSM 成員國人數來自 https://www.scout.org/node/9767 (accessed Jan 22, 2019)。
2. Raffin (2005), 6.
3. Lee (2000), 557.
4. 《信報》，2011 年 3 月 5 日。當時他為國家副主席兼中央港澳工作協調小組組長。
5. 《明報》，2011 年 5 月 9 日。

| | |
|---|---|
| 1910 | 聖安德烈堂成立基督少年軍，引進童軍訓練。 |
| 1912 | 貝登堡訪港並在港督府檢閱接受童軍訓練的少年軍。 |
| 1913 | 聖若瑟書院成立香港第一個童子軍團。 |
| 1914 | 山頂英童小學成立第一個小狼隊。 |
| 1915 | 本港舉行首次童軍聯合檢閱，香港童子軍總會成立。 |
| 1916 | 香港童子軍總會暫時解散。 |
| 1920 | 港督司徒拔重組童子軍總會。 |
| 1921 | 童子軍舉行戰後首次大會操，首批官校華人團成立。 |
| 1922 | 威爾斯親王檢閱華洋童子軍團；童軍參與大罷工緊急服務。 |
| 1923 | 首次童軍大型展覽；童軍參與天花疫症抗爭；松林砲臺營地啟用，第一屆威爾斯太子錦標賽。 |
| 1924 | 聖保羅書院、英華書院及南華體育會成立華人團，華德利帶同兩位華裔童軍參加帝國大露營。 |
| 1925 | 童軍參與大罷工緊急服務；位於港島的第一代總部啟用。 |
| 1926 | 港督金文泰採納與英文原文不同的中文誓詞，僑領羅旭龢成為總會會長。 |
| 1927 | 香港通過童子軍總會條例，第一個新界團成立。 |
| 1929 | 本港被劃分為香港與九龍（包括新界）兩個童軍區。 |
| 1930 | 柴灣營地啟用。 |
| 1933 | 港督貝璐在山頂別墅招待近五百名男女童軍。 |
| 1934 | 三位童軍參加墨爾本的泛太平洋大露營。 |
| 1935 | 近八百名童軍參加佐治五世登基二十五年聯合大會操。 |
| 1936 | 港督郝德傑首次出席童軍營火會。 |
| 1937 | 童軍舉行英皇佐治六世登基大會操。 |
| 1938 | 政府組成童子軍防空傳訊隊。 |
| 1939 | 港督羅富國於大會操時准許中英國旗並列。 |
| 1940 | 本港首次羅浮童軍大會，英裔童軍被疏散離港。 |
| 1941 | 成員超過一千五百人，新界成為獨立童軍區；B-P追思禮拜；大多數童軍參與香港保衛戰或童軍防空傳訊隊。 |
| 1941 \| 1945 | 日據時期政府全面取締童軍，兩個集中營裡童軍秘密集會，童軍參與本港及內地各種抗日活動。 |
| 1945 | 本港運動復甦，英國童軍國際援助服務隊到港服務。 |
| 1946 | 童軍戰後首次聖佐治日大會操，中英國旗依然並列。 |
| 1948 | 戰後首次太子錦標賽。 |
| 1949 | 港島新總部摩士小屋正式啟用。 |
| 1950 | 柯昭璋成為首位華人香港總監。 |
| 1951 | 香港派出韓志海及七位華裔童軍參加第七屆世界大露營。 |
| 1953 | 九龍與新界各自被劃分為兩個童軍區。 |

| 1954 | 九龍覺士道摩士大廈新總部正式啟用，總領袖羅華倫訪港。 |
|---|---|
| 1955 | 中文誓詞改為對「居留地」盡責任。 |
| 1956 | 「弱能」童子軍支部成立。 |
| 1957 | 金錢村童軍大露營，十二位童軍參加第九屆世界大露營。 |
| 1958 | 貝登堡夫人訪港。 |
| 1959 | 六十二位童子軍往菲律賓參加第十屆世界大露營。 |
| 1960 | 九龍飛鵝山基維爾童軍營地啟用。 |
| 1961 | 本港被劃分為香港、九龍與新界三個地方共十八個區；三千多位童子軍參加在九龍仔公園舉行的「金禧大露營」；英聯邦總領袖麥棋連訪港。 |
| 1962 | 貝登堡夫人再次訪港。 |
| 1963 | 八位童子軍往希臘參加第十一屆世界大露營。 |
| 1964 | 麥棋連再次訪港；總會在深水埗區組織工廠輔助團。 |
| 1965 | 元朗新界童軍訓練中心啟用。 |
| 1966 | 英國總會發表《未來動態調查委員會報告書》，建議推行「新制」；貝登堡夫人三次訪港。 |
| 1967 | 總會首份五年拓展計劃；本港逐步推行「新制」；總會為非童軍青少年舉行活動；各區成立混合見習領袖旅及服務旅；十二位童子軍往美國參加第十一屆世界大露營。 |
| 1968 | 本港被劃分為三個地域共二十四個區；總會成為遠東區童軍會議輔助會員；下花山營地啟用。 |
| 1969 | 「童軍知友社」成立；童軍參與第一屆「香港節」服務，「新制」中文誓詞改為「對本土」盡責任。 |
| 1970 | 香港總監盾幼童軍比賽首次舉行；英國總會開始與香港討論本港童軍運動獨立；政府收回柴灣營地。 |
| 1971 | 五千名童軍參加青山的「鑽禧大露營」；郵政署發行童軍鑽禧紀念郵票；本港主辦第五屆英聯邦童軍會議；一百位童軍往日本參加第十三屆世界大露營。 |
| 1972 | 第二個五年拓展計劃；童軍社區服務總隊成立；港島大潭營地啟用；三千名男女童軍參與「清潔香港運動」。 |
| 1973 | 總會《月刊》停版，《香港童軍》面世。 |
| 1974 | 總會通過決議向英國申請獨立，修改英文名稱，刪除「殖民地」字眼。 |
| 1975 | 利瑪竇書院成立「港島拓展團」，招收男女深資童軍；英聯邦總監羅保訪港；新界洞梓童軍中心啟用；六位童軍參加在挪威的第十四屆世界大露營。 |
| 1976 | 東九龍地域成立；幼童軍舉行鑽禧紀念度假營。 |
| 1977 | 世界童軍會議承認香港童軍總會為會員；《香港童軍總會條例》修訂草案生效；樂行支部恢復；銀禧區成立。 |
| 1978 | 深資童軍支部正式招收女性成員；港島灣仔鄧肇堅大廈啟用；香港主辦第十一屆亞太區童軍會議。 |
| 1979 | 香港運動於獨立後首次以正式會員身份出席第二十七屆世界童軍會議；貝登堡聯誼會舉行第一次會員大會。 |

| 1980 | 香港電台播出《小虎隊》電視連續片集。 |
|---|---|
| 1981 | 總會發表「八十年代的主要方針」文件；啟德難民營成立越南童軍團；特能童軍舉辦國際傷殘人士年活動。 |
| 1982 | 總會推行「天虹計劃」，試驗容許女性成為幼童軍和童軍，及開辦「草蜢仔」團；總會舉辦「世界童軍年」及運動七十五周年慶祝活動；香港國際露營；「大同地域」成立。 |
| 1983 | 白沙灣海上活動中心啟用；四十位男女童軍往加拿大參加第十五屆世界大露營。 |
| 1984 | 幼童軍支部正式招收女性成員；「草蜢仔」支部成立。 |
| 1985 | 「喱喀區」成立，童軍區遞增至三十七個。 |
| 1986 | 一萬多名童軍參加香港運動七十五周年大會操；五千二百名童軍參加西貢大埔仔的「鑽禧大露營」。 |
| 1987 | 新界葵涌部肇堅男女童軍中心啟用；三十名童軍參加在澳洲舉行的第十六屆世界大露營；總會舉辦第一次「模範童軍」選舉；大會操改於秋天舉行。 |
| 1989 | 港督會同行政局批出土地給總會興建新總部兼旅舍。 |
| 1991 | 八十周年大會操在港島維多利亞公園舉行；128 名童軍參加在韓國舉行的第十七屆世界大露營。 |
| 1994 | 總部遷往位於九龍柯士甸道的「香港童軍中心」。 |
| 1995 | 「童軍知友社」於總部成立延續教育中心；七十人參加由荷蘭主辦的第十八屆世界大露營；總會在四個本地營地／活動中心舉行世界大露營齊參與活動。 |
| 1996 | 總會組織八十五周年籌款活動。 |
| 1997 | 總會訓練署分拆為訓練署及青少年活動署；特區行政長官董建華首次以總領袖身份出席童軍大會操。 |
| 1998 | 第十九屆亞太區童軍會議在香港童軍中心舉行，香港郵政為是次盛會發行一套四枚紀念郵票。 |
| 1999 | 總會推出「優異旅團」計劃；三千多名童軍參加西貢灣仔半島的「跨世紀大露營」；三十九人參加由智利主辦的第十九屆世界大露營。 |
| 2000 | 總會通過《抱負》及《使命》文件；「新界東地域」成立；大會操首次升特區旗和奏中國國歌。 |
| 2001 | 三千一百人參與在西貢舉行的「九十周年紀念大露營」；誓詞改為「對國家，盡責任」；內聯辦成立。 |
| 2002 | 瑞典國王訪港及出席第四十五屆貝登堡會士聚會；羅定邦童軍中心啟用。 |
| 2003 | 143 名童軍參加在泰國舉行的第二十屆世界大露營。 |
| 2004 | 總會與深圳市青年聯合會和少工委合辦大型交流露營；大會操時首次升中華人民共和國國旗。 |
| 2005 | 本港成員總數首次超越十萬人。 |
| 2006 | 四千多名童軍參加西九龍的大都會大露營。 |
| 2007 | 香港派出創歷史新高的 669 人代表團參加英國的第二十一屆世界大露營；總會在西貢舉行同步大露營；香港郵政發行世界童軍運動一百周年紀念郵票；童軍領袖訓練學院成立。 |

| 2008 | 總會與城市大學管理學系完成策略與組織研究。 |
|------|------|
| 2009 | 總會儀仗隊及步操教練隊為第五屆東亞運動會負責升旗；總會重建四川地震災區青少年設施和推行青少年培訓計劃，獲政府撥款資助共 3,800 餘萬元。 |
| 2010 | 周年大會操參加者打破健力士「集體打旗號人數最多」的世界紀錄；五千多名童軍參加大嶼山的「百周年大露營」。 |
| 2011 | 總會舉行一系列百周年慶祝活動；五百多名童軍參加在瑞典舉行的第二十二屆世界大露營；支援四川災區計劃，其中德陽青少年宮完成重建。 |
| 2012 | 支援四川災區計劃，其中綿陽青少年活動中心完成重建；貴州省台江縣「香港童軍百周年巴拉河大橋」完成。 |
| 2013 | 總會承辦第一屆世界童軍教育會議。 |
| 2014 | 總會航空訓練中心投入服務。 |
| 2015 | 六百名童軍往日本參加第二十三屆世界大露營。 |
| 2016 | 五千五百人參與大嶼山的「105 周年紀念大露營」。 |
| 2017 | 五年「四川青少年素質訓練計劃」圓滿完成。 |
| 2018 | 樂行童軍慶祝百周年；香港空童軍慶祝五十周年。 |
| 2019 | 灣仔愛群道「香港童軍百周年紀念大樓」開幕；三百多名童軍往美國參加第二十四屆世界大露營。 |

**總領袖：**

| | |
|---|---|
| Sir Francis Henry May（梅含理） | 1915 - 1916 |
| Sir Reginald Edward Stubbs（司徒拔） | 1920 - 1925 |
| Sir Cecil Clementi（金文泰） | 1925 - 1930 |
| Sir William Peel（貝璐） | 1930 - 1935 |
| Sir Andrew Caldecott（郝德傑） | 1935 - 1937 |
| Sir Geoffrey Northcote（羅富國） | 1937 - 1941 |
| Sir Mark Aitchison Young（楊慕琦） | 1941 - 1947 |
| Sir Alexander Grantham（葛量洪） | 1947 -1957 |
| Sir Robert Brown Black（柏立基） | 1958 - 1964 |
| Sir David Clive Crosbie Trench（戴麟趾） | 1964 - 1971 |
| Sir Murray MacLehose（麥理浩） | 1971 - 1982 |
| Sir Edward Youde（尤德） | 1982 - 1986 |
| Sir David Wilson（衛奕信） | 1987 - 1992 |
| The Hon. Christopher Patten（彭定康） | 1992 -1997 |
| The Hon. Tung Chee Hwa（董建華） | 1997 - 2005 |
| The Hon. Sir Donald Tsang Yam-kuen（曾蔭權） | 2005 - 2012 |
| The Hon. Leung Chun-ying（梁振英） | 2012 - 2017 |
| The Hon. Mrs. Carrie Lam Cheng Yuet-ngor（林鄭月娥） | 2017 - |

**總會會長：**

| | |
|---|---|
| Lady May（梅含理夫人） | 1915 - 1916 |
| The Hon. P. H. Holyoak（海欲克） | 1920 - 1926 |
| The Hon. Dr. R. H. Kotewall（羅旭龢） | 1926 - 1934 |
| Edward Cock（柯克） | 1934 - 1940 |
| C. G. Sollis（梳利士） | 1940 - 1941 |
| The Hon. Sir Arthur D. Morse（摩士） | 1947 - 1953 |
| G. E. Marden（馬頓） | 1953 - 1959 |
| D. Benson（賓臣） | 1959 - 1964 |
| The Hon. G. R. Ross（羅斯） | 1964 - 1982 |
| The Hon. Sir Denys Roberts（羅弼時） | 1982 - 1988 |
| The Hon. Sir Ti Liang Yang（楊鐵樑） | 1988 - 1998 |
| The Hon. Mr. Justice Patrick Chan（陳兆愷） | 1998 - 2008 |
| The Hon. Chief Justice Geoffrey Ma Tao-li（馬道立） | 2008 - 2018 |
| The Hon. Mr. Justice Jeremy Poon Shiu Chor（潘兆初） | 2018 – |

香港總監：

| | |
|---|---|
| Rear Adm. Robert Hamilton Anstruther（安史德） | 1915 - 1916 |
| Lieutenant Colonel F. J. Bowen（寶雲） | 1920 -1921 |
| Rev. G. T. Waldegrave（華德利） | 1921 - 1934 |
| The Rt. Rev. Bishop N. V. Halward（侯利華） | 1934 - 1950 |
| F. E. C. C. Quah（柯昭璋） | 1950 - 1953 |
| D. W. Luke（陸榮生） | 1953 - 1954 |
| J. W. Cockburn（高本） | 1954 - 1963 |
| C. K. Lo（羅徵勤） | 1963 - 1973 |
| Henry C. Ma（馬基） | 1973 - 1984 |
| Dr. Chau Cham-son（周湛燊） | 1985 - 1996 |
| John Hui Chiu Yin（許招賢） | 1997 - 2003 |
| Pau Shiu Hung（鮑紹雄） | 2004 - 2007 |
| Anthony Chan Kit-chu（陳傑柱） | 2007 - 2011 |
| Cheung Chi-sun（張智新） | 2011 - 2015 |
| Ng Ah-ming（吳亞明） | 2015 - 2019 |

執委主席：

| | |
|---|---|
| F. C. Clemo（克利模） | 1952 - 1958 |
| The Hon. G. R. Ross（羅斯） | 1958 - 1964 |
| C. J. G. Lowe（盧家禮） | 1964 - 1973 |
| C. M. Leung（梁超文） | 1973 - 1983 |
| Dr. Chau Cham-son（周湛燊） | 1983 - 1984 |
| Kenneth K. W. Lo（盧觀榮） | 1984 - 1990 |
| C. P. Lee（李銓標） | 1990 - 1994 |
| Philip Ching（程耀樑） | 1994 - 1999 |
| Leung On-fook（梁安福） | 1999 - 2009 |
| Dr. Patrick Wu Po Kong（伍步剛） | 2009 - 2012 |
| Li Fung-lok（李逢樂） | 2012 - 2016 |
| Yip Wing-shing David（葉永成） | 2016 - |

註：梅含理的港督任期由 1912 至 1919 年，比他的總領袖任期長。司徒拔 1919 年開始任港督，但在 1920 年總會恢復後才任總領袖。周湛燊任期內在 1993 年有六個月的間隔，期間由盧觀榮擔任過渡總監。二次大戰前並沒有執行委員會主席一職。克利模乃後期官方譯名，早年曾譯為克里姆，其他外籍人士偶然也會有不同譯名。

| 年份 | 人數 | 年份 | 人數 | 年份 | 人數 | 年份 | 人數 |
|---|---|---|---|---|---|---|---|
| 1910 | 28 | 1945 | 952 | 1980 | 40,275 | 2015 | 98,224 |
| 1911 | N/A | 1946 | 2,370 | 1981 | 38,850 | 2016 | 98,190 |
| 1912 | 30 | 1947 | N/A | 1982 | 38,813 | 2017 | 100,829 |
| 1913 | 60 | 1948 | 2,284 | 1983 | 41,611 | | |
| 1914 | 78 | 1949 | 2,245 | 1984 | 46,110 | | |
| 1915 | 155 | 1950 | 1,848 | 1985 | 45,221 | | |
| 1916 | N/A | 1951 | 1,945 | 1986 | 46,320 | | |
| 1917 | N/A | 1952 | 2,323 | 1987 | 47,343 | | |
| 1918 | N/A | 1953 | 2,983 | 1988 | 50,978 | | |
| 1919 | N/A | 1954 | 3,726 | 1989 | 57,846 | | |
| 1920 | 150 | 1955 | 3,796 | 1990 | 56,347 | | |
| 1921 | 374 | 1956 | 3,890 | 1991 | 56,172 | | |
| 1922 | 258 | 1957 | 4,740 | 1992 | 54,932 | | |
| 1923 | 219 | 1958 | 5,724 | 1993 | 53,328 | | |
| 1924 | 355 | 1959 | 6,289 | 1994 | 52,878 | | |
| 1925 | 426 | 1960 | 7,033 | 1995 | 55,094 | | |
| 1926 | 472 | 1961 | 7,273 | 1996 | 53,049 | | |
| 1927 | 559 | 1962 | 9,133 | 1997 | 55,139 | | |
| 1928 | 620 | 1963 | 10,955 | 1998 | 63,365 | | |
| 1929 | 608 | 1964 | 10,398 | 1999 | 69,121 | | |
| 1930 | 621 | 1965 | 12,332 | 2000 | 74,147 | | |
| 1931 | 569 | 1966 | 13,216 | 2001 | 80,923 | | |
| 1932 | 656 | 1967 | 14,967 | 2002 | 89,925 | | |
| 1933 | 582 | 1968 | 17,002 | 2003 | 95,615 | | |
| 1934 | 682 | 1969 | 20,406 | 2004 | 99,591 | | |
| 1935 | 670 | 1970 | 21,137 | 2005 | 100,223 | | |
| 1936 | 713 | 1971 | 23,049 | 2006 | 102,630 | | |
| 1937 | 842 | 1972 | 23,148 | 2007 | 96,682 | | |
| 1938 | 911 | 1973 | 24,573 | 2008 | 96,648 | | |
| 1939 | 1,149 | 1974 | 25,432 | 2009 | 95,877 | | |
| 1940 | 1,147 | 1975 | 27,041 | 2010 | 95,494 | | |
| 1941 | 1,542 | 1976 | 30,137 | 2011 | 96,296 | | |
| 1942 | N/A | 1977 | 32,855 | 2012 | 95,128 | | |
| 1943 | N/A | 1978 | 33,534 | 2013 | 96,324 | | |
| 1944 | N/A | 1979 | 35,514 | 2014 | 97,190 | | |

註：1910 年的成員數字是當年 5 月出席「基督少年軍暨童子軍」成立典禮的英童人數；1912 年的數字是當年 4 月接受貝登堡檢閱的人數；1913 年的數字是當年 9 月加入香港第 1 團的成員人數；1914、1915 及 1920 年的數字來自基維爾檔案館的周年統計手稿；1922、1928、1933 及 1939 年的數字來自香港童軍總會檔案；其餘 1923 至 1940 年的數字來自英國童軍總會歷年年報；1941 年數字來自香港周日快報當年 11 月 21 日的報導；1945 至 2017 年的數字來自香港童軍總會年報或香港童軍總會檔案。欠缺數字的年份以 N/A 標明，其中 1916 至 1919 年運動停頓，1942 至 1944 年運動被日軍禁止，沒有正式成員。

注意：大量引用或參考的文獻檔案、內部文件、口述歷史、往來信件、童軍刊物及雜誌報章等見每個故事的附注。本簡短書目僅列出在附注裡只標明作者和出版年份的參考書籍及文章。

---

Anderson, Benedict, *Imagined Communities*. New York: Verso, 1991.

Au Yeung Chi-yuen et al (ed.), *22nd World Jamboree: Hong Kong Contingent, Sweden, 2011*. Hong Kong: Scout Association of Hong Kong, 2011.

Baden-Powell, Olave & M. Drewery, *Window on My Heart*. London: 1973.

Baden-Powell, R. S. S., *B-P's Outlook: Selections from Lord Baden-Powell's contributions to "The Scouter."* London: Pearson, 1941.

_____, *Boy Scouts Beyond the Seas: "My World Tour."* London, 1913.

_____, *Scouting for Boys*, various eds. London: Pearson, 1908-1950.

_____, *The Wolf-Cubs Handbook*, 3rd ed. London, 1919.

_____, & Brown, G. H.(ed.), *The Boy Scouts Association Handbook for Canada*. Canada: The Boy Scouts Association, 1919.

Bancel, Nicolas, Daniel Denis, and Youssef Fates, *De l'Indochine à l'Algérie: la Jeunesse en mouvements des deux côtés du mirroir colonial, 1940-1962*. Paris: Éditions La Découverte, 2003.

Banham, Tony, *Not the Slightest Chance: The Defence of Hong Kong, 1941*. Toronto: UBC Press, 2003.

Bebbington, D. W., *The Nonconformist Conscience: Chapel and Politics, 1870-1914*. London: Allen & Unwin, 1982.

Braga, Stuart, "Making Impressions: The Adaptation of a Portuguese family to Hong Kong, 1700-1950," Ph. D. Thesis, Australian National University, Oct. 2012.

Brown, A, "The Development of the Scout Movement in Nigeria," *African Affairs*, Jan. 1947.

Burke, Peter. "History of Events and the Revival of Narrative," in Peter Burke (ed.), *New Perspectives on Historical Writing*. Cambridge: Polity Press, 1991.

But, Juanita C., "The Other Race: Settler, Exile, Transient and Sojourner in the Literary Diaspora," Ph. D. dissertation, Univ. of New York at Buffalo, 1999.

Carr, E. H. *What is History*? Hampshire: Palgrave, 1961.

Carroll, John M., *A Concise History of Hog Kong*. Hong Kong: Hong Kong Univ. Press, 2007.

_____, *Edge of Empires: Chinese Elites and British Colonials in Hong Kong*. Hong Kong: Hong Kong Univ. Press, 2007.

Cheng, Tong Yung, *The Economy of Hong Kong*. Hong Kong: Far East Publications, 1977.

Churchill, Winston S., *The Second World War, Volume III: The Grand Alliance*. London: Cassell & Co., 1966.

Dermott, M., *The Lepers of Dichpali*. Cargate Press, 1938.

Dimmock, F. Haydn, *The Scouts Book of Heroes: A Record of Scouts' Work in the Great War*. London: Pearson, 1919.

Ehlert, C., *Prosecuting the Destruction of Cultural Property in International Criminal Law*. Leiden: M. Nijhoff, 2014.

Endacott, G. B., *A History of Hong Kong*. Hong Kong: Oxford Univ. Press, 1973.

_____, *Hong Kong Eclipse*. Hong Kong: Oxford Univ. Press, 1978.

Everett, Percy. *The First Ten Years*. Ipswich, 1948.

Eykholt, Mark, "Aggression, Victimization, and Chinese Historiography of the Nanjing Massacre," in Joshua A. Fogel (ed.), *Nanjing Massacre in History and Historiography*. Berkeley: Univ. of Berkeley Press, 2000.

Fan Jiayang, "Island Song: A muzzled pop star confronts Hong Kong's new political reality," *The New Yorker*, Jan. 21, 2019, 42-51.

Fan Shuh Ching, *The Population of Hong Kong*. Hong Kong, 1974.

Fulghum, Robert, *All I Really Need to Know I learned in Kindergarten*. New York: Ivy Books, 1986.

Gandt, Robert L., *Season of Storms: The Siege of Hong Kong, 1941*. Hong Kong: SCM Post, 1982.

Gillingham, P., *At the Peak: Hong Kong between the Wars*. Hong Kong, 1983.

Gittins, Jean, *Eastern Windows-Western Skies*. Hong Kong, 1969.

_____, *Stanley: Behind Barbed Wire*. Hong Kong: Hong Kong Univ. Press, 1982.

Han, Suyin, *A Many-Splendoured Thing*. Harmondsworth: Penguin Books, 1961.

Harrison, Brian, *Finding a Role: The United Kingdom, 1970-1990*. Oxford: Oxford Univ. Press, 2010.

Heywood, G., G. C. Emerson (ed.), *It Won't Be Long Now: the Diary of a Hong Kong Prisoner of War*. Hong Kong: Blacksmith Books, 2015.

Hillcourt, William, *B-P: the Two Lives of a Hero*. Boy Scouts of America, 1964.

Horne, Gerald, *Race War: White Supremacy and the Japanese Attack on the British Empire*. New York: New York Univ. Press, 2004.

Hutcheon, R., *SCMP: The First Eighty Years*. Hong Kong: SCMP, 1983.

Ike, Nobutaka (trans.), *Japan's Decision for War: Records of the 1941 Policy Conferences*. Stanford: Stanford Univ. Press, 1967.

Ippolito F, & S. I. Sánchez (ed.), *Protecting Vulnerable Groups: the European Human Rights Framework*. Oregon: Hart, 2015.

Jeal, Tim, *Baden-Powell*. London: Hutchinson, 1989.

Jordan, Thomas E., *Victorian Child Savers and their Culture: A Thematic Evaluation*. N.Y.: Edwin Mellen Press, c1998.

Kadam, K. N., "The Birth of a Rationalist," Eleanor Zelliot and Maxine Bernsten, *The Experience of Hinduism: Essays on Religion in Maharashtra*. New York: SUNY, 1988.

Kahn, David, *The Codebreakers: the Story of Secret Writing*. New York: Scribner, 1996.

Kua, Paul (ed.), *21st World Jamboree: Hong Kong Contingent, England, 2007*. Hong Kong: Scout Association of Hong Kong, 2007.

Kua, Paul, *Scouting in Hong Kong, 1910-2010*. Hong Kong: Scout Association of Hong Kong, 2011.

Lan, Alice Y., and Betty M. Hu, *We Flee from Hong Kong*. Grand Rapids, Mich.: Zondervan, 1944.

Laneyrie, P., *Les Scouts de France: l'évolution du Mouvement des origines aux années 80*. Paris: CERF, 1985.

Laird, Susan, *Mary Wollstonecraft: Philosophical Mother of Coeducation*. London: Continuum Int'l, 2008.

_____, "Rethinking 'Coeducation'," in Jim Garrison (ed.), *The New Scholarship on Dewey*. Dordrecht: Kluwer Academic Publishers, 1995.

Lau, Siu-kai, *Society and Politics in Hong Kong*. Hong Kong: Chinese Univ. Press, 1984.

Lee, Kuan Yew, *From Third World to First: The Singapore Story, 1965-2000*. New York: HarperCollins Publisher, c2000.

Llobera, Josep R., *Foundations of National Identity: From Catalonia to Europe*. Berghahn Books, 2004.

Louis, W. R., "Hong Kong: the Critical Phase, 1945-1949," *The American Historical Review*, Oct. 1997, 1052-1084.

Luff, John, *The Hidden Years*. Hong Kong: South China Moring Post, 1967.

MacDonald, R. H., *Sons of the Empire: The Frontier and the Boy Scout Movement, 1890-1918*. Toronto: Univ. of Toronto Press, 1993.

Macleod, D. I., *Building Character in the American Boy*. Madison: Univ. of Wisconsin Press, 2004.

MacPherson, Stewart, "Hong Kong," in John Dixon and David Macarov, *Poverty: A Persistent Global Reality*. London: Routledge, 1998.

Manton, Kevin, *Socialism and Education in Britain, 1883-1902*. London: Woburn Press, 2001.

Marshall, T. H., *Citizenship and Social Class and Other Essays*. Cambridge: Cambridge Univ. Press, 1950.

Marsman, Jan Henrik, *I Escaped from Hong Kong*. Sydney: Angus and Robertson, 1943.

Mathews, Gordon, Eric Kit-wai Ma, and Tai-lok Lui, *Hong Kong, China: Learning to Belong to a Nation*. London: Routledge, 2008.

Matthews, Clifford & Oswald Cheung (eds.). *Dispersal and Renewal: Hong Kong University During the War Years*. Hong Kong: Hong Kong Univ. Press, 1998.

Meeres, F., *Norfolk's War: Voices of the First World War*. Gloucestershire: Amberley, 2016.

Miller-Bernal, Leslie, and Susan L. Poulson (eds.), *Challenged by Coeducation: Women's Colleges Since 1960s*. Nashville: Vanderbilt Univ. Press, 2006.

Mills, Sarah, " 'An instruction in good citizenship': scouting and the historical geographies of citizenship education," *Transactions of the Institute of British Geographers*, 2012. London: Royal Geographical Society, 2012.

Murray, W. D., G. D. Pratt, A. A. Jameson (ed.), *Boy Scouts of America: The Official Handbook for Boys*. New York: Doubleday, Page & Co., 1911.

Newendorp, N. D., *Uneasy Reunions: Immigration, Citizenship, and Family Life in Post-1997 Hong Kong*. Stanford: Stanford Univ. Press, 2008.

Parsons, Timothy H., *Race, Resistance, and the Boy Scout Movement in British Colonial Africa*. Athens: Ohio Univ. Press, 2004.

Plato, *The Republic*, translated by Desmond Lee, Penguin Classics, 2003.

Platt, J. J., et al, *The Whitewash Brigade: The Hong Kong Plague, 1894*. London: DNW, 1998.

Pomfret, David M., "The City of Evil and the Great Outdoors: the Modern Health Movement and the Urban Young, 1918-1940," *Urban History*, 28, 3, 2001, 593-609.

Postiglione, G. A., "The Decolonization of Hong Kong Education," in G. A. Postiglione (ed.), *Education and Society in Hong Kong: Toward One Country and Two Systems*. Armonk, N. Y.: An East Gate Book, 1991.

_____, & Wing On Lee, *Schooling in Hong Kong: Organization, Teach-ing and Social Context*. Hong Kong: Hong Kong Univ. Press, 1997.

Proctor, T. M., *Scouting for Girls: A Century of Girl Guides and Girl Scouts*. Oxford: Praeger, 2009.

Rae, Murray. *History and Hermeneutics*. New York: T & T Clark, 2005.

Raffin, Anne, *Youth Mobilization in Vichy Indochina and its Legacies, 1940-1970*. Lanham: Lexington Books, 2005.

Reynolds, E. E., *Baden-Powell: A Biography of Lord Baden-Powell of Gilwell*. London: OUP, 1942.

_____, *The Scout Movement*. London: OUP, 1950.

Ride, Edwin, *BAAG: Hong Kong Resistance, 1942-1945*. Hong Kong: Hong Kong Univ. Press, 1981.

Riordan, Jim, "The Russian Boy Scouts," October 1988, *History Today*.

Roland, Charles G., *Long Night's Journey into Day: Prisoners of War in Hong Kong and Japan, 1941-1945*. Waterloo: Wilfrid Laurier Univ. Press, 2001.

Rowallan, Lord, *Rowallan: the Autobiography of Lord Rowallan, K.T.* Edinburgh: Paul Harris Publishing, 1976.

Russell, Bertrand, *Education and the Social Order*. London: George Allen & Unwin, 1932.

Ryan, Thomas F., S. J., *Jesuits Under Fire in the Siege of Hong Kong, 1941*. London: Burns Oates & Washbourne, 1944.

Saunders, Hilary St. George, *The Left Handshake: The Boy Scout Movement during the War, 1939-1945*. London: Collins, 1949.

Scout Association of Japan, *History of Scout Movement in Japan* 日本ボーイスカウト運動史. Tokyo: ボーイスカウト日本連盟, 2005.

Seton, Ernest Thompson, *The Birch-bark Roll of the Woodcraft Indians*. NY: Doubleday, 1907.

_____ & B-P, *Boy Scouts of America: A Handbook of Woodcraft, Scouting, and Life-craft*. NY: Doubleday, 1910.

Sheff, David, *Game Over: How Nintendo Zapped an American Industry, Captured Your Dollars, and Enslaved Your Children*. NY: Random House, 1993.

Smith, Michael, *The Emperor's Codes: the Breaking of Japan's Secret Ciphers*. New York: Arcade Publishing, 2000.

Snape, M., *God and the British Soldier: Religion and the British Army in the First and Second World Wars*. Abingdon: Routledge, 2005.

Snow, Edgar, *Red Star over China*. London: Victor Gollancz, 1937.

Soong, Ching Ling, *The Struggle for New China*. Peking: Foreign Lan-guages Press, 1953.

Springhall, J., et al, *Sure and Stedfast: A History of the Boys' Brigade, 1883-1983*. Collins, 1983.

_____, *Decolonization since 1945: the Collapse of European Overseas Empires*. Basingstoke, Hampshire: Palgrave, 2001.

Stewart, Evan, *Hong Kong Volunteers in Battle: A Record of the Actions of the Hongkong Volunteer*

*Defence Corps in the Batter for Hong Kong, December 1941*. Hong Kong: RHKR (The Volunteers) Association, 2005.

Sweeting, A. E., "Politics and the art of teaching history in Hong Kong," *Teaching History*, 64, 1991.

Symons, Catherine Joyce, *Looking at the Stars*. Hong Kong: Pegasus, 1996.

Tan, Kevin Y. L. and Wan Meng-Hao, *Scouting in Singapore, 1910-2000*. Singapore: Singapore Scout Association, 2002.

Timperley, H.J. (comp.), *Japanese Terror in China*. New York: Modern Age Books, 1938.

Townley, Alvin, *Legacy of Honor: The Values and Influence of America's Eagle Scouts*. New York: Thomas Dunne, 2007.

Tsang, Steve, *Governing Hong Kong: Administrative Officers from the Nineteenth Century to the Handover to China, 1862-1997*. Hong Kong: Hong Kong Univ. Press, 2007.

Tse, Thomas Kwan-Choi, "Civic Education and the making of deformed citizenry," in Agnes S. Ku et. al. (eds.), *Remaking Citizenship in Hong Kong: Community, Nation and the Global City*. London: RoutledgeCurzon, 2004.

Vesey, C. (comp.), *Celebrating St. Andrew's Church: 100 Years of History, Life and Personal Faith*. Hong Kong: St. Andrew's Church, 2004.

Wade, E. K., *Twenty Years of Scouting: The Official History of the Boy Scout Movement from its Inception*. London: Pearson, 1929.

Wakeman, F. E., *Spymaster: Dai Li and the Chinese Secret Service*. California: Univ. of Calif. Press, 2003.

Welsh, Frank, *A Borrowed Place: the History of Hong Kong*. New York: Kodansha International, 1993.

王向遠，《日本對華教育侵略》(http://lz.book.sohu.com/chapter-2408-2-4.html, Sep. 16, 2005)。

呂大樂，《四代香港人》。香港：進一步多媒體，2007。

周永新，《回首香港七十年：我們有過的歡樂和唏噓》。香港：中華書局，2016。

柯保羅，《香港童軍百年圖史》。香港：香港童軍總會，2012。

范曉六，《中國童子軍史》。上海：童子軍書報社，1935。

趙效沂，《閩垣五四別記》(http://dangshi.people.com.cn, Apr. 15, 2018)。

高仕隱，《蔣緯國：進乎？退乎？》。台北，1990。

國民教育專題小組，《香港推行國民教育的現況、挑戰與前瞻》。香港：香港政府策略發展委員會，2008。

張鵬雲，《我在東北淪陷區親歷的日本奴化教育》(http://news. china.com/zh_cn/histoyr/all/11025807/20050427/12275615.html, Sept. 15, 2005)。

魯迅，《熱風》。北京：新華書店，1925。

盧偉誠，《榮譽童軍獎章持有人名錄》。香港：香港童軍總會，2000。

謝炳奎、關禮雄，《不老童軍中港心：謝炳奎傳奇》。香港：Joyful Books Co., 2011。

顏明仁、何非池等，《承先啟後：向香港訓練人員致敬》。香港：香港童軍總會，2018。

蘇精，《上帝的人馬：十九世紀在華傳教士的作為》。香港：景風，2006。

6

7

8

INDEX

INDEX

# 鳴 謝

本書及早前以中、英文刊行的幾種與香港童軍有關的文章與書籍得以順利完成，在研究和撰寫期間曾獲很多童軍運動內外的機構和人士協助，包括英國國家檔案館 (National Archives, London)、英國童軍總會文物服務及其前身基維爾童軍檔案館 (Scout Association Heritage Service/Gilwell Archives: Peter Ford, Paul Moynihan, Patricia Styles)、香港大學香港特藏室、香港中文大學香港特藏室、香港童軍總會尤其是其屬下的公關署、行政署及香港童軍檔案室、香港聖公會聖安德烈堂 (St. Andrew's Church: Rev. Kenchington)、香港歷史檔案館、Robin Bolton、Dr. Stuart Braga、Chan Pak-lam、Thomas Chan、Dr. Peter Cunich、Dr. Hari Harilela、Jenny Hounsell、Anne Ozorio、Prof. David M. Pomfret、Sheila Potter、Stephen Quah、G. R. Ross、Jan van der Steen、Junko Yoshizawa、毛錦洪、王昌雄、王建明、王津、王婉玲、石耀祖、成志雄、岑智明、何樂勤、何穎沂、何蘭生、余敏聰、吳兆康、吳亞明、吳家亮、吳桂玲、李家山、李華新、李鉅能博士、呂建政教授、周湛燊博士、周賡堯、林錫麟、洪昭安、張金泉、張智新、梁仕安、許招賢、陳明終教授、陳傑柱、陳溥志、麥偉明博士、連建華、游汝鍇、程自強、馮源、馮鈺賢、馮穎心、黃志樂、黃浩森、黃紹光、楊俊文、葉健生、葉錦發、廖爵榮、趙叔明、趙慧妍、劉彥樑、劉鈞雄、劉敬恒、鄧念慈、鄭永麟、黎玉樞、黎嘉恩、盧世鞏、盧錦倫、盧觀榮、錢志明、錢耀昌、鮑紹雄、謝炯全、謝炳奎、顏明仁博士、羅永鈞、譚民強、譚湘溥、關卓然、關祺、蘇穎妍、顧家哲等，作者在此致以衷心謝忱。

（排名以機構優先，人名先英後中，英文按字母順序，中文按筆劃多寡）

〔作者簡介〕

## 柯保羅　PAUL KUA

研究興趣包括童軍運動史、香港研究、中西文化交流史、基督
教傳教史及中國勳獎章史等，曾以中文及英文發表多種與上述
領域有關的書籍或文章。他早年畢業於英華書院，有幸獲獎學
金負笈美國，畢業後相繼在美洲與亞洲商界任職管理工作，提
早退休後致力研究。他持有波莫納學院 (Pomona College) 文學
士、加州大學 (UCLA) 企管碩士、香港大學理碩士及歷史系哲
學博士學位和牛津大學神學研究文憑等。

柯君童軍經驗豐富，在 1960 年代加入香港某童軍旅，歷任隊
副至旅長各職，多年來亦於香港童軍總會之區、地域及總部參
與義務工作，曾任助理香港總監和副香港總監，現為香港童軍
檔案室主任。他曾於亞太童軍區管理分委會服務，是世界童軍
基金會的貝登堡會士，近年多次參加世界大露營和國際童軍會
議，為第二十二屆世界大露營之香港代表團團長。

## 香港童軍故事

柯保羅　著


| 責任編輯 | 寧礎鋒 |
| 書籍設計 | 姚國豪 |

| 出版 | 三聯書店（香港）有限公司 |
| | 香港北角英皇道四九九號北角工業大廈二十樓 |
| | JOINT PUBLISHING (H.K.) CO., LTD. |
| | 20/F., North Point Industrial Building, |
| | 499 King's Road, North Point, Hong Kong |
| 香港發行 | 香港聯合書刊物流有限公司 |
| | 香港新界大埔汀麗路三十六號三字樓 |
| 印刷 | 美雅印刷製本有限公司 |
| | 香港九龍觀塘榮業街六號四樓 A 室 |
| 版次 | 二〇一九年七月香港第一版第一次印刷 |
| 規格 | 十六開（165mm × 240mm）四三二面 |
| 國際書號 | ISBN 978-962-04-4489-0 |